百年中国记忆
BAINIAN ZHONGGUO JIYI
文学家自述

张恨水自述

一切云过太空

张恨水 著

中国文史出版社
CHINA CULTURAL AND HISTORICAL PRESS

目录

第一辑 —— 忆儿时

——我做小孩的时候

第二辑 —— 回忆写作生涯

——似乎是命中注定的了

第三辑 —— 关于小说创作

——剪裁工夫是要紧的一件事

第四辑 —— 追忆妻儿

——望尽山川不见人

第五辑 —— 我把人生看透了

——百事都如一梦

第六辑 —— 我最好的生活

——吃一点儿，喝一点儿，乐一点儿

第七辑 —— 山窗小品

——俯仰间有情亦有调

代序　一点点认识

老舍

恨水兄是文艺界抗敌协会第一届理事会的理事，因为文协的关系，我才认识了他，虽然远在十几年前就读过他的作品了。

廿八年，文协推举代表参加前线慰劳团的时候，理事会首先便提出恨水兄来，因为他是国内唯一的妇孺皆知的老作家。可惜，他的笔债太多，无法分身，文协才另派了别人。那时候，我记得我曾写信给他，希望他能和我一同到西北去，因为我晓得他是个可爱的朋友。

假若那次他能和我一同在西北旅行半年之久，我想在今天必能写出许多许多关于他的事来，而感到骄傲。那个机会既失，我现在只好就六年来的时聚时散中，提出我对他的一点点认识了：

（一）恨水兄是个真正的文人。说话，他有一句说一句，心直口快。他敢直言无隐，因为他自己心里没有毛病。这，在别人看，仿佛就有点“狂”。但是，我说，能这样“狂”的人才配作文人。因为他的“狂”，所以他才肯受苦，才会爱惜羽毛。我知道，恨水兄就是重气节，最富正义感，最爱惜羽毛的人。所以，我称他为真正的文人。

（二）恨水兄是个真正的职业写家：有一次，我到南温泉去看他，他告诉我：“我每天必须写出三千到四千字来！”这简单的一句话中，含有多少辛酸的眼泪呀！想想看，一年三百六十天，每天要写出这么多字来，而且是川流不息地一直干到三十年！难道他是铁打的身子么？坚守岗位呀，大家都在喊，可是有谁能天天受着煎熬，达三十年之久，而仍在煎熬中屹立不动呢？所以我说，他是“真正”的职业写家。

（三）恨水兄是个没有习气的文人。他不赌钱，不喝酒，不穿奇装异服，不留长头发。他比谁都写得多，比谁都更要有资格自称为文人，可是他并不用装饰与习气给自己挂出金字招牌。闲着的时候，他只坐坐茶馆，或画山水与花卉。一个文人的生命是经不住别人与自己摧残的。别人是否给恨水兄气受，我不知道，我确实知道，他不摧残自己，修养使他健壮，健壮使他不屈不挠。

以上是我对恨水兄的一点点认识，可也就是我们应当向他学习的。

第一辑

忆儿时

——我做小孩的时候

我做小孩的时候

我今年五十三岁，提到我的儿时，至少得倒算回去四十多年。那时，是清朝光绪年间，男人头上，都挂着一条大辫子，女人全是小脚，不用多提，单这么两件事，就恍如在另外一个星球上了。闲话少说，我得提我自己。我六岁的时候，就蓄了辫子啦。在光和尚头左半边，头发养个歪桃儿。头发长了，梳个小辫儿，有那么尺把长，上面用红头绳扎着寸来长的根，下面再用红绳拴着辫梢，拖出来两三寸，和小辫子搭在肩上。现在哪家小孩是这么打扮？人家要不说是马戏班里的小丑，那才怪哩！我穿的衣服呢，总是大领子，就像今天和尚穿的衣服一样，不过没有那样长，只是平磕膝盖儿。袖子四五寸大，腰身挺肥。而且不作兴穿素的，不是有颜色的，就是花的。我脑子里还有个影儿，穿着一件蓝底白印花的褂子，罩在短袄子上，那大圆领还是红绸子做的呢。裤子呢？那时，小孩儿不系裤带，裤腰上前后有四个到八个襻儿，用绳子挂在肩上，倒有些像如今穿西装的背带。四十年前，可没线织袜子，都是白布的，外套各种花鞋。有云头儿、方头儿、老虎头儿多种，左右脚任穿，不分脚。现在哪位小朋友，要这么打扮起来，公园里一溜达，人家不当新稀罕儿看吗？

人的知识进步了，衣食住行，也就跟着进步。小朋友们生在于今，是比我们做小孩子的时候享受多了。请问，谁愿意学我当年那份打扮呢？说到打扮，我愿提起一件有趣的事。是我干妈，送给我的一顶青缎子做的带翅儿的乌纱帽，就像今日戏台上知县帽子一样。另外，还有一件蓝绸圆领儿长衫，我非常喜欢，做客总穿戴着。可是我没有靴子，有人送我一双五色线编的草鞋，我竟是穿着，和那乌纱帽蓝袍配上。当日我美极了。于今想起来，自己都笑掉牙。由于说我心爱的，让我想起几件心爱东西：第一，是两头山羊。第二，是我祖父部下给我做的一把木质关刀——因为我祖父是当时一员武将呀。第三，是一把小弓，几支没镞儿的小箭，这是造弓箭店里送的。当年的武器，还有一部分是这玩意儿哩。我祖父的衙门很大，里院的回廊，就够跑百多步。遇到新年，我戴上乌纱帽，穿上蓝衫，身上背着弓，腰里挂着箭袋，肩上扛着木质刀，手上牵着羊，当了马，绕回廊这么一跑，这神气就大了。可是美中不足，那木质关刀，是钉子钉在刀柄上的。使劲一舞，刀就弯下来了。我祖父部下，都说我玩的是剃头刀呢。本来嘛，就很像。

别尽谈笑，该说念书啦。我七岁上学，那时叫着“破蒙”。早上一进学堂，坐上位子，就念三字经儿，得大声念。我可是乱嚷，什么意思全都不懂。就说开头四句，“人之初，性本善，性相近，习相远”。小朋友，你懂吗！一堂学生，二三十人，就像打翻了蛤蟆笼似的乱嚷。那先生板着永远不开笑容的脸，拿着竹板子在桌上直拍，拍得吧吧乱响，吆喝着：“念，念，念熟了背。”一直把不懂的书念三四小时，除了到先生面前背书上书，不能离开位子。在医院吃药，也比这好受。中午放学回家吃饭，吃完了，赶紧上学。这就伏在桌上描红模子啦。描红模子的时候不是不念书了吗？全书房像死去了一样，谁都不能哼一声儿。你要是和邻座同学说句话儿。啪啪啪！头上三个暴栗，先生悄悄儿地走过来揍人了。写完了字，大家可以呆坐在位上一两小时。你认为这是休息吗？可更难受，什么都不能动，又不许说话，多难受。偶然偷偷地在纸上画个小人儿，或是在抽屉里折个纸玩意儿，先生不看到便罢。若是看到了，拧着耳朵，到孔夫子神位前去跪着。休息完了，又念书，直念到窗户里黑得瞧不见字，才放学。一年三百六十五日，天天如此，直到放年学，才算喘过一口气。这是当什么学生，简直是坐牢啦。

看灯有味忆儿时

让我把陆放翁那句诗，“青灯有味忆儿时”，改去第一个字。为着同时让我把生命史揭过去四十二年。

我穿着一件枣红色的棉袍，外罩着雪青缎子一字琵琶襟背心。头上戴着青缎子瓜皮帽，上面有个酒杯大的红疙瘩，瓜皮帽前面，钉着一块碧玉牌。腰里系着一条湖水色纺绸腰带，在背心下面，拖出了两截。我脚蹬白竹布袜，红缎起乌云头的棉鞋，很潇洒地走向我的砚友傅秋凤家里，目的是邀她看灯去。

我的学堂里，只有三个女同学，那两个人我忘了，我只记得秋凤。她和我同年。瓜子脸，雪白，很大的眼睛。头上一大把辫子，辫子梢扎着一大把红丝线。我也觉得她很好看。她脸上虽有三四颗小碎麻子，抹了粉就看不见。尤其是她在眉毛中间，将胭脂点上几个梅花点，我觉得真够俏的。

我到了傅家，秋凤穿着一件蓝布印白花的褂子，齐平了膝盖。外罩着一般长的青缎子大镶大滚，中嵌紫摹本缎大花背心。正提着一只螃蟹灯，和拖兔子灯的小弟弟玩耍。她看见我来了，笑着叫我的学名：“杏渊，你才来，等得我急死了。你听，锣鼓响到后街了。”我笑说：“我们走吧，傅伯伯要你去？”傅师母站在堂屋里烛光下，笑说：早些回来。这是个依允的暗号。我们手挽着手走上后街。

景德镇看龙灯，并没有什么稀奇。稀奇是接龙灯的商家，放烟火（即花盒子）放花筒，一家赛一家，越看越爱看。我挽着秋凤的手，跟着龙灯，走一条街又一条街。熟识的商家，拿出果子、年糕、茶叶蛋，招待这两个小孩。有人问主人，这男孩子是谁？“张老爷的少爷。”“这是小姐？”“不！是傅家的姑娘，将来的少奶奶。”秋凤脸上一阵红，低了头，撒开互牵着的手。但是，过一会儿，我们又牵上了。我记得，牵得太久了，手心里出着汗。

大半夜，我把秋凤送回家。她家堂屋里灯火通明在打纸牌。傅伯伯也在牌桌上，看到我们双双回来，回过头对看牌的傅伯母说：这两个小家伙倒很和气。同桌的人一齐笑道：你们两家，几时过礼？秋凤笑着跑了。又是元宵，这一切都在眼前，但我最小的男孩子，已将近我那时看灯的年龄。让我祝福秋凤健在罢，也许有人喊祖母了。

那些玩大炮的人，可惜没有时间，体会陆放翁那句话：“青灯有味忆儿时。”几十年光阴，一混就完，何若乃尔！

旧年怀旧

予十龄[①]时，随先君客赣之景德镇，就读私塾，塾中有女学生二，一与予同庚，一则长予一岁，予不克忆其姓名，同庚者则傅秋凤也。秋凤与予家比邻而居，朝夕过从，相爱甚昵，故上学必同行。伊面如满月，发甚黑，以红绿一大绺作发穗，艳乃绝伦，儿时私心好之，未敢言也。除夕，在秋凤家掷升官图，予屡负，秋凤则屡胜，予款尽，秋凤则益之。秋凤母顾而乐之，谓其夫曰："两小无猜，将来应成眷属也。"时傅家人多，即戏谑拥予及秋凤作新人交拜式，予及秋凤，皆面红耳赤，苦挣得脱。明日，凤来予家贺岁，遇诸门，私而笑语予曰："昨夕之事，兄母知否？"予笑曰："知之，且谓尔来我家亦甚佳。"凤睨予，以右手一食指搔其面，笑跃而去。此事至今思之，觉儿童之爱，真而弥永，绝非成人后所能有。后六年，予复至镇，则凤已嫁人，绿叶成荫矣，予时已能为诗，不胜桃花人面之感，有惆怅诗三十绝记其事。

① 文中所说"十龄"为虚岁，实为八岁。

儿时书

灯下课儿，余语家人，背诵不可废。但徒背诵，而不讲解，则事倍而功半耳。因举自身为例，儿时所读书，久练而得滚瓜烂熟者，今日犹能奔赴笔底。其强记得来，草草终卷者，则进锐而退速。试列一表，可以想见其情况也。

书名	背诵距今日期	今日记忆百分比
《三字经》	四十一年前	百分之十几
《论语》	三十九年前	百分之四十几
《孟子》	三十八年前	百分之三十几
《左传》	三十八年前	百分之二十几
《大学》	三十八年前	百分之六七
《中庸》		
《诗经》	三十七年前	百分之六七
《书经》	三十七年前	百分之二三
《礼记》	三十七年前	百分之二三
《易经》	三十七年前	零
《千家诗》	三十七年前	百分之二十几
《古文观止》	三十六年前	百分之二十几

试观此表，则愈在小时读者，废时愈久，而其记忆力愈强。及稍长，一年可毕数部书，而兴趣有所属，当时虽可背诵，久则渐忘。其不感兴趣者，当日除交代塾师外，出私塾门而入学校，即置诸脑后矣。此殆可为课儿者作一参考乎？

家珍一联

先君耕圃公，以将门之子而为文吏，其作风遂不脱曾左系统。民国前十年，主办浮梁工艺厂，于大堂悬一联曰：

有恒产贵有恒心，
无旷民斯无旷政。

时愚在幼龄，未解斯语云何，但见先君告诫下属，闲语友朋，常指此联加以伸引，似有心得也者。其后宦游江西境内，必悬此联于客室，于愚之印象亦渐深。革命前一年，邻居起火，此联并客寓同付一炬，先君极怅之。或有问先君者，先君曰："岂但吾庐，即悬之今日宰相堂上，亦为对症之药。"愚虽稍长，仍不解。匆匆三十年，几忆此事，夜来忽梦先君，醒来忆及此联，枕上推敲，始悟先君实有心人。时庆亲王奕劻当国，盖满朝均旷民也。联似为曾幕名士所书，已不忆其人，事虽家珍，而联意尚不背乎时代。因书之。

吹鼓手

儿时，随祖宦游广信郡。居巨衙，堂深少所闻见。间于黄昏时候，由仆从负之出。辕门内，左右各置一高亭。出则每闻左鸣金鼓而右鸣喇叭，俨然身在剧中。久之，始悉亭内有吹鼓手，晨昏必如此。盖为先祖耀威德也。归问先祖，辕门奏乐，祖闻之耶？答以不闻，既不闻，曷需此？答以予出衙，彼亦奏乐，斯闻之矣。问祖不出时，彼又奚必朝夕为之？曰：闻于老百姓也。乃进之曰：儿出斯闻之，初亦入耳。近则知其滴打呛咚之简谱，逐次如一，频厌之。儿非日有所闻，且不耐，一日而再三闻之十百姓，百姓不厌乎？祖大笑曰：儿为此言，长大将不能为官。衙中排场如此，遑问他人厌否？且吾不需吹鼓手，则一家哭矣。祖当时为愚言之，不甚了了，且不能尽忆。年来冬屋煨炉，陪家慈夜话，家慈辄为追述之。且哂之曰：汝幼时，吾即料汝不至为吹鼓手，但亦不复能富贵也。愚亦哑然。

旧岁怀旧

予前岁为天津某报，作一万里山水雾烟记，中有杉关一节，今日言及旧事，犹如忆也。其又曰：

芥子园书谱第四卷，所绘山楼水阁，巨桥水磨，于瓯闽间随处可得之。长桥大抵跨河而通山，桥正中建屋，敞轩而观四面。桥下临闸，以围大数丈之木轮，置闸口中。水自上流头来，激轮辗转如飞，浪花作旋风舞，至为可观。

儿时，随先严客新城县。县为闽赣交界处，距杉关约六十里。是处万山丛杂，林齐深密，驿路一线，曲折于山水间。将及关，两峰夹峡下通马道，仅可并骑，出关俯瞰，势如建瓴。古人南征，以此为天险，信矣。

二十年来，百事都如一梦，唯山色泉声，偶然闭目，犹在几榻间。瓯闽春早，尔时灯节方届，隔河古道，柳条已作盈盈之态。乡人沿山道为圃，满种荞麦油菜，柳下淡黄微紫，可指而辨之也。涉笔至此，有“莫向春风唱鹧鸪”之感矣。

我的三位古人先生

我很自知，除了儿时不算，过去的二十余年，我实在没有读什么书。现在能东涂西抹，手糊口吃，我不过是在一些零碎杂书上，消遣时候，偷来的本领。因此，在前清一代，我所得益之处有三个人。一个是金圣叹，一个是袁子才，一个是纳兰性德。

我自十二岁，就跟三家村里先生学五言诗，那先生以试帖为根底，实在让我走入魔道。自读了《随园诗话》，我知道用我的心思作诗，于是我就立了一个标准，口所欲言笔述之，不用那些陈陈相因的话。在二十岁以前，我还不懂填词，不过看过一部红友词律罢了，后来会填词的朋友，劝我学稼轩或白石。稼轩的才力，当然是不能学的。白石的词，不知道什么缘故，我只觉他不知所云，揣摸起来，真要头痛，于是我就单留心南唐二主，可是他两人的词太少，学不出什么来。不久，我得纳兰的《饮水词》读了，我才得了合味的东西，作起来，也无格格不入之病了。

最有益于我的，要算金圣叹了。我十岁的时候，就看了《三国演义》《西游记》《封神榜》那些小说，那不过当故事看罢了。十三岁时，我同时读《西厢》《水浒》，看到金圣叹的外书和批评，我才知道这也是好文章，得了许多作文的法子，后来再看《石头记》《儒林外史》，我就自己能找出书里的好处来。而且我读小说的兴趣，也格外增加。以至于到现在，我居然把这个当饭碗了。

在宗法社会之下，科举盛行的时代，一个亡明的秀才，能够给后人开出金矿来，指示小说是文学。这种眼光，胆略，怎样不令人钦佩？我相信曹雪芹之作《石头记》，吴敬梓之作《儒林外史》，都受有他的影响的。我因为金圣叹原姓张，因之我自名圣叹后人，以示景仰，不过不兴主义的人，都以为我要姓金，我只好取消了！然而我不但作小说，是圣叹给了我那点石成金的指头，就是作散文，也很得外书许多故作波澜的法子。以上是我的实话，有人若说我取法乎中，我也承认“斯下矣”了。

我家不换春联

我的大伯祖父，性情有点像我。其实应当转过去，说我有点像他。我之不像他处，就是他能喝酒，我不能。他脸上有麻子，我没有。我祖父做到二品顶戴，官不算小。可是大伯祖出入制军巡抚之门，为座上客，却是个布衣。这一点，我非常之佩服他。

佩服他的，不仅是我，我大小几房，全如此。他有一肚子诗文，一笔好字，全因他早年落水在小孤山下长江里而消逝了。家里所留下的，只有他为各房所写的春联与神位。也因为只有这一点，我们家子弟，对此特别保护，到了过年，别家换春联，我家不换，只是把堂屋门上及祖先堂上的春联，用柔软的手巾，轻轻地扑去灰尘。这事情是每年大除夕正午做，而且推一位长辈的人去做。

祖先堂上那副联，是“孝友传家书百忍，文章华国鉴千秋”。堂屋门联是“欲知世味须尝胆，不识人情且看花”。早年，我欣赏后者，后来，我欣赏前者对得太工整，是姓张的人，决不反对我这话。

我老家的屋，经过八年抗战而不坏，春联也存在。今年，我家闹了个“六出祁山”与“九伐中原”。屋子有点靠不住，而危燕处堂的春联，其命运可想。又逢三十，我为那大伯祖的墨宝祝福。

清明哭二弟

愚男女兄妹六，男四而女二，虽先君见背甚早，而均赖慈闱抚育得以长成。愚居长，于先君弥留之际，慨然以弟妹教育婚嫁自任，而使先君瞑目。时方十七，今日思之，真孟浪也。幸除二弟啸空外，其余皆得以愚稿费而大学毕业。愚初亦非不欲啸空就学，顾吾人丧父时，彼已十三，续读私塾二年后，愚尚无糊口之业，无已，乃就商。然好读杂志小说，尤习《秋水轩尺牍》，与《聊斋志异》，商余作柬，典雅可诵，愚甚善之。愚北上后两年，啸空弃商而就愚，愚介之《世界日报》任校对，称职。社长舍我兄善之，使写法庭旁听记，每篇出，如短篇小说，乃成一时日报风气。于是十年，遍任《世界晚报》经理、编辑两部职务。“七七”时，全家已南下二年，啸空尚携妻儿留平供职，因肺病甚剧，不治死。时日军已入城，友朋皆逃生不遑，由穷戚数家，草草殡殓。后得友人助，葬于扬州义地。其妻儿于南京一日七次警报中，见愚于病榻，愚一恸几绝也。

愚小与啸空同被，后同窗，长复同事，事愚甚恭。其为人豪爽无城府，事母谨，与人无争，一切亦与愚同，故友爱甚笃。且方面大耳，声音洪亮，似可永年，不期竟中道分手。去年北上，愚携束纸壶浆，于荒草乱冢中为之作清明。十年一别，相逢已隔三尺土矣。今年清明，吊之，时正风沙蔽日，旷野萧然，乱坟中两三枯树，鸣其条呼呼有声，状至凄苦。忆儿时与啸空下学时，在校园大树下同打秋千，如昨日事，彼且墓木拱矣，就冢焚纸，低呼啸空名：尔妻儿无恙，知兄来耶？焚纸酹浆，明知荒诞，然不如是，何以慰我惓惓之思耶？归来莫掩其悲楚，走笔为之记。

故乡的小年

江南人有个过小年的习惯，那日子是腊月二十四。由江苏、安徽、江西而上溯，都有这个习惯。我不知两湖的情形怎么样，我对于故乡的安徽小年，有着深切的印象。

冬日多晴，太阳晒在田野上黄黄的。稻田里冬季种麦，麦苗长得像嫩韭菜，远望已是一片青，近看却是一行行的绿线。这不能说是“草色遥看近却无”，但也很有那意思。乡下人穿上有七八年历史的布棉袍，也穿上了袜子鞋。小孩儿提着竹篮，大人托着长托盘。篮子里是纸钱、香烛、鞭炮，茶酒、斋饭。木托盘里是鸡、肉、鱼三牲。在那鸡子黄似山头太阳光下，冲着麦田上的晚风，轮流着去上祖坟。拜祖坟的意思，是请祖先回家过年。的确，他们是真请，做到祭神如神在的姿态。晚上，掩着大门，挂上两个红字灯笼。假如屋子是四进，四进门的堂屋门都敞着，好让祖先成群进来。最后一进客屋是神堂，香烛三牲，再祀祖一番，由大到小，依着辈分、年龄磕头。最后，是饱啖一顿了。其实，这也就是全家的目的，尤其是小孩，真有人在前两天就算计着这顿吃的。当吃臭咸萝卜喝红米粥的时候，想到小年夜的大块肉，就多吃两碗。

每次领导我们磕头的，是大五房的大叔。最近，他过世了，他不迎接祖先了，成了被迎接的新客。我最近一支的男长辈，已经没有了。领导磕头，应该是小二房的大哥、二哥和本房里的我。在过年制度里，我们升了级。照说，这是一种荣耀。而仔细地想，这是一种人生的悲哀。虽然我没有在家过年，我遥想着今年领导磕头的二哥，在斜阳麦垄上走的时候，那情绪不会是快乐。

桃花扇

我刚懂词曲的时候，就喜欢读《桃花扇传奇》。我不但欣赏故事好，辞藻好，我尤其欣赏作者在书后面所掩藏着的那一段意识。孔东塘虽是清朝长大的，可是他是明朝的世禄之家，他受着先人的教训，痛恨明朝王国亡得窝囊，他这部书里，骂昏君，骂奸臣，骂无耻的文士，骂勇于私斗的武人，实在当得说是慷慨悲歌。他在这些人的反面，绘画着说书的，教曲的，妓女，老鸨，全是好人。把人家瞧不起的倡优来对照那些士大夫。真是用尽了反面敷粉的技巧。这是文字革命意识，封建时代是不多见的。

我们当知道，清初的文网严密，文字狱可以闹得诛九族。在那时写明朝的事，实在不容易下笔。而他于后半段，不但写得那样悲愤满纸，大胆地把史可法都写得清清楚楚。不但写之传之而已，传奇马上是搬到舞台，而且搬进大内，就让清朝皇帝看得满意。我真佩服之至。他这种技巧，直瞒过清朝二百多年，暗暗布下民族思想，真是了不得！何以言之，拿我自己做证，我在辛亥前一年，才十六岁，我就是那时看《桃花扇》、看《洪秀全演义》而同时剪辫子的。

现在把《桃花扇》变成通俗文艺，必须把握这一点。不然，作者在九泉是会痛哭的，焦菊隐先生导演的《桃花扇》，对于改革皮黄的使命，那是另一意义，谈者多矣，这里不赘说。而大体言之，他是了解孔东塘的，因之我也是相当的满意。

旧年怀旧

先君弃养早，予方十七岁耳。奉母移灵故里后，予则只身负笈走江苏。唯两代游宦，皆不善积蓄，而叔伯辈，又挥霍过甚，以致家中资产，取足供馇粥，予读书年需三四百金，窘无所出。客中初以卖文博征资，借供膏火。然所需者巨所获者寡，越年，卒不支，则辍学归里，闭户不敢出。因乡人认读书必作官或赚钱，不作官而耗财者，谓之曰败子。予向不与人作无谓之争，况在乡里，以是埋牖下，将家中所藏残篇，痛读一遍。除夕执《离骚》一卷，就烛读之。案上陈村醴一壶，火炉一具，炉上架瓦钵，中煮肥鸡烂肉青菜糯米团之属。且饮且食且读，不知酒之垂罄。醉饱已，则启户走门外平畴上，向天长叹。热泪涔涔，掬之盈把。少年时不得读书，其悲如此。今笔如所入，可读书矣，而时与势，又不我许。嗟夫，天寒迟暮，岂独佳人有此感也哉！

第二辑

回忆写作生涯

——似乎是命中注定的了

我的小说过程

我从小就喜欢看小说，喜欢的程度，至于晚上让大人们睡了，偷着起来点着灯。所以我之吃小说饭，似乎是命中注定的了。在我十二岁的时候，我看到金圣叹批的《西厢》，这时，把我读小说的眼光，全副变换了。除了对故事生着兴趣外，我便慢慢注意到文章结构上去，一直到现在，都是如此的。十四岁的时候，我看过了《水浒》《七侠五义》《七剑十三侠》之后，我常对弟妹们演讲着，而且他们也很愿意听。那时，我每天进学校，晚上在家里跟一位老先生学汉文，伴读的有两个兄弟，一个妹妹，还有一个亲戚。设若先生不在家，我便大谈而特谈。不知哪一天，我凭空捏造了一段武侠的故事，说给他们听，他们也听得很有味。于是这一来，把我的胆子培养大了。过了两天，我就把这捏造的故事扩大起来，编了几回小说，这小说究竟是几多回，是什么名字，我都忘记了，仿佛着曾形容一个十三岁的孩子，能使两柄大锤，有万夫不当之勇。

上面是我做小说的初期。照说，我应该继续做下去，然而我忽然掉了一个方向，玩起辞章来。词曲一方面，起先我还弄不来，却一味地致力于诗。在十四岁至十五六岁之间，我几乎与小说绝了缘。十七岁之时，我无意地买了一本《小说月报》看，看得很有趣，把小说的嗜好，又复提起。十八岁的时候，我在苏州读书，曾作两篇短篇小说，投到《小说月报》去。那时，主编的是恽铁樵先生，他接得我的稿子，居然回信赞许了我几句，我简直大喜若狂，逢人便告，以为我居然可以作小说了。这两篇小说，一名《旧新娘》，是文言的；一篇《梅花劫》，是白话的。当然幼稚得可怜，谈不上结构了。可是我眼巴巴地天天望《小说月报》发表哩！未免可笑。

有了这样一个过程，我作小说的意思，不断发生。十九岁至二十岁之间，我因家贫废学，退居安徽故乡。年少的人，总是醉心物质文明的。这时让我住在依山靠水的乡下，日与农夫为伍，我十分地牢骚，终日地疯疯癫癫作些歪诗。作诗之外，做笔记作小说。不过虽然尽管高兴地向下作，却始终不曾发表过。二十一岁，我重别故乡，在外流浪。二十二岁我又忽然学理化，补习了一年数学。可是，我过于练习答案，成了吐血症，二次回故乡。当然这个时候耗费了些家中的款子（其实不过二三百元，然而我家日形中落，已觉不堪了），乡下人对于我的批评，十分恶劣，同时，婚姻问题又迫得我无可躲避。乡党认为我是个不可教的青年，我伤心极了，终日坐在一间黄泥砖墙的书房里，只是看书作稿。我的木格窗外，有一株极大的桂花树，终年是青的，树下便是一院青苔，绝无人到，因此增长了我不少的文思。在这时，我作了好几部小说，一是章回体的《青衫泪》，体裁大致像《花月痕》，夹着许多辞章，但是谈青年失学失业的苦闷，一托之于吟风弄月，并不谈冶游。此外有一篇《紫玉成烟》，一篇《未婚妻》，是文言体，长数千字，朋友看见曾说不错，又有一篇笔记叫作《桂窗零草》，朋友也很赞许的，然而除了《紫玉成烟》而外，其余的都放在书箱里成了烂纸，未曾进过排字房。

二十四岁，我在一家报馆里当编辑，我曾把《紫玉成烟》发表了。这书一发表，很得一些人谬奖，于是我很高兴，继续着作了一篇白话长篇《南国相思谱》，我在文字结构上，自始就有点偏重于辞藻，因之那个时候作回目，就力求工整。较之现在，有过之无不及。记得这时，我的思想，完全陶醉在两小无猜、旧式儿女恋爱中，论起来，十分落伍的了。同时我在上海的《民国日报》发表了两篇讽刺小说，有一篇名为《小说迷魂游地府记》，我渐渐地改了作风，归入《儒林外史》一条路了，这一篇小说曾在《小说之霸王》的单行本里殿后，这大概是我的拙作与世人相见的初程了。

“五四”风潮后，我读书的兴致又起，我就当了衣服，到北平去投考北大。不料一到北平，就加入了新闻界，使我没有时间读书，在这时芜湖的报馆要我作了一部《皖江潮》，里面是说一段安徽政潮，充满了讽刺的意味，芜湖人很高兴地看，我的胆子大了，笔路由此熟了，对于社会上的人物，就不时地加以冷静的观察，观察之后，我总是感着不平，心里便想写一部像《儒林外史》《官场现形记》的小说。但是，这两部书，有一种毛病，就是说完了一段又递入一段，完全没有结构，因之，我又想在这种社会长篇小说里，应该找出一个主人翁出来，再添几个陪客穿插在里面，然后读者可以增加许多玩赏之处。自有了这个意思以后，恰好有朋友找我编副张，并约我作小说，于是第一部最长的小说《春明外史》就出现了。

《春明外史》，每日在报上发表，前后登有五年。约一百万字，在我自己的拙作里，算是卖力的了。因此读者一方面倒也不菲薄它。但是这书出世以后，却添了一种意外的麻烦，就是读者往往将书中人物，一一索隐起来，当作历史一样来看。其实小说取一点时事作背景，原极寻常，只是这种事，整个儿搬来，整个儿写上，等于一张纸了，有什么意味呢？所以《春明外史》的事，依然楼阁凭空的多，因为楼阁凭空的多，所以我插进去几个主角来贯穿全局，非常之便利。这种主角出台，我总加倍地烘托，这才把书中一二百人都写成了附带的东西，使读者不至于感到累赘，把这法子说破，就是用作《红楼梦》的办法，来作《儒林外史》。在作《春明外史》期间，我的长篇，便不断地在报上披露。我自己认为还满意的，就是《天上人间》，这部书先登在北京《晨报》，后来《晨报》停刊，改登《上海画报》。我写这部书，换了一个办法，用双管齐下法，就在同一时代，写一双极不同的女子，互相反映，陪客也是这样，可是《上画》是三日刊，全书不容易速完，未免减一笔呵成的势子。此外就是我也很喜欢作短篇，若是整理一番，或者可出一本小册子。现在我总报告一下，这几年来，除了我编报时，每日千百字的小文不算，单是小说稿子，字数在五百万以上了，这五百万字，以一元千字计算，我也当有五千元财产，然而我到现在为止，还是穷光蛋一个，而且我不曾有一日狂嫖浪赌，一一得着物质上的享受，卖文是这样的劳，又是这样的苦，然则我烦腻作小说乎？那是不可能的，而且明窗净几，月夕花晨，有时我也感到一种兴趣，不过为了职业关系，无论有趣无趣，我总是要继续地往下作。在这样旦旦而伐之的时候，何日弄得倒了铺底，拿不出货来，我是不敢预言的。因之，我为了职业关系，很是惧怕，一方面我对于现代社会，求着新认识；另一方面我自己限制一下，无论如何，每日至少看一点钟书，因为这样，我学了不少乖，不断发现自己的短处。

中国的文学书里，并无小说学，这是大家知道的。我对于外国文，又只懂一点极粗浅的英文，谈不到看书，所以我研究小说并没有整个儿由小说学的书上得来，虽然近代有小说学的译品，可是还不是供我们参考，所以我于此点，索性去看名家译来的小说了。名家小说给我印象最大的，第一要算是林琴南先生的译品，虽然他不懂外国文，有时与原本不符，然而他古文描写的力量是那样干净利落，大可取法的。此外我喜欢研究戏剧，并且爱看电影，在这上面，描写人物个性发展，以及全部文字章法的剪裁，我得到了莫大的帮助。关于许多暗示的办法，我简直是取法一班名导演。所以一个人对于一件事能留心细细地观察，就人尽师也。我的书桌上常有一面镜子的，现在更悬了一面大镜子在壁上，当我描写一个人不容易着笔的时候，我便自己对镜子演戏给自己看，往往能解决一个困难的问题。老实说，这就是自己导演自己。有时关于一事一物不能着笔的时候，我也不怕费事，亲自去考察，纵然不能考察，我必得向知道的，细细打听一番，若是无可考察，无可打听，我宁可藏拙不写了，这或者是我特别向读者讨好的地方。

我从前写小说，大半是只有一点印象，然后就信笔所之地向下写，自从去年以来，我改了方针，必得先行布局，全书无论如何跑野马，不出原定的范围。《啼笑因缘》一部书就是如此的。我的胆子仿佛现在是越来越小了，或者会令我的作品好一点，或者会斫伤元气一点，那不可知，只好证之将来吧。

谈到《啼笑因缘》未免使我惶恐万分，我作这书的时候，鉴于《春明外史》《金粉世家》之千头万绪，时时记挂着顾此失彼，因之我作《啼笑因缘》就少用角儿登场，仍重于情节的变化，自己看来，明明是由博而约了，不料这一部书在南方，居然得许多读者的许可。我这次南来，上至党国名流，下至风尘少女，一见着面，便问《啼笑因缘》，这不能不使我受宠若惊了。其实《啼笑因缘》究竟有什么好处，我真不敢说，大概对于全部的构成以至每人个性的发挥，我都使他有些戏剧化，或者是此点可以见得我卖力吧？可惜许多批评者，都是注重结果方面，却没有给我一种指示，这又是使我迷惑的事。我极力在描写上讨好，而书中的事实倒盖过去了。在写《啼笑因缘》前后，我也曾作了一部国术小说。说一句笑话，那是反串吧？但是我所写的并不是侠客嘴里吐出一道白光，乃是洪杨而后，几个散在江湖的豪士。故事也并非完全杜撰，得之于祖父、先父所口述下来的，说一句惭愧的话，我现在手无缚鸡之力，原来倒是真正的将门之子。这一部书登在北平《新晨报》上，共有十回，只成了半，因为某种关系，没有作完，可是我所知道的故事，也不过如此，也有点江郎才尽之叹了。

此外，关于我的小说事业。除编撰而外，一年以来，我有点考据迷，得有余暇，常常作一点考证的功夫。起初，我原打算作一部中国小说史大纲，后来越考证越发现自己见闻不广，便把大计划打消，改了作“中国小说史料拾零”，最近我又怕人家误会是不片断的，改名“中国小说新考”，万一这部书能成功，也许对中国文学问题有点区区的贡献。

野马跑得太远了，可以止住了。最后我要声明一句，我这篇文字，完全为了朋友的关系，不得已，实实在在地报告我的治业经过，我决不敢自吹自擂，妄出风头。读者能给予我一种教训，我认为是至好的诤友，一律诚意接受。一个人无论做什么事，不怕自吹他的长处，却怕善于改正他的短处。短处岂能自知？这就在乎他人的攻错了。如此，我这篇文字不是自炫，读者一定可以谅解的。

写作生涯回忆

序言

我虽然是个很微末的人物，但我向来反对自传一类的文字。因为我看了不少的自传，除了那有些是谎言，有些也无非是一篇广告。当我在重庆过五十岁的时候，朋友们让我作自传，我婉谢了。老友张友鸾以为不可，他以为我在文坛上，多少有点影响，对这点影响，不可没有一个交代。他以和我三十年知交之深，很兴奋地提起笔来，要作《张恨水论》。这篇论，他打算从我三代的历史考起，小至于我写的一首小诗，都要谈谈，这心愿不可谓不宏。可是他只写了几千字，就搁笔了，因为他太忙。我自然是一笑了之，而觉得没有交代也好。

说话之间，又是四个年头。我是一切云过太空。最近，我辞去了报社的工作[①]，去年十二月十二日以后，我的生活忽然起了急遽的变化，失去了平常的生活秩序。我是个推磨的驴子，每日总得工作。除了生病或旅行，我没有工作，就比不吃饭都难受。我是个贱命，我不欢迎假期，我也不需要长时间的休息。辞去工作后，这时感到无聊，我那矛盾的心情，似乎是吃了一碟四川的棒棒鸡，除了甜，咸酸辣苦，什么滋味都有。我于是慢慢地长思了。

人生几十年光阴，像电影似的，一幕一幕地过去。中国人形容这个速度，是“白驹过隙”，其快可知。而我这时咸酸苦辣的境地，也不过是白驹过隙中千万分之一秒，其实也可以稍稍地忍耐，让他过去。可是我又另有

---

① 指 1948 年 12 月 12 日辞去北平《新民报》工作。

一个感想，我家乡安徽人说的话，今天脱了鞋和袜，不知明日穿不穿。这个“不知”目前是非常之明显。万一是明天不穿，趁着今天健康如牛，我是不是有些事要交代的呢？天下大事，轮不着我谈。家庭琐事，诗云：“我躬不阅，遑恤我后？”我也犯不上去多那些事。只是一点：写了一辈子文字，得了同情者不少，恐怕神交之多，在普通社会里，我是够在六十分以上的了。对于这神交，我还愿更结下一层更深的友谊。同时，也有人对我发生了不少的误解。举一个例：在东北和华北沦陷期间，伪造的张恨水小说，竟达四五十种之多。那里面不少是作孽的文字，把这罪过加在我身上，我太冤，我也应当辩白。于是我想到，我应当写一篇短短的文字，让孩子们抄写若干份，分寄我的好友，让他们分别为我保存。说乐观点，在我百年之后，从朋友手里拿出我的亲笔供状来，不失人家考张恨水的一点材料。我这样想，我就要办。而家人以为这是不祥之兆，反对我这样做。虽然说不祥的有些愚昧，然而总是好意，我也就算了。

前两天到报社[①]，和同人谈起。同人笑说这很有趣，遗嘱式的文字，当然可以不必。不过你能对自己的写作，作一个总检讨，那还不失为有意思的事，索性你写详细一点，我们拿到报上来发表，若以留材料而论，没有比在报上发表以后可留的程度更深的。我始而考虑，这是不是违反我的素志来写自传？但同人再三地怂恿，我的意志也就动摇了，我答应改变自传方式写，作为向读者写个供状。这供状是不是撒谎？是不是自我宣传的广告？我没法子深辩，敬求读者先生的批判。文里除了必要，不提到我的生活和家庭，罗曼史更无须提及。我只是写我由识字一直到现在。

我没有遇到好老师

谈我自己的写作，一定要谈我是怎样写起，就涉及我的读书经过了。我

---

① 北平《新民报》。

七岁整[①]才入蒙学，那时是前清光绪年间，当然念的是“三、百、千”[②]。我很好，念半年，就念了十三本书。你问这十三本书都是什么？我告诉你，全是《三字经》。因为就是这样糊里糊涂地念私塾，念过“上下论”[③]，念过《孟子》，我除了会和同学查注解上的对子（两行之中，两个同样的字并排列着）而外，对书上什么都不理解。有一天，先生和较大的两个学生讲书，讲的是《孟子》齐人章。我很偶然地在一旁听下去，觉得这书不也很有味吗？这简直是个故事呀。于是我对书开始找到了一点缝隙，这是九岁多的事。地点是在江西景德镇，那时，我父亲在那里做点小事。

十岁，我在南昌。在一位父执[④]的家馆里念书。他有两个孩子念书，另带我和一个小孩子，四个学生，共请了一位安徽老夫子（同乡）教书。那时，有新书了。如《易字蒙求》《易字读本》之类，都带有图。我对这些带图的书，非常地感觉兴趣。先生并不曾和我们讲些什么，但看了这图，我可以略懂些书上的意义。后来我又转入一家较多的学生的私塾，有大半学生读《蒙字读本》。那书共二册，是浅近的文言，而且每课有图。我虽不读，同学读着我在旁边听着，每课都印入我的脑筋，让我了解许多事。至于我自己呢，却念的是《左传》，先生应了我父亲的要求，望文随解一遍，我实在是不懂。同时，先生又为我讲《二论引端》。这是用朱注和一些浅文注解《论语》的书，但我还是不大懂。不过我另有个办法。同学念《论语》，带着白话解的，我借同学的看，我就懂了。

十一岁，我和父亲到江西新城县去（现在的黎川县）。家里请了一位同乡端木先生，教我和我的弟弟，还有一位同乡子弟。正式开讲，我就了解所谓虚字眼了。但这并不是先生教的。还是由《四书白话解》那里看来的。这个时候，我自己有两个新发展：其一，是在由南昌到新城木船上，发现了一

① 这里讲的是虚岁，实龄应是六岁。

② “三、百、千”即《三字经》《百家姓》《千字文》。

③ “上下论”即《论语》上、下两册。

④ 父执：父亲的朋友。

本《残唐演义》，我四叔正读着，把我吸引住了，我接过来看下去。我就开始读小说了。上学以后，我父亲桌上，有部洋装《红楼梦》，印得很美，我看过两页，不怎样注意。而端木先生却是个《三国》迷，他书桌上常摆一本《三国演义》。先生不来，我就偷着看，看得非常的有味。这书，帮助我长了不少的文字知识。其二，我莫名其妙地爱上了《千家诗》，要求先生教给我读诗。先生当然答应。但先生自己并不会做诗，除了教给我“山外青山楼外楼”就是“山外青山楼外楼”而外，并无一个字的讲解。但奇怪，我竟念得很有味，莫名其妙的有味。

十一岁半，我回到安徽潜山原籍，在本乡村里读书。这个读书的环境很好，是储姓宗祠附设的圣庙。庙门口一片广场，一棵大冬青树，高入云霄，半亩圆塘，围了庙墙。庙里只有三个神龛，其余便是大厅和三面长庑，围了个花台子。我和弟弟，靠墙和窗户设下书桌。窗外是塘，塘外是树，树外是平原和大山。因为我已读过《千家诗》，对我的读书帮助不少。但先生是个老童生，一脑子八股，同学全是放牛小孩，完全和我城市的同学异趣。也唯其如此，我成了铁中铮铮了。这时，我自己有一部更好的《四书白话解》，而且有精细的图。我在图上，看懂了乘是八马拖的战车，我又了解了井田是怎么个地形。抄他一句成语：“文思大进。”因此，半年之内，除了《礼记》，我把“五经”念完了。先生来了个“得天下英才而教之，一乐也”，要我作八股，居然逼得我作成了“起讲”。又要我作试律诗，这就吃不消了。一个虚岁十一岁的小孩子怎么会平对仄，红对绿呢？我被先生逼得无法可治，只有拿了一部诗韵死翻。就这样填鸭式的，在半年之内，我搞懂了平仄。而对《千家诗》，也更觉有味了。

这一些，可以说先生没教我，全是瞎猫碰死耗子，我胡乱碰上的。而我真正感到有味的，还是家藏的两部残本小说。一部是大字《三国演义》，一部是《希夷梦》(又名《海国春秋》)。另有一部《西厢记》，我却看不懂。后来，又看到一本残缺的《七国演义》，就是孙庞斗智的一幕，我也深深地印在脑筋里。不过，这时，我已懂得《左传》，也把它当故事看。直到现在，我还能记得《左传》上一些字句，可以说是那故事性的文字引动我的。

跌进小说圈

我在了解字义以前，是很不幸的，没有遇到过一个好先生。十三岁的时候，我又回到了江西，并随家回到了新淦县三湖镇。那个地方，是产橘子的地方，终年是满眼的绿树。一条赣江长时流着平缓而清亮的水，我家住在这平河绿树之中，对于我这个小文人，颇增加了不少的兴趣。父亲把我送到一个半经半蒙的私馆里读书（经馆是教授可以作文的学生。科举时代，得读九年经馆，才有能力去考秀才），所谓“出就外傅”，我就住在学校里。这学校是家宗祠，橘林环绕，院子里大树参天，环境很好。先生姓萧，是个廪生，人相当的开通，对学生取放任主义，对我尤甚。我和三个同学，有一间屋子可读夜书。夜书只是念念古文，我非常的悠闲。同室有位管君，家里的小说很多，不断地带来看。我在两个月之内，看完了《西游》《封神》《列国》《水浒》《五虎平西南》。而我家里，上半部《红楼梦》，和一部《野叟曝言》，我一股脑儿，全给它看完了。这样，使我作文减少了错别字，并把虚字用得更灵活。六七月间，先生下省考拔贡，出了十道论文给我作，我就回家了。

父亲办事的地方，是万寿宫。我白天不回家，在万寿宫的戏台侧面，要了一段看楼，自己扫抹桌子，布置了一间书房。上得楼去，叫人拔去了梯子，我用小铜炉焚好一炉香，就作起斗方小名士来。这个毒，是《聊斋》和《红楼梦》给我的。《野叟曝言》，也给了我一些影响。那时，我桌上就有一本残本《聊斋》，是套色木版精印的，批注很多，我在这批注上，懂了许多典故，又懂了许多形容笔法。例如形容一个很健美的女子，我知道“荷粉露垂，杏花烟润”，是绝好的笔法。我那书桌上，除了这部残本《聊斋》外，还有《唐诗别裁》《袁王纲鉴》《东莱博议》。上两部是我自选的，下两部是父亲要我看的。这几部书，看起来很简单，现在我仔细一想，简直就代表了我所取的文学路径。我在楼上干些什么勾当，父亲未加干涉，也很少同学找我。约莫是两个月工夫，我自己磨炼得仿《聊斋》、仿《东莱博议》的笔法作文。当然，那是很幼稚的。因为用字的简练，甚至于不通。但先生出的十道论题，我全交卷了。尤其是一篇《管仲论》，交卷的时候，先生竟批改了，让父执传观。一个十三四岁的孩子，受不得这荣宠，因之引起了我的自满，自命为小才子。

这年冬，回到了南昌。父亲母亲回家乡了，留下我和弟妹，托亲戚照料。没人管我，我更妄为。我收拾了一间书房，把所有的钱，全买了小说读。第一件事，我就是把《红楼梦》读完。此外，我什么小说都读，不但读本文，而且读批注。这个习惯，倒是良好的。我在小说里，领悟了许多作文之法。十五岁的时候，家里请了一位徐先生教我，这先生是徐孺子后代，他们家传，是不应科举，不做官的。

先生很古板，没教会我什么。只是他那不考科举，不做官的作风，给了我一个很深的印象。我这时本已打进小说圈，专爱风流才子高人隐士的行为，先生又是个布衣，作了活榜样，因之我对于传统的读书做官说法，完全加以鄙笑，一直种下我终身潦倒的根苗。小说会给我这么一个概念，我很不理解。恐怕所有读小说的人，也很少会和我这样受到影响的吧？

礼拜六派的坯子

十五岁的秋季，父亲因我的要求，允许我进了学堂，受新教育。因为我国文还可以，我插进大同小学三年级（毕业是四年，那时高小课程，约等于现在初中二年级）。校长周六平先生，是个维新人物，他教书的时候，常常讥笑守旧分子，而且不时地叙述清朝政府的腐败，我也就是他讥笑的一个。我受着很大的刺激，极力向新的路上走。于是我除了买小说，也买新书看。但这个时候的新书，能到内地去的，也无非是《经世文篇》《新议论策选》之类。我能找到一点新知识的，还是上海的报纸。由报纸上，我知道这世界不是四书五经上的世界，我也就另想到小说上那种风流才子不适宜于眼前的社会。我一跃而变为维新的少年了。但我的思想虽有变迁，我文学上的嗜好，却没有变更，我依然日夜读小说，我依然爱读风花雪月式的辞章。因我由《水浒》的圣叹外书上，知道《西厢》《庄子》，是他所鉴赏的书，我又跟着看《西厢》，看《庄子》。对于《庄子》，我只领略了较浅的《盗跖》《说剑》两篇；而对整个《西厢》，却有了文学上莫大的启发，在那上面，学会了许多腾挪闪跌的文法。

十六岁半，我考进了甲种农业学校（约等于现在的专科）。论我的年岁，是不足进那时的中学的。我冒报年岁为十九岁。我在学校里，看到同学都是二十多岁的人。我私心很自傲。但是这却让我自己害了自己。除了英文，勉强可以跟得上而外，其余代数、几何、三角、物理、化学，没有一项不赶得头脑发昏。因之，没有时间让我再去弄文学。只有假期的时候，可以看看小说而已。这时，我有两个新发现。第一，我读《儒林外史》，对于小说的描写，知道还有这样一种讽刺手法；跟着就读了《二十年目睹之怪现状》和《官场现形记》。第二，我偶然买了一本《小说月报》看，对于翻译的短篇小说，非常地欣赏，因之，我又继续看林译小说[①]。在这些译品上，我知道了许多的描写手法，尤其心理方面，这是中国小说所寡有的。这个时候，我读小说，已脱离了故事的消遣，而为文艺的欣赏了。因此，我另赏识了一部辞章小说《花月痕》。《花月痕》的故事，对我没有什么影响，而它上面的诗词小品，以至于小说回目，我却被陶醉了。由此，我更进一步读了些传奇，如《桃花扇》《燕子笺》《牡丹亭》《长生殿》之类。我也读了四六体的《燕山外史》和古体文的《唐人说荟》。

这个阶段，我是两重人格。由于学校和新书给予我的启发，我是个革命青年，我已剪了辫子。由于我所读的小说和词典，引我成了个才子的崇拜者。这两种人格的溶化，可说是民国初年礼拜六派文人的典型，不过那时礼拜六派没有发生，我也没有写作。后来二十多岁到三十岁的时候，我的思想，不会脱离这个范畴，那完全是我自己拴的牛鼻子。虽然我没有正式作过

① 林译小说：流行于明末清初的林纾（琴南）译的小说。

礼拜六派的文章，也没有赶上那个集团。可是后来人家说我是礼拜六派文人，也并不算十分冤枉。因为我没有开始写作以前，我已造成了这样一个坯子。

我的无名处女作①

十七岁上半年，我已经读了几百种小说了。在亲戚朋友的家庭中，没有人不知道我是个小说迷。我家里的弟弟们，和亲戚的小孩子们，有了空闲，就常常要我讲小说给他们听。我要卖弄我的腹笥，当然我也乐于接受他们的要求。他们所爱听的，不外是神怪和武侠一类的故事。关于这一类故事，我自然是俯拾即是。可是我往往随便说着，自己就加了许多的穿插进去，而且我这穿插，总是博得他们赞许的。这增加了我的兴趣，我何不由我的意思，也来写一篇小说？青年人没有顾忌，也没有谁来干涉，我就开始写我第一部小说了。

这篇小说，是为弟妹们写的，当然我就写了他们最欢迎的武侠故事。这篇小说叫什么名字，我已经忘了，反正有个侠字罢。书里的主人翁是个十四岁的小孩，力大无穷，使两柄一百八十斤的铜锤，犹如玩弄弹丸一般。他开始的一幕也就是完结的一幕，是使两柄铜锤，在庄前打虎。当然，老虎被这小英雄征服了的。老虎完了，这小英雄也就完了。因为我写过小说，以后才发现：写了两三天，拿来给他们讲解时，不到一小时就完了。我自己感到这是一个供不应求的艰巨工作，我就停止没有向下写了。

我还记得，这个稿本，是竹纸小本，约有五寸见方，我用极不工整的蝇头小楷，向白纸上填塞。有时觉得文字叙述还不够劲，我特意在里面插上两幅图画。当然，我是个中学生了，多少能画几笔。所画的那位小英雄，是什么样子，我也印象不清了，只是那两柄铜锤，却夸张地画得特别大，总等于人体的二分之一。那只老虎，实在是不像，我拿给弟妹们看时，他们说像

① 无名处女作写于十三岁，可参看作其他文章。

狗。这给予了我一个莫大的嘲笑，恰应了那个典“画虎类犬”了。

在这年里，我得补叙一句的，就是那位教我八股的储先生，他也来到了南昌，教我弟妹们的书。他原是教过试律诗的。他说我有诗才，劝我做诗，他可以从旁指点。对于这，我欣然从命。但他不会写作古近体，只写得五言八韵的试律。于是介绍我读了几本试律诗集，并出了几个诗题我作。我慢慢地凑，居然可以完篇。我记得在“两个黄鹂鸣翠柳”一题里，我有这样十个字：“枝横长岸北，树影小桥西。”储先生给我打了密圈。后来我懂一点诗，觉得这根本不合题。但我初学作诗，确是这样胡乱堆砌的。这作风，大概维持了两三年之久。

躐等的进修

十八岁，我父亲提议，要我到日本去留学，但我好高骛远要到英国去，我并没有考虑到我还没有念过两册英文哩。在这个时候，我遭遇到了终身大悲剧，我父亲以三天的急病而去世了。那是民国元年秋季的事。我家完全靠我父亲糊口，父亲一死，家里立刻就穷了。我母亲三十六岁居孀，下面还有五个弟妹，怎么得了呢？于是她带了我们子女，回老家潜山，靠薄田数亩过活。母亲手上没有积蓄，就再不能供给我的学费。这个打击，我实在难受，在乡下闷住了半年，只是看些旧书，又苦闷，又躁急，放下书本，整日满原野胡跑。我有一位从兄，那时在上海当小公务员，他写了一封信给我，叫我到上海去给我想办法。十九岁这年春天，我到了上海。这时中山先生办的蒙藏垦殖学校北移未成，设在苏州。校长是陈其美，正在招生。我因这学校与农业相近，就前去投考。考得很容易，除了一篇国文，只有两道代数，几个理化题目。榜发，我录取了。我对此事，高兴得不得了。因为我中学没毕业，我又跳进专门了。亲友们帮忙，凑些款，让我缴了学膳费，我就到苏州去读书。

垦殖学校，设在阊门外留园隔壁盛宣怀家祠里。房子又大又好，我宿舍窗外，就是花木扶疏的花园。隔壁留园的竹林，在游廊的白粉墙上，伸出绿影子来看人。这个读书环境，是我生平最好的待遇。不过我还是不幸，这学校经费不足，陈校长辞职了，换了个姓仇的代理。姓仇的在北京，校务根本没人负责，学校里常常停课。而我又是个穷学生，连买纸笔的钱都没有。我怀念我的亡父，我忧虑我一家妇孺孤独，我更看到我前进学业的渺茫，我时常站在花园里发呆。这些愁苦无从发泄，我就一发之于诗。有时也填一两阕小令，词句无非是泪呀血呀穷病呀而已。有几个同学看到，颇为我同情，居然还结交了两个诗友呢。这里我得补叙一句的，就是在乡下半年，我自修作近体诗，并看看《白香词谱》一类的词书。

民国初年，中、大学生的国文程度，都是很好的，大概也就由于他们都念过私塾的缘故。有人说，那个时候，青年的国文很好，科学却是不行。其实也不尽然，现在许多名教授，不都是那时的学生吗？不过思想上不如现代青年那样进步，那却是事实。在垦殖学校里，我实在还没有幻想到吃小说饭，我依然是个科学信徒。不过有些同学劝我走文学这条路，并以垦殖学校前途黯淡，劝我早作良图。可是我穷得洗衣服的钱都没有，我能作什么良图呢？

第一次投稿

由于我穷，我也就开始自找出路。我不是喜欢看《小说月报》吗，我每月总要节省两角钱，买一期《小说月报》看。在背页的广告上，月报有征求稿件的启事，并定了每千字三元。我很大胆的，要由这里试一试。那时学校里正因闹风潮而停课。我就在理化讲堂上，偷偷地作起应征的小说来。为什么偷偷地呢？就由于怕人家笑我不自量力。这理化讲堂，是一幢小洋楼，楼下是花圃，楼外是苏州名胜留园，风景很好。我一个人坐在玻璃窗下，低头猛写。偶然抬头，看到窗外竹木依依，远远送来一阵花香，好像象征了我的前途乐观，我就更兴奋地写。

在三日的工夫里，我写起了两个短篇，一篇是《旧新娘》，是文言的，约莫有三千字。一篇是《桃花劫》，是白话的，约四千字。前者说一对青年男女的婚姻笑史，是喜剧。后者写了个孀妇自杀，是悲剧。稿子写好了，我又悄悄地付邮，寄去商务印书馆《小说月报》编辑部。稿子寄出去了，我也就是寄出去了而已，并没有任何被选的幻想。因为我对《小说月报》的作者，一律认为是大文豪，我太渺小了，我怎能作挤进文豪队里的梦呢?

事有出乎意料，四五天后，一个商务印书馆的信封，放在我寝室的桌上。我料着是退稿，悄悄地将它拆开。奇怪，里面没有稿子，是编者恽铁樵先生的回信。信上说，稿子很好，意思尤可钦佩，容缓选载。我这一喜，几乎发了狂了。我居然可以在大杂志上写稿，我的学问一定很不错呀！我终于忍不住这阵欢喜，告诉了要好的同学，而且和恽先生通过两回信。但是我那两篇稿子，一月又一月，一年又一年，直等恽先生交出《小说月报》给沈雁冰先生的那一年，共是十个年头，也没有露脸。换句话说，是丢下字纸篓了。

这是我第一次投稿，也是我第一次作品流产。

第一部长篇

垦殖学校既是自身多故，又有个政治背景，在民国二年讨袁之后，这个学校解散了，我没钱，不能作考第二个学校打算，又回了老家。我已是真正的十九岁了。找职业，我太年轻，也无援引。务农，我没有力气，这也不是中途可以插班的。那么，就在家里待着吧。好在家里还有些旧书，老屋子空闲的又多。于是打扫了一间屋子，终日闷坐在那屋子里看线装书。

这屋子虽是饱经沧桑，现时还在，家乡人并已命名为“老书房”。这屋子四面是黄土砖墙，一部分糊过石灰，也多已剥落了。南面是个大直格子窗户，大部分将纸糊了，把祖父轿子上遗留下来的玻璃，正中嵌上一块，放进亮光。窗外是个小院子，满地青苔，墙上长些隐花植物瓦松，象征了屋子的年岁。而值得大书一笔的，就是这院子里，有一株老桂树，终年院子里绿荫荫的，颇足以点缀文思。这屋子里共有四五书箱书，除了经史子集各占若干卷，也有些科学书。我拥有一张赣州的广漆桌子，每日二十四小时，总有一半时间在窗下坐着。

我为什么形容这个黄土屋子如此详细呢？这在我家庭，是有点教育性的。直到现在，我的子侄们，对于这书房还有点圣地的感想。提起老书房，他们就不好意思不念书。也就由于我在这里自修自写，奠定了我毕生的职业。我看书之外，在这里就是写作了。这与其说是写作，不如说是脱闷。因为当时有些乡下人的眼光，是非常势利的。他们对我这一无所成的青年，非常之瞧不起，甚至当面加以嘲笑。我已说过，我中了才子佳人的毒，而又自负是革命青年，对于乡下人那种升官发财的勉励，我实在听不入耳。然而我又形单影只，抵敌不了众人的非难。因之我就借写作来解闷。在我书桌上，有好几个稿本，一本是诗集，一本是词集，还有若干本，却是我新写的长篇小说《青衫泪》。在这个书名上，可以知道我写的是些什么。这书是白话章回体，除了苦闷的叙述和幻想的故事，却有不少诗词小品，我简直模仿《花月痕》的套子，每回里都插些辞章。

十九岁的青年，又没经过名师指点，懂得什么辞章？那个时候，我爱看《随园诗话》。诗重性灵，又讲率易。我幼稚万分，偶用几个典，也无非填海补天，耳熟能详的字句。把这种诗去学《花月痕》的作者魏子安，可说初生犊儿不怕虎。至于词，更是可笑。我除读过《白香词谱》而外，名人的词，没念过五十阕。这种讲声韵辞藻的东西，我怎么会弄得好？这部小说，我共写过十七回，也没有完卷。这是由于后来读书略有进益，觉得这小说太不够水准，自己加以放弃了。

这是我第一部长篇，未完成的“大杰作”。

失学之后

二十岁的春天，我又独自地到了南昌。因为那里还有一些亲友。青年人，不能闲散。我于是挪挪扯扯，找些款子，进了一个补习学校，补习英语。我的意思，当然还是想加深功课，去考大学。但只补习了半年，经济来源断绝，把学业放弃了。那是民国四年，九、十月间，我因为有一位族兄和一位本家在汉口，搞文明新戏和小报，我冒着危险，借了一笔川资到汉口去。

我那位本家，在小报馆里当独角编辑。我去了，他倒是很欢迎，天天让我写些小稿子填空白。我寄寓在一家杂货店楼上，我和族兄住在一处，本也很无聊，天天到小报馆去混几小时，倒也无可无不可。但又有个意外，我那种小稿，居然有人看，有人说好，虽不得钱，却也聊以快意。本来在垦殖学校作诗的时候，我用了个奇怪的笔名，叫“愁花恨水生”。后来我读李后主的词，有“自是人生长恨水长东”之句，我就断章取义，只用了“恨水”两个字。当年在汉口小报上写稿子，就是这样署名的。用惯了，人家要我写东西，一定就得署名“恨水”。我的本名，反而因此湮没了。名字本来是人一个记号，我也就听其自然。直到现在，许多人对我的笔名，有种种的揣测，尤其是根据《红楼梦》，“女人是水做的”一说，揣测的最多，其实满不是那回事。

在汉口住了几个月，毫无成就，我族兄介绍我进文明进化团演戏。这是笑话，我怎么会演话剧呢？平生没想到这件事。但主持人李君磐先生，他倒不一定要我演戏，帮着弄点宣传品，写写说明书，也就让我在团里吃碗闲饭。于是我随这个进化团到湖南常德，又到澧县。在这团里久了，所谓“近朱者赤”，我居然可以登台票几回小生，我还演过《卖油郎独占花魁》的主角。事后想来，简直是胡闹。

二十一岁，夏季，我随进化团的人，一同到了上海。这时，有几个同乡的文字朋友，住在法租界，我就住在他们一处。那时的穷法，我不能形容，记得十月里，还没有穿夹袍子。其间我又害了一场病，脱了短夹袄，押点钱买中药吃。病好了，上海我就再也住不下去了。

一节流浪小史

二十一岁，冬季，我又回到了故乡。这次我下了决心，不再流浪了，又在老书房里自修下去，而我写作的兴趣，却不因之减少，也就是上面那话，拿来解闷。这时写小说，我改了方向，专写文言中篇。两个月内，我写成了两个中篇，一篇是《未婚妻》，一篇是《紫玉成烟》。这两篇都是文言的。我写好之后，也没有介意，就随便放在书箱里。同时，我作了一篇笔记，叫《楼窗零草》。此外的工夫，我都消磨在作近体诗里。

二十二岁的春天，因为我族兄在上海吃官司，我受了本家之托，到上海去为他奔走一切。那时我到苏州去了一趟，遇到了李君磐先生。他有意带个剧团到南昌去，叫我和他到南昌为之先容①。我利用了别人给我的川资，又流浪了几个月，一无所成。冬季还家。在这个时期里，我没有写什么东西，只写了一点不相干的游记而已。二十三岁的春天，友人郝耕仁，他看我穷愁潦倒，由他故乡石牌②，专门写信来约我一同出游。他是个老新闻记者，那时已三十岁了。他作得一手好古文，诗也不错，并能写魏碑，我们可说是文字至交。而他又赋性倜傥不羁，这点我们也说得来。于是我就应了他的约，在安庆会面，一同东下。

到了上海，郝君有两个朋友，要他到淮安去。但谋事的前途，并无把握。而郝君却是少年盛气，不顾那些。他在上海又借了点钱，尽其所有，全买了家庭常备药。我问他什么意思？他说要学学老残，一路卖药，一路买药，专走乡间小路，由淮河北上，入山东，达济南，再浪迹燕赵。我自然是少不更事，有他这样一个老大哥引路，还怕什么的，就依了他的主张，收拾了两小提箱药品，由镇江渡江，循大路北上。郝君少年中过秀才，又当过小公务员，入世的经验，自比我多。因之，我更不考虑前途的困巨。

一路行来，由仙女庙而邵伯镇。晚投旅店，郝君还是三块豆腐干，四两白酒，陶陶自乐。醉饱之余，踏月到运河堤上去，我们还临流赋诗呢。可是这晚来了个不幸的消息，前途有军事发生。店主人也是个斯文人出身，他看到我们不衫不履，情形尴尬，劝我们快回去。但是我们打算卖药作川资的，

① 先容：宣传、介绍引进。

② 石牌：今安徽潜山县石牌镇。

只有来的盘缠，却没有去的路费，那怎么办呢？于是店主人介绍一家西药店，把我们带的成药，打折扣收买了。而且风声越来越紧，店主把我们当了祸水，只催我们走。次日傍晚，我们就搭了一只运鸭的木船前往湖口，以便天亮由那里搭小轮去上海。在这段旅程中，我毕生不能忘记。木船上鸡鸭屎腥臭难闻，蚊虫如雨。躲入船头里，又闷得透不出气，半夜到了一个小镇，投入草棚饭店，里面像船上统舱，全是睡铺。铺上的被子，在煤油灯下，看到其脏如抹布，那还罢了，被上竟有膏药。还没坐下呢，身上就来了好几个跳蚤。我实在受不了，和郝君站在店门外过夜。但是郝君毫不在乎，天亮了，他还在镇市上小茶馆里喝茶，要了四两白酒，一碗煮干丝，在会过酒账之后，我们身上，总共只有几十枚铜圆了。红日高升，小轮来到，郝君竟唱着谭派的《当锏卖马》，提了一个小包袱，含笑拉我上船。

这次旅行，我长了许多见识。而同时对郝君那乐天知命的态度，我极其钦佩。到了上海，我就写了一篇很沉痛而又幽默的长篇游记，叫《半途记》。可惜这篇稿子丢了，不然，倒是值得自己纪念的。在这次旅途中，我两人彼唱此和，作了不少诗。而和郝君的友谊，也更为加深。到了上海，我们在法租界住了几个月。我是靠郝君接济，郝君是靠朋友接济。我们在寓楼上，除了和朋友谈天，就是作诗。有时，我们也写点稿子，向报馆投了去。我们根本没打算要稿费，都是随时乱署名字，也没有留什么成绩。由此我已知道投稿入选，并非什么难事了。

写作出版之始

上面这段流浪生活，我为什么写这样多呢？因为这和我的写作，是大有关系的。一来和郝君盘旋很久，练就了写快文章。二来他是个正式记者，经了这次旅行，大家收住野马的心，各入正途，我也就开始作新闻记者了。

我已不敢在上海过冬，上次几乎病死在上海，有了莫大的教训。在西风起，北雁南飞的日子，我就回故乡了。

这时，我更遭遇着乡人讥笑，以为我是一个绝对无用的青年。甚至有人说读书如读得像我一样，不如让孩子们看一辈子牛。我也不和乡人深辩，我倒是受了郝君的影响，致力古文。我家里有许多林译小说，都拿出来仔细研究一番。过了两个月，郝君也回来了。他写信告诉我，我写的那篇《未婚妻》，放在网篮里，没有带回，经朋友传观，十分赞美。有家无锡报馆①的编辑，把这稿子拿去了，有心约我去帮忙。同时，芜湖有家报馆②要他去当总编辑。但他开春要到广东去，愿意把职位让给我。我得了这消息，十分高兴，高兴得有一份职业还在其次，而我写的小说，居然有被人专约的资格，这是我立的志愿有些前途了。于是我根据《未婚妻》那个中篇笔法，再写了一篇《未婚夫》。

苦闷地在家里度过残年，凑了三元川资，由家乡去芜湖。工作进行得很顺利，和报馆③当事人一席谈话，就约定了我当总编辑，当时就搬进报社去住。当年内地的报纸，除了几条本埠新闻，完全是用剪刀。那家报馆剪材料的，另有专人，我的责任是两个短评，和编一版副刊。副刊本来也是剪报的，我自然不肯这样干。我自己新写了一个长篇，叫《南国相思谱》，完全是谈男女爱情的。

那时我才足二十四岁，这样的小说名字，我并没有感到过于艳丽。于今想起来倒有些言之赧然了。同时，我每日写一段小说闲评。另外我找了两个朋友的笔记，也放在副刊里连载。这个举动，在芜湖新闻界，竟是打破纪录的，于是也就引着有人投稿了。

居停的太太，喜欢看我写的小说，居停却赞美我的小说闲评。报社除供我膳宿之外，本来月给薪水八元，因为主人高兴，增加了百分之五十，加为十二元。我反正没有嗜好，这时又没有家庭负担，也就安居下去。

在芜湖住了两个月，觉得很闲。而箱子里只带了一部《词学全书》，一部《唐诗十种集》，又无书可看。于是我借了多余的工夫，再写小说。我先

---

①《锡报》。

②《皖江报》。

③《皖江报》。

写了一个短篇，叫《真假宝玉》，是讽刺当年演《红楼梦》老戏的，试寄到上海《民国日报》去。去后数日，编者很快来信，表示欢迎。因之，我又写了一个中篇章回，叫《小说迷魂游地府记》，也投寄《民国日报》，他们连载了将近一月，竟引起上海文坛很大注意。这两篇都是白话体，前者约三千字，后者约一万字。后来这两篇小说，被姚民哀收到《小说之霸王》的集子里去了。把我的写作印在书本子里，这是第二次。第一次是民国五六年的事，那时天虚我生[①]编《新申报》的《新自由谈》，他曾征“秋蝶诗”，限用王渔阳《秋柳》原韵。我应征作了四首，录取了一部分，载在天虚我生的《苔苓录》里面。抗战时在重庆遇到陈先生，我还谈及此事，他觉得恍如隔世了。

当年写点东西，完全是少年人好虚荣。虽然很穷，我已知道靠稿费活不了命，所以起初的稿子，根本不是由“利”字上着想得来。自己写的东西印在书上，别人看到，自己也看到，我这就很满足了。我费工夫，费纸笔，费邮票，我的目的，只是满足我的发表欲。

北京的初期

这是民国八年，夏初，“五四”运动发生了。当然，我受着很大的刺激。就在这运动达最高潮之时，我因有点私事到上海去，亲眼看到了许多热烈的情形。因此我回到芜湖，那一颗野马尘埃的心，又颤动了。我想，我还不失求学的机会，我在芜湖这码头上住下去，什么意思呢？于是我一再地向社方请辞，要到北京去。社方因我待遇低廉，不肯让我走，拖了两三个月。

我为什么要到北京去呢？因为有几个熟人，他们都进了北大。他们进北大，并非是考取的。那是先作旁听生，作过一年旁听生，经过相当的考验，就编为正式生了。这样一条捷径，我又何妨走走。自然我还是没有学杂费，

① 当时《新自由谈》编者陈蝶仙的笔名。

但朋友们写信告诉我，可以来北京半工半读。在这年秋季，于是我把所有的行李当卖了，又在南京亲友那里借了十块钱，我就搭津浦车北上。到了北京，我是住在一位姓王的朋友那里，他是一个人住在会馆，而终日在黄寺办公，有时还不回来，就把他的房子让给我住，并给我介绍了一份职业，在一个驻京记者[①]办事处那里，帮同人处理新闻材料。

一切都有了安定办法了。可是所得的工薪每月只一十元，仅仅够吃伙食的，我得另想办法。那时，成舍我君在《益世报》当编辑，他就介绍我到《益世报》当助理编辑，月给薪水三十元。说是助理编辑，其实是校对，我的职务，乃是看大样。后来看大样的又增加了一个人，工作减少了，月薪也减少了，减为二十五元，在驻京记者那里，工作时间，是上午九点到十二点，下午两点到六点。在《益世报》是晚间十时到天亮六时，我的休息时间，是那样的零碎而不集中，我的睡眠时间，也就是片断的几小时。这样，决不让我有时间再去读书了。

这样有一年之久，《益世报》调我为天津版通讯员，薪水补足了三十元。同时，在驻京记者那里，薪水也增加到三十元，我的收入是加了。除了伙食，实在花费不了。于是我除了每月寄一部分款子回家而外，我又有钱买书了。这时，我对词，有了更深的嗜好，买的书，也以词类为多。工作之外，我在会馆里休息，把时间都浪费在填词上。不过在新文化运动勃兴之时，这种骸骨的迷恋，实在是不值得。于是我又转了个方向去消磨工余时间，进了商务印书馆的英文补习学校。

在工作那样忙碌的时候，我还要去自修英文，朋友们也都笑我是牛马精神。可是我也想着，我若不这样干，我形单影只地在北京，又怎么去安排我的时间呢？也就为此，我没有写较长的文稿。到北京来的初期，可以说我完全是机械地做着新闻工作。

---

① 指秦墨哂，当时为《时事新报》拍发新闻电报。

新闻工作的苦力

在北京的第二年，芜湖有家报馆[1]约我替它写篇小说。我就以当时安徽的自治运动，写了一个上八万字的长篇，叫作《皖江潮》。这部小说，特别地带着安徽地方色彩，在他省人看来，是会减少兴趣的。所以那篇小说能登在报纸上也就算了事，并无任何出版计划。但芜湖的学生，却利用了这小说里的故事，一度编为剧本，并曾公演。我的文字搬上舞台，这要算是初次了。

因为前两年，我在《民国日报》投稿的缘故，在通信上，我神交了几位文人。他们反正是离不开副刊和小报的，也就常有信来，约我写些散稿。可是当年上海那地方，除了几家大报馆，给稿费是没那回事。纵然特约你写稿子，那稿费也极其渺茫。那些朋友约我写稿，都曾出到两元钱一千字，其始，我也觉得不无小补，很努力地写了稿子寄去。而且化名是多多益善，以便一天刊出好几篇。然而我始终没有接到过什么稿费，至多是寄些邮票来，我也就兴味索然了。

不过在新闻工作上，我却是成日的忙。除了那个驻京记者办事处之外，我自己也担任了两份新闻专责。一份还是和天津《益世报》写通讯，一份是芜湖《工商日报》的驻京记者。由上午九点钟起，到下午五六点钟止，我少有空闲的工夫。由民国八年秋季起，到民国十年冬季止，我就这样忙下去。其间只是十一年的旧历年，我回了一趟芜湖，探访母亲，此外没有离开北京。因为我为了弟妹们念书，已托二弟把家眷送到芜湖住家了。我是个失学青年，我知道弟妹们若再失学，那是多大的痛苦，所以我把在北京得到的薪资，大部分汇到南方去，养活这个家，也唯其如此，我成了新闻工作的苦力，没有心情，也没有工夫，再去搞什么文学。

---

①《皖江报》。

通讯文字收入甚丰

十二年，我的新闻工作，格外加忙了。在一家通讯社[①]当总编辑，也就住在这通讯社里。那待遇是可笑的，每月只二十几元。我因为有房子住，有水电供应，所以乐于接受。不过谈起那时候的通讯社的组织，现在几乎令人不相信。一个新闻机关，没有邮电的新闻来源，也没有外勤记者。除了社长在茶余酒后得来的道听途说的新闻而外，并无新闻稿子供给。请问，我这总编辑是怎样的当法呢？我没有那胆量天天造谣，我也不能把我所得的一点新闻，全部送给通讯社。我得了社方的谅解，只是找些内地各省来的报，改头换面，抄写几段。这自然是不忠实的。但绝对没有造谣，倒也问心无愧。干了几个月，我决计不干这闭门造车的新闻，我就搬到我自己的会馆里去住。这会馆没有什么同乡，我一个人拥有两间小屋子，倒是很舒服的。

这两三年来，天天的新闻文字，要写好几千字，笔底下是写得很滑了。只要有材料，我可以把一篇通讯处理得很好，而且没有什么废话。于是我认识了几位名记者，上海的《申报》《新闻报》都约我写通讯。这两家报馆，对于北京通讯，极肯花钱，一经取录，每篇通讯十元。材料好，写上篇通讯，是不会费一小时以上的工夫的。我也为了人家的报酬丰厚，抱定不拆烂污主义，有材料才写，没有材料决不敷衍成篇。而且写的时候，将一篇文言，总写得它十分清楚流利。于是在“新”“申”两报方面，信用都很好，写去的通讯，很少不登的。大概每月所得总在一二百元。那个时候的一二百元，是个相当引人羡慕的数目。至于我的署名，也不下七八个，现所记得的，就只有一个“随波”。

关于《春明外史》(一)

在我生活转好的时候，我也很想减少我的工作，以便抽些工夫出来读书。可是我的家，已经由乡间转入城市，而弟妹们又都进了学校，我的负

---

① 北京世界通讯社。

担，却逐渐的加重，自己考虑之下，工作还是减少不得。于是我到北京来读书的计划，经过三年的拖延，只得完全放弃。相反地，益发就钻进工作圈子，多做些事。这期间，我曾与成舍我君两度合作，一度是《今报》，一度是联合通讯社。但时间都不久，工作又停止了。最后，成君在手帕胡同办《世界晚报》，又约我和龚德柏君共同合作。起初，我们都是编新闻。副刊叫《夜光》，由余秋墨编辑。成君已知道我在南方很写过几篇小说，就要我给《夜光》写个长篇。这原是我最高兴做的事，我并没有要求任何条件，就答应了写。又由于民国初年，许多外史之类的小说，给我的印象很深，我就把我写的小说，定名为《春明外史》。

《春明外史》，本走的是《儒林外史》《官场现形记》这条路子。但我觉得这一类社会小说，犯了个共同的毛病，说完一事，又递入一事，缺乏骨干的组织。因之我写《春明外史》的起初，我就先安排下一个主角，并安排下几个陪客。这样，说些社会现象，又归到主角的故事，同时，也把主角的故事，发展到社会的现象上去。这样的写法，自然是比较吃力，不过这对读者，还有一个主角故事去摸索，趣味是浓厚些的。当然，所写的社会的现象，决不能是超现实的，若是超现实，就不是社会小说了。因之这篇稿子，在《世界晚报》发表以后，读者都还觉得很熟识，说的故事中人，也就如在眼前。而这篇小说也就天天有人看。

这给予我一个很大的鼓励，更用心地向下写。余秋墨君另有专职，《夜光》只编了一个月，就转交给我了。于是我编副刊兼写小说，把《世界晚报》的新闻编辑放弃。我虽入新闻界多年了，我还是偏好文艺方面，所以在《世界晚报》所负的责任，倒是我乐于接受的。加之晚报创刊之时，我和龚君，都是为兴趣合作而来，对于前途，有个光明的希望，根本也没谈什么待遇。后来吴范寰君加入，也是如此。

这与写作好像无关，其实关系很大。因为我们决不以伙计自视，而是要共同作出一番事业的，所以副刊文字和小说，都尽了自己能力去写。

《春明外史》除了材料为人所注意而外，另有一件事为人所喜于讨论的，就是小说回目的构制。因为我自小就是个弄辞章的人，对中国许多旧小说回目的随便安顿，向来就不同意。既到了我自己写小说，我一定要把它写得美善工整些。所以每回的回目，都很经一番研究。我自己削足适履的，定了好几个原则。一、两个回目。要能包括本回小说的最高潮。二、尽量地求其辞藻华丽。三、取的字句和典故，一定要是浑成的，如以“夕阳无限好”，对“高处不胜寒”之类。四、每回的回目，字数一样多，求其一律。五、下联必定以平声落韵。这样，每个回目的写出，倒是能博得读者推敲的。可是我自己就太苦了，往往两个回目，费去我一两小时的工夫，还安置不妥当。因为藻丽浑成都办到了，不见得能包括小说最高潮，不见得天造地设的就有一副对子。这完全是“包三寸金莲求好看”的念头，后来很不愿意向下做。不过创格在前，一时又收不回来。因之这个作风，我前后保持了十年之久。但回目作得最工整的，还是《春明外史》和《金粉世家》，其他小说，我就马虎一点了。在我放弃回目制以后，很多朋友反对，我解释我吃力不讨好的缘故，朋友也就笑而释之，谓不讨好云者，这种藻丽的回目，成为礼拜六派的口实。其实礼拜六派，多是散体文言小说，堆砌的辞藻，见于文内，而不在回目内。礼拜六派，也有作章回小说的，但他们的回目，也很随便，不过，我又何必本末倒置，在回目上去下功夫呢？

关于《春明外史》(二)

《春明外史》写到十三回的时候，我就做了个结束，约莫是二十万字。为什么用奇数来结束呢？这也是我故意如此。人家说十三是个不祥的数目，我偏要这样试试。不过事后想来，那又何必？文字应该到哪里结束，就在哪里结束，拖长缩短，都没有道理。这十三回做完了，本来也可以不写的。但社会小说，像《官场现形记》似的，结束了再起楼阁，也并无所谓。而《春明外史》的主角，我又没将他的行为结束，续下去更不困难，所以我又跟着写第二集。在写第二集的时候，许多朋友，怂恿我将第一集出版。二弟啸空，他并愿主持发行，于是我就筹了笔款子，把书印起来。那时，我并没有多大的指望，只印了一千多本，事有出于意料的，仅仅两个月就销完了。

《春明外史》发行之后，它的范围，不过北京、天津，而北京、天津就有了反应的批评。有人说，在“五四”运动之后，章回小说还可以叫座，这是奇迹。也有人说这是礼拜六派的余毒，应该予以扫除。但我对这些批评，除了予以注意，自行检讨外，并没有拿文字去回答。在“五四”运动之后，本来对于一切非新文艺、新形式的文字，完全予以否定了的。而章回小说，不论它的前因后果，以及它的内容如何，当时都是指为“鸳鸯蝴蝶派”。有些朋友很奇怪，我的思想，也并不太腐化，为什么甘心做“鸳鸯蝴蝶派”？而我对于这个派不派的问题，也没有加以回答。我想事实最为雄辩，还是让事实来答复这些吧！

在写《春明外史》二集的时候，《世界晚报》又出了日报。副刊《明珠》，归我编辑。社方又要我写个长篇。因为当时有一位姓张的朋友，他对于《斩鬼传》极力推崇，劝我作一篇《新斩鬼传》。我一时兴来，就这样作了。这篇小说，虽根据老《斩鬼传》而作，但《斩鬼传》的讽刺笔法，却有些欠含蓄，我也是如此。后来这个书出版过了，沦陷期间，被上海文人删改过，更是有些走辙了。

同时，我给北京《益世报》，也写了个长篇，叫《京尘幻影录》。这部书，完全是写北京官场情形的，开始我也很卖力地写，到了后来，很不容易拿着稿费，我就有些敷衍了事。但前前后后，也写了两年多，总有五十万字以上。这部书，我没有留底稿，也没有剪报。事后很想收回来重新修改，但已不能找补全份了。

这两个长篇，都是我写了《春明外史》，才被人约我写的，而我的全家，那时都到了北京，我的生活负担很重，老实说，写稿子完全为的是图利，已不是我早两年为发表欲而动笔了。所以没有什么利可图的话，就鼓不起我的写作兴趣。所以这两部小说，我都认为不够尺寸。不过我对《春明外史》，要保持已往的水准，却是不拆烂污。约是一年多的时间，又写完十三回。这算是第二集。第二集的主要人物，有许多未了的公案，我又不能不跟着写第三集。在写第三集的时候，那时是吴范寰君当经理，他合并一、二集，由社方出版，销行之后，以公平的办法，给予了我的版税。在这里我必须补叙几句的，就是这几年间，我始终在世界日、晚报供职，并曾一度任日报总编辑。有道是树大招风，对《春明外史》的批评，就比以前多了。当然有一部分是对该书加以欣赏的，而竭力攻击的，也在所不免。但这里有一个意外的相遇，就是提倡新文艺的《晨报》，也约我给他们写个长篇。于是我为他们写了一篇《天上人间》。《天上人间》，我是用对比法写的，情、景、事我全用细腻的手法出之，自视是用心写的。因为《晨报》停刊，这篇小说没写完。后来无锡《锡报》转载，我又续了几回，中日战起，终于是不曾写完。直到去年，上海书商，还有约我写完的要求。情过境迁，我又太忙，这部书将来是否可以搞完篇，我自己还不能知道。不过以全书布局言，所差不过是十分之二三，搞完它，倒也并非艰巨工作。

关于《春明外史》（三）

《春明外史》第三集写完的时候，大概是民国十八年，由十二年夏算起，共是七个年头，约莫是五整年多。全书告竣之后，《世界日报》又合并出版全集，共是三十九回。第一集约是二十万字弱，第二集约三十万字，第三集有三十多万字，合起来共九十多万字。回目是由第一回到第三十九回，每回的回目，全是十八个字。后来我把这部书的版权卖给世界书局。根据历年人家的批评，将书里的错误加以修整，并把每回的字数，划分整齐，除了分集的办法，就是现在印行的这个样子。当然回目也都改了。回目文字的工整，因改得太仓促，不及原样，但包括文字里的高潮，却又更恰合些。

《春明外史》里的人物，后来有许多人索隐，也有人当面问我，某某是否影射着某人。其实小说这东西，究竟不是历史，它不必以斧敲钉，以钉入木，那样实实在在。《春明外史》的人物，不可讳言的，是当时社会上一群人影。但只是一群人影，绝不是原班人马。这有个极好的证明。例如主角杨杏园这人，人家都说是我自写。可是书中的杨杏园死了，到现在我还健在。宇宙里没有死人能写自传的。

这部书，自是我一生的力作之一。但我自视，不能认为是我的代表作。第一，我的思想，时有变迁，至少我是个不肯和时代思潮脱节的人。《春明外史》主干人物，依然带着我少年时代的才子佳人习气，少有革命精神（有也很薄弱）。第二，以几个主干人物，穿插全书。我也不妄自菲薄，是费了一番心血的。但主角的故事，前后疏落在一百万言的书里，时隐时现，究非良好办法。第三，有些地方，欠诗人敦厚之旨。换言之，有若干处，是不必要的讽刺。第四，我太着重那一段的时间性。文字自不能无时间性，但过于着重时间性，可以减少文字影响读者的力量。

在《春明外史》全书写完之后，我已写了十年的长篇，在社会的人海里，多少激起一点溅沫。因此，约我写小说的人就加多起来。同时，我也结交了许多朋友。由这部书发展开来，引人注意之作，有两部书，一是《金粉世家》，一是《啼笑因缘》。为了读者容易清楚，还是用这节文字的纪传体，而不走编年的路子。顺着次序，我先谈谈《金粉世家》，再谈关于《啼笑因缘》。

《金粉世家》的背景

这是人人要问的，《金粉世家》，是指着当年北京豪门哪一家？“袁”？“唐”？“孙”？“梁”？全有些像，却又不全像。我曾干脆告诉人家，哪家也不是！哪家也是！可是到现在，还有人不肯信。但这些好事的诸公，都不能像对《春明外史》一样，加以索隐了。

我根据写《春明外史》的经验，知道以当时人，运用当时社会背景写小说，要特别加以小心。写小说的人是信手拈来，并无好恶，而人家会疑心你是有意揭发隐私的。小说就是小说，何必去惹下文字以外的枝节。所以我所取《金粉世家》的背景，完全是空中楼阁。空中楼阁，怎么能作为背景呢？再换个譬喻，乃是取的海市蜃楼。海市蜃楼是个幻影，略有科学常识的人都知道，这虽然是幻影，但并不是海怪或神仙布下的疑阵，它是太阳摄取的真实城市山林的影子，而在海上反映出来。那和照相的原理，并无二致。明乎此，就知道《金粉世家》的背景，是间接取的事实之影，而不是直接取的事实。所以当时小说在报上发表的时候，许多富贵之家的人，尤其妇女，都拿去看看。而他们并没有感觉到这说的是谁。老实说，这也就是写小说的一种技巧。我不敢说有羚羊挂角，无迹可寻的手腕，而布局之初，实在经过一番考虑的。

有人说，《金粉世家》是当时的《红楼梦》，这自是评价太高。我也没有那样狂妄，去拟这不朽之作，而取径也各有不同。《红楼梦》虽和许多人作传，而作者的重点，却是在几个主角。而我写《金粉世家》，却是把重点放在这个“家”上，主角只是作个全文贯穿的人物而已。就全文命意说，我知道没有对旧家庭采取革命的手腕。在冷清秋身上，虽可以找到一些奋斗精神之处，并不够热烈。这事在我当时为文的时候，我就考虑到的。但受着故事的限制，我没法写那种超现实的事。在《金粉世家》时代（假如有的话），那些男女，除了吃喝穿逛之外，你说他会具有现在青年的思想，那是不可想象的。

小说有两个境界，一种是叙述人生，一种是幻想人生。大概我的写作，总是取决于叙述人生的。固然，幻想人生，也不一定就是超现实，如《福尔摩斯侦探案》《鲁滨孙漂流记》之类，那是有事实铺叙的幻想，并不是架空而来。但写社会小说，偏重幻想，就会让人不相信，尤其是写眼前的社会。《金粉世家》，我是由海市蜃楼上写得它像真的，我就努力向这点发展。于是那里面的教育性，只是一些事情的劝说，而未能给书中人一条奋斗的出路，这是我太老实之处。也可以说，我写着这一二百人登场的大戏，筋疲力尽，已穷于指挥，更顾不到意识上的加重了。

《金粉世家》的出路

《金粉世家》的重点，既然放在“家”上，登场人物的描写，就不能忽略哪一个人。而且人数众多，下笔也须提防性格和身份写得雷同。所以在整个小说布局之后，我列有一个人物表，不时地查阅表格，以免错误。同时，关于每个人物所发生的故事，也都极简单地注明在表格下。这是我写小说以来，第一次这样做的。起初，我也觉得有些麻烦。但写了若干回之后，自己就感到头绪纷如，不时地要去检阅旧稿，就迫得我不能不那样办。

全书的架子既然搭好，表格也填得清楚了，虽然这部书的字数，已超过一百万，但也未见得有什么难写。在我写完之后，对于书销行的估计，我以为是在《春明外史》之下的。可是这十几年的统计，《金粉世家》的销路，却远在《春明外史》以上。这并不是比《春明外史》写得好到哪里去，而是书里的故事轻松，热闹，伤感，使社会上的小市民层看了之后，颇感亲近有味。尤其是妇女们，最爱看这类小说。我十几年来，经过东南、西南各省，知道人家常常提到这部书。在若干应酬场上，常有女士们把书中的故事见问。这让我增加了后悔，假使我当年在书里多写点奋斗有为的情节，不是给女士们也有些帮助吗？而在现在情形中，这书是免不了给人消闲的意味居多的。

《金粉世家》在报上发表的时候，我对于每回文字长短方面，没有加意经营。有时一回长过两万字，印起书来，就嫌着太长，而和那几千字一回的，也悬殊太甚。所以在全书付印的时候，我也是经过一回修剪整理的。有了这个教训，自后我在报上陆续发表长篇，就先顾全到了这一点，借以免掉一番事后修理的工夫。一面工作，一面也就是学习。世间什么事都是这样。

把这些零碎交代过了，再总结几句。这书将来所得的批评如何，我不知道。若就这十几年的经过而论，它没有受到什么特别的奖许，也没有受到什么特别的指摘。它唯一被人所研究的，就是这些人物隐射着谁？而在不声不响的情形下，这书的销行，在我的写作里，始终是列于一级的。它始终在那生活稳定的人家，为男女老少所传看。有少年人看，也有老年人看，这是奇怪的。记得当年这书登在报上，弟妹们是逐日念给家慈听，也是数年如一日的。这一部长篇，它出现以后，出路是这样的。以我的生活环境不同，和我思想的变迁，加上笔路的修检，以后大概不会再写这样一部书。而这样的题材，自今以后的社会，也不会再有。国家虽灾乱连年，而社会倒是不断进步的。

《啼笑因缘》的跃出

我在北方，虽有多年的写作，而在上海所发表的，却是很少很少。上海有上海一个写作圈子，平常是不容易突入的，我也没有在这上面注意。一个偶然的机会，民国十八年，上海的新闻记者团北上，我认识了一班朋友。友人钱芥尘先生，介绍我认识《新闻报》的严独鹤先生。他并在独鹤先生面前，极力推许我的小说。那时，《上海画报》（三日刊）曾转载了我的《天上人间》，独鹤先生若对我有认识，也就是这篇小说而已。他倒是没有什么考虑，就约我写一篇，而且愿意带一部分稿子走。

我想，像《春明外史》这样的长篇，那是不适于一个初订契约的报纸的。于是我就想了这样一个并不太长的故事（明星公司拍电影，拍电影能拍出六集，这出于我始料）。稿子拿去了，并预付了一部分稿费。不过《新闻报》上正登着另一个长篇，还没有结束。直等了五个月，《啼笑因缘》才开始在上海发表。在那几年间，上海洋场章回小说，走着两条路子，一条是肉感的，一条是武侠而神怪的，《啼笑因缘》完全和这两种不同。又除了新文艺外，那些长篇运用的对话，并不是纯粹白话。而《啼笑因缘》是以国语姿态出现的，这也不同。在这小说发表起初的几天，有人看了很觉眼生，也有人觉得描写过于琐碎，但并没有人主张不向下看。载过两回之后，所有读《新闻报》的人，都感到了兴趣，独鹤先生特意写信告诉我，请我加油。不过报社方面根据一贯的作风，怕我这里面没有豪侠人物，会对读者减少吸引力，再三地请我写两位侠客。我对于技击这类事，本来也有祖传的家话（我祖父和父亲，都有极高的技击能力），但我自己不懂，而且也觉得是当时一种滥调，我只是勉强地将关寿峰、关秀姑两人，写了一些近乎传说的武侠行动。我觉得这并不过分神奇。但后来批评《啼笑因缘》的，就指着这些描写不现实，并认为我决不会和关寿峰这类人接触。当然，我不会和这类人接触。但若根据传说，我已经极力减少技击家的神奇性了。

在此之外，对于该书的批评，有的认为还是章回旧套，还是加以否定。

有的认为章回小说到这里有些变了，还可以注意。大致地说，主张文艺革新的人，对此还认为不值一笑。温和一点的人，对该书只是就文论文，褒贬都有。至于爱好章回小说的人，自是予以同情的多。但不管怎么样，这书惹起了文坛上很大的注意，那却是事实。并有人说，如果《啼笑因缘》可以存在，那是被扬弃了的章回小说，又要返魂。我真没有料到这书会引起这样大的反应。当然我还是一贯地保持缄默。我认为被批评者自己去打笔墨官司，会失掉“有则改之，无则加勉”的精神，而徒然扰乱了是非。不过这些批评，无论好坏，全给该书作了义务广告。《啼笑因缘》的销数，直到现在，还超过我其他作品的销数。除了国内，南洋各处私人盗印翻版的不算，我所能估计的，该书前后已超过二十版。第一版是一万部，第二版是一万五千部。以后各版有四五千部的，也有两三千部的。因为书销的这样多，所以人家说起张恨水，就联想到《啼笑因缘》。

北平两部半书

《啼笑因缘》在《新闻报》发表，是由十八年到十九年。在这期间，我在北方，还有其他的写作。始而为《新晨报》写了一篇《满城风雨》，那是对于内战，加以非议的。书完了篇，后来由上海一家书局，将版权买去了。同时给《朝报》写了篇《鸡犬神仙》，因为该报不久改组，我也就中止了。倒是另有个小玩意，后来也出了版，这却非我所料及。就是那个时候，真光电影院的文书股人，是我的朋友，他们出有一种宣传品的画报，拉我写篇小说。我就每期给他们凑写几千字，聊以塞责，书名是《银汉双星》。大概写完是十回，写完了也就完了。不知怎么落在上海书商手里，也就出了版。后来有人说，这书也是伪的，这个我倒不能不承认出自我手。

《斯人记》

在写《啼笑因缘》的时候，《春明外史》完全在《世界晚报》发表完了，报馆方面，要我再写一部类似《春明外史》的东西。当然，这种题材，在北平是不难找到的。我当年又年富力强，也并不感烦腻。老实一句话，写的时候，无论拿到多少稿费，写完了我可以拿去出版，就是一笔收入。我完全看在收入上，又给《世界晚报》写了一篇《斯人记》。

《斯人记》云者，是根据“冠盖满京华，斯人独憔悴”的意思下笔的。这书里以两个不能追随时代的男女为主角。他们都是爱好文艺者，却因为思想上不能彻底，陷于苦闷的环境中，书也就以苦闷来结束。在全书里，枝枝叶叶，仍然涉及北京的社会。但这里和《春明外史》有些不同的，就是所涉及的角色，他们大致得看婚姻圆满的结果，以反映主角的无结果。书共是二十回。写完后，并没有如我预期出版，直到民国二十五年，才由《南京人报》出版，那个《南京人报》，就是我拿稿费办的。容后文再说。《斯人记》想不出什么特色。只有一点，我写的楔子，是个南曲散套。于今想起来，虽出于游戏，未免开倒车了。

《春明新史》

在民国十九年的岁首，我到东北去游历一次。事先，沈阳出版了一张《新民晚报》。主持的人，全是我的朋友，他们要我写一篇《春明新史》。我觉得《春明外史》这一类小说，一再地向下续去，实在没有意思，没有答应写。但朋友不得我的同意，却发出了预告。我因情不可却，只好答应写。

《春明新史》的写法，自然和《春明外史》一样。但我对这书，自始就不感兴趣，并没有像《春明外史》那样，有个预定的计划，去安置些主干人物。随意想，随意写。也许读者在故事里看到些很有趣的描写，然而我并没有费多大的精力，虽不至于敷衍成篇，我并没有对它寄予多大的希望。但我到底还是把它写完了，也是二十回。后来这书有上海某家小报转载，干脆我就把版权卖给他们了。不久，也就出了书。

我当时也曾和上海书商说过，我的写作，应该让我自行检讨、订正，这样胡乱出书，那是不好的。而他们的答复也妙，他说，用不着订正，你的小说，总会够水准的。其实，他们心里的话，并不是如此，乃是印出去，可以卖一笔钱就行。

世界书局的契约

这件事，是文坛上的谈话资料，小报上有人形容得神话化，说我在十几分钟内，收到了几万元稿费。跟着就向下说，我拿这钱，在北平买下了一所王府，自备了一部汽车。这简直是梦呓。中国卖文为活的人，永远不会有这样的故事发生。过去如此，将来亦无不然。故事是这样的：

这年秋天。我到了上海，小报上自有一番热闹。世界书局的赵苕狂先生，他约我和世界书局的总经理沈知方谈谈。我当然乐于访晤。第一次见于世界书局工厂，约有半小时的谈话。他问我还有什么稿子可以出售的。我就告诉了他《春明外史》和《金粉世家》。而《金粉世家》，那时还有一小部分没有写完呢。他说，你这是出过版的，登过报的，不能照新写的作品算，愿意卖的话，可以出四元千字。我说，容我考量。第二次，沈君请我到丽查饭店吃饭，约苕狂君作陪，极力劝我把两部书卖了。据我估计，两书各有一百万字。沈君愿意一次把《春明外史》的稿费付清，条件是我把北平的纸型交给他销毁。《金粉世家》的稿费分四次付，每接到我全部的四分之一的稿子，就交我一千元。我也答应了。同时，他又约我给世界书局专写四部小说，每三月交出一部。字数约是十万以上，二十万以下。稿费是每千字八元。出书不再付版税。当时我以家庭里有几笔较大的费用，马上有一笔完整的收入，与我的家庭，有莫大的好处，我也就即席答应了。问题的确解决得很快，连吃饭带谈天，不到两小时。至于十分钟成交，不但沈君一位大经理，不能那样荒唐，我也不能如此冒昧呀。

次日，赵苕狂君代送了合同来，让我签字，交出四千元支票一张。这就是小报上说我买王府的那笔款子。契约以外，赵君又约我和《红玫瑰》杂志，写一个长篇。《红玫瑰》也是世界书局出的半月刊，就由赵君主编。为了尊重介绍人，当然我也就答应了。以后我给《红玫瑰》写的是《别有天地》，是篇讽刺小说。而给世界书局的小说，我只交卷了三篇，而且拖了一年多。

那三篇小说是《满江红》《落霞孤鹜》《美人恩》。上两部各三十二回，后一部二十四回。他们的稿费，倒是按约付给我的。因为我交稿子延期，稿费自然也延期，所谓数万元的巨大稿费，其实不过一万数千元，而且前后拉长了两年的日子，谈不上发财。不过在当年卖文为活的遭遇说起来，我这笔收入，实在是少有的。

加油

我由上海回来，手上大概有六七千元，的确不算少。若把那时候的现洋，折合现在的金圆券[①]，我不讳言，那是个惊人的数目。但在当年，似乎也没有什么了不起。不过这笔钱对我的帮助，还是很大的。我把弟妹们的婚嫁教育问题，解决了一部分，寒家连年所差的衣服家具，也都解决了。这在精神上，对我的写作是有益的。我虽没有作癞蛤蟆去吃天鹅肉，而想买一所王府，但我租到了一所庭院曲折，比较宽大的房子，我自己就有两间书房，而我的消遣费，也有了着落了。

听戏，看电影，吃小馆子，当年是和朋友们同具此好的，倒不等这笔钱来办。我所说的消遣，是以下三件事：一、收买旧书，尤其是中国的旧小说。二、收买小件假古董。怎么会是假古董呢？这个我和古董专家异趣。我以为反正是玩物丧志，玩真古董，几十、几百买一样，是摆在那里看的，花个两三元，也是摆在那里看看，这有什么分别。而且买真的也未必不假。三、是我跑花儿厂子，四季买点好花。除了买书颇是一个不菲的开支，其余倒也无所谓。这时，我可以说是心广体胖，可以专门写作了。

这是民国二十年吧？我坐在一间特别的工作室里，两面全是花木扶疏的小院包围着。大概自上午九点多钟起，我开始写，直到下午六七点钟，才放下笔去。吃过晚饭，有时看场电影，否则又继续地写，直写到晚上十二点钟。我又不能光写而不加油，因之，登床以后，我又必拥被看一两点钟书。

---

① 新中国成立前国民党政府发行的货币。

看的书很拉杂，文艺的，哲学的，社会科学的，我都翻翻。还有几本长期订的杂志，也都看看。我所以不被时代抛得太远，就是这点加油的工作不错，否则我永远落在民十[①]以前的文艺思想圈子里，就不能不如朱庆余发问的话，“画眉深浅入时无”了。

我的英文，始终是为了忙，而不能耐心去自修。有时拿到一本英文杂志，意识到里面有很多精神食粮，可是我又不能消化它。于是我进修英文的思想又怦然欲动了。有朋友给我介绍一位老先生，每天可以教我半小时英文，我欣然地要聘请他。但家中人一致反对，说是八十岁学吹鼓手，来不及了。而且我的脑子也够使的，不能再去消耗脑汁。我一松懈，这个计划就告吹了，于今还深引为憾。

这时，我读书有两个嗜好。一是考据一类的东西，一是历史。为了这两个嗜好的混合，我像苦修的和尚，发了愿心，要作一部《中国小说史》。要写这种书，不是在北平的几家大图书馆里，可以搜罗到材料的。自始中国小说的价值，就没有打入“四部”“四库”的范围。这要到那些民间野史和断简残编上去找。为此，我就得去多转旧书摊子。于是我只要有工夫就揣些钱在身上，东西南北城，四处去找破旧书店。北京是个文艺宝库，只要你肯下功夫，总不会白费力的。所以单就《水浒》而论，我就收到了七八种不同的版本。例如百二十四回本的，胡适先生说，很少，几乎是海内孤本了，我在琉璃厂买到一部，后来又在安庆买到两部，可见民间的蓄藏，很深厚的呀。又如《封神演义》，只有日本帝国图书馆，有一部刻着“许仲琳著”。我在宣武门小市，收到一套朱本，也刻有“金陵许仲琳著”字样，可惜缺了第一本，要不然，找到了原序，那简直是一宝了。这一些发掘，鼓励我写小说史的精神不少。可惜遭到“九一八”大祸，一切成了泡影。不过这对我加油一层，是很有收获的。吾衰矣，经济力量的惨落（我也不愿在纸上哭穷，只此一句为止），又不许可我买书，作《中国小说史》的愿心，只有抛弃。文坛上的

① 1921 年。

巨墨，有的是，我只有退让贤能了，迟早有人会写出来的。

武侠小说的我见

人有所能，有所不能，写社会小说，就写社会小说，其实不必写以外的题材的。当年我写小说写得高兴的时候，哪一类的题材，我都愿意试试。类似伶人反串的行为，我写过几篇侦探小说，在《世界日报》的旬刊上发表，我是一时兴到之作，现在是连题目都忘记了。其次是我写过两篇武侠小说，最先一篇叫《剑胆琴心》，在北平的《新晨报》上发表的，后来《南京晚报》转载，改名《世外群龙传》。最后上海《金刚钻小报》拿去出版，又叫《剑胆琴心》了。

我写武侠小说，是偶然的反串，自不必走别人走的路子。所以这部《剑胆琴心》里，没有口吐白光，及飞剑斩人头之事。我找了些技击书籍，作为参考，全书写的是技击一类的事情。把我家传的那些口头故事，穿插在里面作了主干。当然，无论写得怎样奇怪，总不会像《封神榜》那样热闹。我又不甘示弱，于是就在奇禽异兽方面去找办法。如我描写蜀道之难，就插一段猿桥的描写。这是屡屡见于前人笔记的，而且也不违背科学。意识方面，我就抓着洪杨革命后的一点线索，把书里的技击家变为逸民。这自然比捕快捉飞贼，飞贼打捕快有意思些。可是事后想来，那究竟近乎无聊。这里的叙述，怎样的就可能性上去描写，总难免架空。父老口头上的传说，那究竟是靠不住的。若说这里面也可以带些侠义精神的教育性，而这教育性，也透着落后。

我的见解如此，并不是说武侠小说不可写。若不可写，司马迁怎么也作《游侠列传》呢？但“侠以武犯禁”，在汉以前就如此，汉以后的国粹游侠，是变了质的。一部分变成秘密结社，一部分变神道设教，再一部分变了升官发财的捷径。中国的游侠，诚然是和技击不可分，但游侠者流，不一定个个就有高明的技击。这种趋势，在明末清初的社会里，反映得很清楚。所以在清朝中叶，那时候的武侠小说，多少还有些真实性。到了火器盛行于国内以后，技击已无所用之，游侠者流，社会每个角落，诚然还是有，而靠他一点技击本领，已不能横行江湖了。所以真要写游侠小说的话，四川的袍哥，两淮的帮会，倒真有奇奇怪怪及可歌可泣的故事。但还是那话："侠以武犯禁"，非文人可以接触，纵然接触，也不敢写。

往年，日本人对于中国的帮会，也很有兴趣去研究，写出文字来，却都是隔靴搔痒之谈。在国人自己，就很少为这个出专书的。因为越知道详细，越不能下笔，怕得罪了人。若以圈子外的人去写小说，那是会让人家笑掉牙的。因之社会上真的游侠，没人会写，没人敢写。而写出来的，就全不是那回事了。

国人的武侠小说，既不敢触到秘密结社，所以写得好，不是写神道设教的那些人，就是写升官发财的那些人。而这两路人，就全不是司马迁说的朱家、郭解者流。写得不好，我就也不必多说了。就以写得好而论，这在意识方面，也教作者很难下笔。小说而忽略了意识，那是没有灵魂的东西，所以我对武侠小说的主张，兜了个圈子说回来，还是不超现实的社会小说。因此，我生平就只反串了两次，而这两次都决不成功。好在是反串，不成功也无所谓。倘若真有人能写一部社会底层的游侠小说，这范围必定牵涉得很广，不但涉及军事政治，并会涉及社会经济，这要写出来，定是石破天惊、惊世骇俗的大著作，岂但震撼文坛而已哉？我越想这事越伟大，只是谢以仆病未能。

另外，我有一部武侠小说，叫《中原豪侠传》，那是后若干年，在《南京人报》发表的。故事是说晚清王天纵这类人物，那是河南朋友告诉我的。这书后在重庆出版。其实这已不是纯技击小说，而是一个故事的演化，顺便附带报告于此。

忙的苦恼

在民国十九年至二十年间，这是我写作最忙的一个时期。其实我的家用，每月有三四百元也就够了，我也并不需要许多生活费，所以忙者，就是为了人情债。往往为了婉谢人家一次特约稿件，让人数月不快。所以我在可以凑付的情况下，总是给人家答应写。就以二十年开始说，当时，我给《世界日报》写完《金粉世家》，给晚报写《斯人记》，给世界书局写《满江红》和《别有天地》，给沈阳《新民报》写《黄金时代》，整理《金粉世家》旧稿，分给沈阳东三省《民报》转载。而朋友们的特约，还是接踵不断，又把《黄金时代》，改名为《似水流年》，让《旅行杂志》转载。我的慈母非常地心疼我，她老人家说我成了文字机器，应当减少工作。殊不知这已得罪了很多人，约不着我写稿的“南方小报”，骂得我一佛出世，二佛涅槃。

这样的忙法，有了一年，而北平《新晨报》又改组。主持人全是极好的熟友，没法子，我给写了一篇《水浒别传》。这书是我研究《水浒》后，一时高兴之作，写的是《打渔杀家》那段故事。文字也学《水浒》口气。这原是试试的性质，终于这篇《水浒别传》，有点成就，引着我在抗战期间，写了一篇六七十万字的《水浒新传》。后文再说。由这些事情类推，我的忙，是无法减少的。我曾自己再三打算，怎样可以躲去这些文债，始终找不到一个良策。不久，“九一八”国难发作，新约才少见来。记得这一年中，人家问我情形怎么样，我的答复是苦忙，而这份苦忙，日本人都为之注意。记得某文人到日本，日本人正式问他，张恨水发表的写作为什么那样多？我知道，这可以让人家误会，我是一个唯利是图，粗制滥造的文人，但我为了少写，被人损骂的情形，有谁了解呢？

就文字批评我，我是始终乐于接受的。记得有一册前进的杂志，在某一期，由第一页至最后一页，几乎全是骂张恨水。朋友寄给我看了，我倒很钦佩，有些地方，骂得我是很对的，我正可以予以改进。像《论语》杂志上也挖苦我，我就一笑置之。我觉得他们并不比我前进着多少。至于那些小报，就骂得我啼笑皆非了。有人说，我的写作，全是假的，有一老儒代为执笔。也有人反问，这老儒为什么不出名，一切便宜张恨水呢？他们说另有秘密。也有人说，小说是我作的，但不是我写的。学了外国办法：张恨水说，别人写。这样代写的人，共有三位之多。更有人说，我写小说，是几个人合作，由我一个人出名，得钱瓜分。甚至还有人说，有一位女士代我写小说，她不便出名。张恨水本人，根本狗屁不通。我看到这些黄色记载。除了发笑，简直不能作一个字的辩白。总而言之一句话，就是合了那句俗言，“人怕出名猪怕壮”。社会上名字老被人提着的，多是盛名难副，而我尤甚！我少应酬，卖剪刀又必写出“真正王麻子”不可，其必给小报添些材料，倒也似乎是理有固然了。

《新闻报》的续约

这里要回忆到我和《新闻报》的继续契约。在《啼笑因缘》登完以后，因事前的接洽，《新闻报》又登了一篇武侠小说。但这时的武侠小说，已经不大合乎上海人的口味了。所以不等那小说登完，独鹤就再三地写信给我，要我再写一篇，而且希望长一点的。我因为中国连年苦于内战，就写了一篇《太平花》。这小说的意识，在题目上，是可以看得出来的。但也有我的苦处，那时，我既住在北平，这里也脱离不了内战的圈子，下笔不能不慎重考虑。因此，我写的内容，地点，人名，时间，一齐给它一个含混不清，大概地说，就是前两年的事，地点是在黄河两岸吧。

《太平花》

这样，就不会触犯到谁了。故事是写人民流离之苦，而穿插着一段罗曼史。不料写到了一半的时候，“九一八”事变。这时，全国的人民，都叫喊着武装救国，我这篇小说是个非战之篇，大反民意，那怎么办呢？而《新闻报》的编者也同有所感，立刻写信给我，问何以善其后？我考虑着这只有两个办法。第一，书里的意识，一百八十度大转弯跟着说抗战。第二，干脆，把这篇腰斩了，另写一篇。考虑的结果，还是采取了第一个办法，说到书中主角，因外祸突然侵袭，大家感到同室操戈不对，一致言好御侮。陡然一个转变，自是费了很大的力气，而全书的故事，也不能不大为改变了。后来书做完了，自己从头到尾，审查过一遍，修订过一遍，居然言之成理，二十二年，也就出版了。抗战期间，后方也要出版，但到出版的日子，日本人又投降了。在日本人又投降之后，我们还要提倡战争，也觉得不对。于是我又来了个第二次订正。三十四年，我到上海，将订正本交给书局，言明以后出版，以此为准，原版给它消灭了。《太平花》这部书，不是什么了不起的写作，但在这两度大改之下，也就可以看到“白云苍狗”，人事是变幻得太厉害了。

抗日的方向

“九一八”国难来了，举国惶惶。我也自己想到，我应该做些什么呢？我是个书生，是个没有权的新闻记者。“百无一用是书生”，唯有这个时代，表现得最明白。想来想去，各人站在各人的岗位上，尽其所能为罢，也就只有如此聊报国家于万一而已。因之，自《太平花》改作起，我开始写抗战小说。不过中日之战虽起，汪精卫这班人的口号，是一面抗战，一面交涉。所以，尽管愤愤不平，谁也不敢公然反抗日本，政府就不许呀。我所心想的御侮文字，也就吞吞吐吐，出尽了可怜相。

那时我在北平，在两个月工夫内，写了一部《热血之花》，主题是国人和海寇的搏斗，当然，海寇就指着日本了。另外，我出了一个小册子，叫《弯弓集》，都是些鼓吹抗战的文字。这个，我没有打算赚钱，分在上海、北平出版。这谈不上什么表现，只是说我写作的意识，又转变了个方向。由于这个方向，我写任何小说，都想带点抗御外侮的意识进去。例如我写《水浒别传》，我就写到梁山招安以后，北宋沦亡上去，但我不讳言，这些表现，都是很微渺的，不会有什么作用可言。仅仅说，我还不是一个没灵魂的人罢了。想不到这个，也会引起日本人的注意，他们曾向在北平的张学良提过抗议，后来，我也终于离开了北平。

《东北四连长》

当我在《新闻报》写了一年小说之后，《申报》方面，就有人约我写小说。而我首先以忙婉谢了。后来有朋友告诉我，国内两大报的长篇，都归我一人包办，那自然是盛举，但也应当考虑到文坛上的反应，这是我早有同感的。我为人向来不拆烂污，而一切事情的开始，总有个考虑，既然如此，我就更不要写了。不过这里又牵涉到了友谊问题。上海编副刊的，号称一“鹤”一“鹃”，“鹤”是《新闻报》的严独鹤，“鹃”是《申报》的周瘦鹃。周先生是个极斯文的写作家，交朋友也非常的诚恳。他和我同年，在上海相见之后，非常地说得来。那时《申报》的“自由谈”，改载新文艺，鲁迅先生常化名在上面写散文，非常地叫座。“自由谈”原来地盘，改名“春秋”，还是周先生编。他以友谊的关系，一定要我写个长篇。他说，章回体小说，要通俗，又要稍微雅一点，更要不脱离时代，这个拿手的人，他实在不好找，希望我帮忙。我虽然自知够不上那三个条件，而瘦鹃的友谊，必须顾到，终于我给他写了一篇《东北四连长》。

这书名，很显然，就是说东北御侮的故事了。我对军事，是个百分之二百的外行，怎能写起军中生活来呢？也是事有凑巧，我有一位学生，当过连长。他那时正在北平闲着，常到我家里来谈天。我除了在口头上和他问过许多军人生活而外，又叫他写一篇报告，我并答应给他相当的报酬。报酬他不要，报告却写了。我就以另一种方法，帮助了他的生活。在这情形下，有两三个月的合作，我于是知道了很多军中生活，就利用这些材料，写为抗日的文字。

我为什么写四个连长呢？我的意思，那时南京方面，正唱着一面交涉，一面抵抗，实在不能找出一位大人物来做小说主角，还是写下级干部的好。这样，也就避了为人宣传之嫌。这长篇登报一年多，并没有什么大漏洞。而这四位连长，我是写他们有三位在长城线外成仁的，多少也给大人先生一点讽刺。后来我在上海遇到电影界的王次龙，他说这不失为硬性的作品，他要编写电影。但以时局的日渐严重，这文字却拿不出来。

胜利后，这书已经写过十年了。上海出版商人抄写了报上的稿子，寄我审查，要我出版。我自己看了一看，我有些失笑。因为经过八年的抗战，又经过第二次世界大战，就根据我在书报上看的战事新闻而论，我当时描写的是太幼稚了。不过书中的个人故事，倒还可以利用。于是我把作战部分的描写，完全删掉，只着重故事的发展，结局我以人道主义去发作感慨。这不用说，对于整个宇宙里的战争，我是不赞同的。而这书归到日本人的侵略，逼出战事来，也不大违反原意，就是这样交了卷。书名也改了，利用了那仅传七字的一句诗，“杨柳青青莫上楼”，题曰《杨柳青青》。这书前年已出版，大概到现在是三版了。

《啼笑因缘》的尾巴

二十二年春，长城之战起。我因为早已解除了《世界日报》的聘约，在北平无事（我在北平后十年来，除了《世界日报》的职务外，只作了《朝报》半年的总编辑，无关写作，所以未提）。为了全家就食，把家眷送到故乡安庆，我到上海去另找生活出路。而避开烽火，自然也是举室南迁的原因之一。

我立刻觉得这是另一世界，这里不但没有火药味，因为在租界上，一切是欢天喜地，个个莫愁。有些吃饱了饭，闲聊天的朋友，还大骂不抵抗主义。在这种过糜烂生活唱高调的洋场里，文字生涯，依然是宽绰的道路。而我到了上海的第一件事，就是出版业方面，包围我，要我写《啼笑因缘续集》。

在我结束该书的时候，主角虽都没有大团圆，也没有完全告诉戏已终场，但在文字上是看得出来的。我写着每个人都让读者有点有余不尽之意，这正是一个处理适当的办法，我决没有续写下去的意思。可是上海方面，出版商人讲生意经，已经有好几种《啼笑因缘》的尾巴出现，尤其是一种《反啼笑因缘》，自始至终，将我那故事，整个地翻案。执笔的又全是南方人，根本没过过黄河。写出的北平社会，真是也让人又啼又笑。许多朋友看不下去，而原来出版的书社，见大批后半截买卖，被别人抢了去，也分外地眼红。无论如何，非让我写一篇续集不可。我还是那句话，拗不过人情去，就以半月多的工夫，写了短短的一个续集。我把关寿峰父女，写成在关外作义勇军而殉难，写到沈凤喜疯癫得玉殒香消，而以樊家树、何丽娜一个野祭来结束全篇。我知道这是累赘，但还不至于拖泥带水。当然，在对我表示好感的朋友都说我不该续的。

二次加油

在上海住了半年多，安排了一个亭子间作书房，继续我一切没有写完的稿子，没有敢接受什么新契约。不过我于上海，倒有更多的认识。我以为上海几百万人，大多数是下面三部曲：想一切办法挣钱，享受，唱高调。因之，上海虽是可以找钱的地方，我却住不下去。二十二年夏季，我又回到了北平。

我四弟牧野，他是个画师。他曾邀集了一班志同道合的人，办了个美术学校。我不断地帮助一点经费，我是该校董事之一，后来大家索性选我做校长。我虽能画几笔，幼稚的程度，是和小学生描红模高明无多。我虽担任了校长，我并不教画，只教几点钟国文。另外就是跑路筹款。柴米油盐的琐事，我也是不管的。不过学校对我有一个极优厚的报酬，就是划了一座院落做校长室，事实上是给我作写作室。这房子是前清名人裕禄的私邸，花木深深，美轮美奂，而我的校长室，又是最精华的一部分，把这屋子作书房，那是太好了。于是我就住在学校里，两三天才回家一次。除了教书，什么意外的打扰都没有，我很能安心把小说写下去。

这一阶段，我给《新闻报》写完了《太平花》，跟着写第三个长篇，是《现代青年》,《旅行杂志》的《似水流年》也写完了，改写作《秘密谷》。这书是抽象的，我说大别山里，还有个处女峰，峰下有个秘密谷，里面的人，还是古代衣冠，因为他们和外面社会，隔绝一个时代了。借着这些人，可以象征一些夜郎自大的士大夫。后来那个国王出来到南京，拉洋车死了。因为他不会干别的。这写法不怎么成功，可是这个手法，我变着写《八十一梦》了。同时，我在上海临走以前，接了《晨报》的契约，给他们写一篇以女伶为背景的小说，叫《欢喜冤家》，这时还继续地写。

在我未去上海以前，我还给《世界日报》写了个长篇，叫《第二皇后》。去上海以后，就中断了，回到北平，我也没有继续。这时我住在北平，北平倒没有特约稿。因此，有些人误认我很闲，又来找我写东西。

有两位《新晨报》的朋友，在《太原日报》服务，一定要我写个长篇，磋商数日之久，情不可却，我写了一篇《过渡时代》。这是说社会上新旧分子的矛盾现象，信手拈来，自己不觉得有什么成绩，只听到朋友说，还有趣而已。因为《南京日报》也要稿子，我就多抄了一份，两地发表，算是多完了一份人情。

这时，我虽忙，却不像二十年那样忙。借了学校的好环境，多看一点书。每当教授们教画的时候，我站在一旁偷看，学习点写意的笔法。并直接向老画师许翔阶先生请教，跟他学山水，这算是二次加油时代吧。

西北行

自“九一八”以后，东北整个沦陷，国人鉴于国土日蹙，就有开发西北，以资补救的想法。西北自唐宋以来，日渐荒芜，于今是大片的成了不毛之地。想用西北的土地，来补救东北所失生产，那根本是不可能的事。西北无水，无森林，无矿产，无交通，一切都谈不上。但开发西北这个呼吁，究竟是不错的，便是东北没有沦陷，也该去开发。所以那个时候，很多人都想到西北去看看，以求得一个认识。我这时除了写作，没有固定的职业，倒是乐得趁机一行，于是我就赶写好了约一个足够用的稿件，于二十三年五月十八日由北平到西北去。

我原来的计划，先到陕西，再到甘肃，由甘肃往新疆，回头经河套，由平绥路回平。预定的旅行日期是半年。我知道西北旅行，用不了多少钱，带了学校里一位工友，两个人共预备了一千五百元的川资。后来又打听得汇兑还十分方便，带多了钱，也不好，又减少了五百元。行程先是南下，坐平汉车到郑州。在郑州改坐陇海车到洛阳。本来由郑州可以直达潼关的，但这个历史名都，我总得看看。所以到洛阳游历了几天，才去潼关。当年，陇海路只通到潼关为止。在潼关住了几天，上了一趟华山，重回潼关，才坐汽车去西安。在西安住了将近半个月，然后坐汽车到兰州。在兰州的时候，我原是打算继续西行，因接到上海几封电报，劝我别去新疆。兰州朋友，也告诉我新疆的盛世才是不好惹的，去了不得回来，那可是个麻烦。而且由兰州到猩猩峡，猩猩峡到迪化[1]，路途遥远，交通工具也有问题。这样，我只好在兰州徘徊着，最后，依然坐了便车回西安。

这一次旅行，虽然没有完全符合我的愿望，但是我拜访了我们祖先的发祥地。在历史上，在儿童时代所读的经书上，许多不可解的事，都给我解答了。我的游历，向来是不着重游山，玩水。因为山水是静的东西，在历史过程中，除了大遭难，很少有变迁。唐宋人看了那山水，作下一篇游记，可能现在去看，还是那样，你再写一遍，也不见得有什么新鲜。何况那里的山水名胜，也不断地有人记载。我的游历，是要看动的，看活的，看和国计民生有关系的。我写出来，当然也是如此。这种见解，也许因为我是新闻记者的关系，新闻记者是不写静的、死的事物的。

在我去西北的时候，陕甘的军政当局，颇为注意，以为我去干什么？虽然有人说我是找小说材料来的，但很难引起人家的相信。因为很不容易遇到这种傻人而发这种傻劲。这我得感谢布衣主席邵力子，他原和我认识。在潼关，我托县长给我通了个长途电话，邵先生就答应用省政府的便车接我。到了西安，邵先生因坠马受伤，病榻边一度谈话，他非常地了解我。他对人说，张恨水是个书生。大概他暗示着部下，给我一点礼貌就够了，此外是尽量给我创作上的便利。而绥靖主任杨虎城也就这样办了。

在西安几天之后，各方面全明白我真是来找材料的，大批的碑帖，大部头的县志书，纷纷用专人送给我。还有那社会上的热心人士，跑到旅馆里和我长谈，把民间疾苦，向我和盘托出。其中有一位军官，愿意和我共坐一架战斗机去天水看看。坐战斗机这勇气我虽然还有，可是我考量我的身体，恐

---

① 迪化：今新疆乌鲁木齐。

怕不行，只好婉谢。然而这证明一个人若为他的工作而努力，而没有其他企图的话，是很能引起人家的共鸣的。因此，我由西安去兰州，就得着公路局的伟大帮助，和总工程师同坐一辆轿车而去。这轿车是宋子文留在西安的，其舒适自不待言。连我同行的那位工友，也沾着很大的光，坐了公路局的工程车。要不然，西北公路的初期交通，是有让人难于忍受的艰苦的。

西北回来

在陕甘一度旅行，自然是得着关于历史的教训不少，但我更认识了中国老百姓真有苦的呀。陕甘人的苦，不是华南人所能想象，也不是华北、东北人所能想象，更切实一点地说，我所经过的那条路，可说大部分的同胞，还不够人类起码的生活。你不会听到说，全家找不出一片木料的人家；你不会听到说，炕上烧沙当被子盖；你不会听到说，十八岁的大姑娘没裤子穿；你不会听到说，一生只洗三次澡；你不会听到说，街上将饿死的人，旁人阻止拿点食物救他（因为这点救饥食物，只能延长片时的生命，反而增加将死者的痛苦）。由民国初几年起，陕甘人民坠入了浩劫的深渊。十九年的旱灾和西安一年的围城，发生了人间不可以拟议的惨象。我到陕西的时候，浩劫已过两年多，而一切遗痕都在。人总是有人性的，这一些事实，引着我的思想，起了极大的变迁。文字是生活和思想的反映，所以在西北之行以后，我不讳言我的思想完全变了，文字自然也变了。

我为了要描写西北那些惨状，曾用一种倒叙法，将十九年的灾情写出。将一个逃难的女孩子为骨干，数年之间，来回两次西北，书名是《燕归来》。这书发表于《新闻报》，后在上海出版，天津也有人盗印。敌伪时代，曾拍电影，听说被日本人禁止。《燕归来》之外，我又写了一部同类的小说，叫《小西天》。这是用名剧《大饭店》的手法，以西安一个大旅店为背景，写着各阶层的人物。这书紧接着《东北四连长》发表于《申报》。

由西北回来，我自然是先回上海接洽稿件。但我有意找西北一个反照面，我也和阔人一样，立刻跑到庐山去避暑，在五千米的牯岭上，面对着那些夏屋渠渠的富贵山谷，我住了一个多月。不过这里材料虽多，我却没有勇气去写，写了谁和我出版呢？我只写了一篇轻松点的《如此江山》，在《旅行杂志》上发表，那是全以庐山风景为背景的。

对西北的印象，我毕生不能磨灭。每当人家嫌着粗茶淡饭的时候，我就告诉人家，陇东关西一带，人民吃莜麦的事实。莜麦是一种雀麦磨的粉，乡人只用陶器盛着，在马粪上烤干了吃，终年如此。不但没有小菜佐饭，连油盐都少见的。所以那里的东方人，盛传着老百姓过年吃一顿白面素饺子，活撑死人的故事。因此，我每每想着，我们生长在富庶之区，对生活实在该满足。

参加《立报》

二十三年秋季，我又回到了北平，还是住在美术学校，我继续写着上海几家报纸的小说。《晨报》的《欢喜冤家》完了，我换了个长篇《北雁南飞》。这书写的是满清末年，一段不自由的婚姻。因为我觉得写当前的社会小说太多了，故意写个有历史性的。这一年的小说不太多，经常是四五篇在手边写。

约莫是一年工夫，北国的风云，时紧时松，我也有点感觉，北平终非乐土，又动了全家南迁之意。在二十四年秋天，成舍我君邀着一班朋友，在上海创立小报《立报》，约我南下，担任一个副刊编辑。他知道我不能久住上海，约以三个月为期，我也就答应了。

《立报》由事务人员到编采人员，可以说人才济济，那由于加入这公司的股东，都是老新闻记者的缘故，他们拉拢人才，自然是比较容易。我于十月间到上海，替《立报》编一个副刊，叫《花果山》，我并自写了一篇小说，叫《艺术之宫》。这个题材，是以模特为背景的。写一个守旧的女子，为家穷而去学校当模特。完全是以一个悲剧姿态出现的，自信和他人写模特不同。这书写完之后，好几个出版商要出版，竟因搜罗报上稿件不易，未能实现。

我在上海约期即满，正打算回来。一夜之间，接到北平去的两个急电，叮嘱缓归。那时，平津一带，迭次出事，冀东已出现伪政府。我知道事情不妙，就中止北行。过了几天，得着家信，说是日本人捉拿北平文化界人士，有张黑名单，区区竟也忝列榜尾。我根本已不留恋北平了，自然就不冒那险而北上。

办《南京人报》

我虽然讨厌上海，我的生活，却靠了在上海发表文字，要离开上海，而又不能离得到交通不便的地方去。于是我临时选择了个中止地点，南京。南京除了到上海很近，到故乡也很近，而尤其可以住下的，是朋友很多。

我在南京住下两三个月，除了写稿子，只是和朋友谈天。而我对于南京，又有个不好的印象。在很早以前，欧美人士，就预算出来了，一九三六年，将是世界大战年。当时德意日军事力量的疯狂发展，正吻合了这些预言。以南京首都[①]所在，人才荟萃，对于这个说法，应该有所感觉。可是南京士大夫阶级，很能保持“六朝金粉”的作风，看他们的愬嬉无事，不亚于上海，我又想走，但我向哪里去呢？国内找不着桃花源，而我又需要生活，正徘徊踌躇着，老友张友鸾君鼓励我在南京办一张小型报。不过他比我还穷，钱是拿不出来的，只能出力。这时，我私人积蓄，还有四五千元。原来的打算，是想在南京近郊，买点地，盖几间简陋的房子，住在乡下，钱是够了的，就因为我对南京已不感觉兴趣，这计划没有实现。这时据友鸾的计划，在南京出一张小型报，一切印刷条件在内，开办费只需三千多元，我尽可拿得出来。我原来还是有点考虑，经友鸾多方的敦促，我见猎心喜就答应了。

经过两个月的筹备，我约共拿出了四千元，在中正路租下了两幢小洋楼（后来扩充为三幢），先后买了四部平版机，在《立报》铸了几副铅字，就开起张来，报名是《南京人报》。读者在报上或尚可看到《南京人报》消息，

① 国民党政府的首都。

就是那家报，不过胜利[①]以后，我为了和陈铭德先生北上办《新民报》北平版，我以最大的牺牲，报答八年抗战的友谊，把《南京人报》让给友鸾去办了。现在的《南京人报》与我无关，附带一笔。

办《南京人报》，犹如我写《啼笑因缘》一样，震撼了一部分人士。这报在不足一百万人口的南京市，出版第一日，就销到一万五千份。我当然卖老命，张友鸾君和全部同人（我们那个报，叫伙计报，根本没有老板），没有一个人不使出了吃乳的力气。我那时的思想，虽还达不到"新闻从业员有其报的程度"，可是全社的人，多少分一点钱，我却是白尽义务，依然靠卖稿为生。我并不是那样见利不取的人，因为有个奢望，希望报业发达了再分红。自己作诛心之论吧，乃是"欲取姑予"，不过"予"的数目很可笑罢了。除了印刷部是照其他报社一律待遇，总编辑才拿四十元一月的薪水，副社长支薪一百元，还编一个副刊，又写一篇小说。普通编采人员，月支二十元。请问，我怎忍心要钱？但这点与同人共甘苦的精神，把《南京人报》办得如火如荼，让许多人红眼。我并非卖瓜的说瓜甜，我这点经验，觉得还值得介绍出来，可见穷办报也未尝办不好。

我在《南京人报》，除了管理社务，自编一个副刊，叫《南华经》。自写两篇小说，一篇叫《鼓角声中》，写着受日本人威胁的北平。一部就是近乎武侠小说的《中原豪侠传》。我写这篇武侠小说，不讳言是生意经。但我对武侠小说的见解，已如前文，所以这篇《中原豪侠传》，更写得近乎事实。而是以辛亥革命前夕，河南王天纵的故事作影子，并请刘亢先生每日插一幅图。出乎意料，这篇小说比《鼓角声中》还叫座，我倒是聊可自慰的。除了这些，我每日还自写许多散文，和一篇故事新闻，所以每日直到夜深三时才回家。我这种苦干，博得许多朋友帮忙。例如远在北平的张友渔兄，无条件地给我写社论。一度盛世强兄在北平和我打长途电话，也是义务。而张萍庐兄编了一年的《戏剧》，只拿了一个多月稿费，令我至今不忘。

---

① 指一九四五年抗日战争胜利。

被腰斩的一篇

我办报既然还靠稿费为生，写作自然是要加多。我统计一下，这时是《新闻报》写《燕归来》结束，改写《夜深沉》；《申报》登的《小西天》完了，改写《换巢鸾凤》；《晶报》有一篇《锦片前程》，登了两三年了，因为登的太少，还在写。《立报》继续着《艺术之宫》；无锡的《锡报》，快将《天上人间》的旧稿登完，也开始补写。南京除了《南京人报》两篇，还有《中央日报》的一篇。而《旅行杂志》一月一次的长稿，也短不了，这时我写着《平沪通车》。办报而外，这样多的长篇，我在四十之年，又发挥牛马精神，而作文字机器了。

提到在《中央日报》写稿，这倒有一段小插曲。开始，我是无意在《中央日报》写稿的，因为我不会党八股。那时总编辑周帮式，是《世界日报》老同事，再三地要我写，我就只好答应下一篇。为了适合人家的环境，我写的是太平天国逸事《天明寨》。那几年，我特别地喜欢看太平天国文献，所以有此一举。这书里说了许多天国故事，还很能引起读者的注意。书完了，《中央日报》又要我写，我就写了一篇义勇军的故事，以北平为背景，叫《风雪之夜》。大概也写了四五个月了，忽然周君给我来封信，说对我的稿子，“奉命停刊”。不客气地说：腰斩了。当时抗日有罪，是不算一回事的。

不过，这事也未完全过去。抗战期间，《中央日报》在重庆出版的时候，又有人拉我写稿，而且不止一年，不止一次。我当然没有求腰斩的洋瘾，只好微笑婉谢。

在南京苦撑的一页

《南京人报》办了一年多，终于大难来临，中日战事起了。八月十五日，日本飞机，空袭南京，立刻将南京带进了严重的圈子里去。一切的稿子都不能写了，但报却是要办。这个报，开始就是小本经营，自给自足的。这时，南京人跑空了，没有人看报，更也没有广告，报社的开支，却必须照常。我身为社长，既是家无积蓄，又没有收入，那怎么办呢？让我先感谢印刷部全体工友，他们谅解我，只要几个维持费，工薪自行免了，甚至维持费发不出来也干。他们为了抗战而坚守岗位，不愿这“伙计报”先垮，而为“老板报”所窃笑。这实在难得之至！编采同人更不用说，除了几个胆小的逃去芜湖（后来又回来了），全体十之八九同人，拍拍颈脖子，“玩儿命，也把《南京人报》苦撑到底”。张恨水有这样的人缘，那还有什么话说，我就咬着牙齿，把《南京人报》办下去。这时，全部家眷，疏散到离城十几里的上新河去住。我在报社，由下午办理事务和照应版面，一直到次日红日东升，方才下乡。下乡之后，什么也不干，就是放倒头，补足这一夜睡眠。醒来之后，吃点东西，又赶快进城。这“进城”两个字，在当日并非简单的事，每每行到半路途中，警报就来了。南京城郊，根本没有什么防空的设备，随便在树荫下，田坎下把身子一藏，就算是躲了警报了。飞机扔下的炸弹，高射炮射上去的炮弹，昂起头来，全可以看得清清楚楚，那种震耳的交响曲，自然也就不怎么好听。但身入其境的，是无法计较危险的，因为天天的情形都是如此，除非不进城，要进城就无法逃避这种危险。炸弹扔过，警报解除了，立刻就得飞快地奔到报社。其实这种危险，倒没什么痛苦，至多是一死而已。而到了报社，立刻把脑子分作两下来运用，一方面是怎样处理今晚上的稿件；另一方面是明天社中的开支，计划从哪里找钱去？这个时候，不用说向朋友借钱有着莫大的困难，就是有钱存在银行里，也受着提款的限制，每日只能支取几十元。二十四小时，无时不在紧张恐慌中挣扎。这样的生活，是不容日久支撑维持的，不到一个月，我就病了，病得很重，主要的病症，是恶性疟疾，此外是胃病，关节炎。报社里的事，只好交给别人，我就在上新河卧病。虽然卧病，问题也不简单，自己的家眷和南下逃难的亲属，一家之中，集合到将近三十口人。不说生活负担，不是个病人所能忍受，而每当敌机来空袭的时候，共有十七八个孩子，这就让人感到彷徨无计。因之这一时期中，没有写作，也没有心去看书，几乎和三十年来的日常生活完全绝缘了。因为病，我是十一月初首先离开南京，到芜湖医院治病。病将好，南京也快陷落了。我和家眷在安庆会合，再避居故乡潜山县城。《南京人报》于十二月初，南京陷落的前四五日停刊。由我四弟负责收束，结束了我办报的一页。

入川第一篇小说

我在二十六年十二月底，离开了故乡潜山，由旱道到武昌，乘轮到汉口。因为《南京人报》在结束时期，借了朋友两千多元，并无借据。这位朋友，是径向四川去了。为保持信用，我必须还这笔钱。四弟同意我这办法，把一部分机器、铅字，用木船载着，由南京溯江西上，最后的目的地，也是重庆。这意思是或者在重庆复刊，或者卖了机器还债。我是债务人，自然得赶向重庆，后来就走的是第二条路。

二十七年一月十日，我到了重庆，去《新民报》在渝复刊之期，只有五日。同事张友鸾君，原早在《新民报》当过总编辑，这时是主笔，他建议陈铭德君，约我加入《新民报》。我根本无事可做，就答应了。但我和《新民报》合作，不自这时起，在前四五年，我写了以电影题材为故事的小说《旧时京华》，在《新民报》发表过，但未登完。二十五年，我也写了一篇《屠沽列传》，在《新民报》发表，这书是和《武汉日报》，成都另一家《新民报》，三家合载的，也因故未能登完。这该算是我们三度合作了。

那时，《新民报》是由一张对开报，改为小型四开的。倒有两个副刊，一个副刊叫《最后关头》，由我编，我并应社方的要求，写一篇小说，叫《疯狂》。为什么叫《疯狂》呢？在南京，在武汉，我看到有许多爱国有心，请缨无路的人，十分地感慨，觉得爱国也有包办之可能了。在汉口，我四弟叫我不必西上，机器丢了罢，回大别山打游击去。他说，在武汉有一部分同乡青年，有此主张，希望我年长一点，出来协助。我不但赞助，且非常兴奋，就写了个呈文给当时的第六部，请认可我们去这样办。我们不要钱，也不要枪弹，就是要第六部的认可，免得故乡人发生误会，然而被拒绝了。虽然我四弟终于打了一年的游击，那是另外找的一条路线。我对这事，非常地愤慨，觉得有爱国而发狂的存在，所以我就写了这篇小说。可是，重庆为战时首都[①]，写文章不能那样随便，《疯狂》这篇小说，越写越胆小，到写完的时候，几乎变了质。书写完，发现完全违背了我的原意，连报上的陈稿，我也不愿剪辑，更不用说是出版了。这是我抗战军兴后，第一次写作的失败。

《游击队》

在《疯狂》发表的期间，老友张慧剑兄，到了重庆。原还没有加入《新民报》，而是替《时事新报》编一版副刊。他非要我写一篇小说不可，我抽空写了个中篇，叫《冲锋》，是写日本人侵犯天津时的一段人民自卫故事。后来慧剑建议，可改名《天津卫》，以双关的意义来笼罩一切。这意思当然很好。不过这书在三十年（一九四一年）出版的时候，我得着许多游击队的消息，又鉴于大后方豪门的生活令人愤慨。于是我在书前后各加上了一段，将书名改为《巷战之夜》。我的小说单行本，恐怕要以这书和《银汉双星》是字数最少的了。

提到游击队，我曾另外写过几篇，计有发表于香港《立报》的《红花港》，《潜山血》（此篇未写完），《立煌皖报》的《前线的安徽，安徽的前线》，《申报》汉口版的《游击队》，这两篇也都没有写完。在《立煌皖报》发表的那篇小说，我完全以安徽人的关系，大半义务地写稿，并没有含着任何作用。可是安徽的统治者，认为这篇小说，夸张了游击队，那是和他们的政治作风不对的，也宣告了腰斩。写游击队有什么不对呢？我决不因未能写完而灰心。相反地，我更积极地搜罗材料。重庆也很有几位朋友，愿供给我这路材料。但究因这路材料太片断，太零碎，不能集合成书。这话现在可以公开，《新华日报》的资料室，就曾允许我任意索观有关文件。我很惭愧，我竟无以报命而写成一部书。其实这里面可歌可泣的故事是太多了，希望将来有人写一个宝贵的长篇。

---

① 国民党政府的首都。

抗战小说

我在重庆从二十八年（一九三九年）到三十年（一九四一年），这是我生活最艰苦的一段，自己由重庆扛着平价米，带到十八公里的南温泉去度命，所以我还不能不努力写稿。那时，上海虽然沦为孤岛，《新闻报》还不曾落于汉奸之手，重庆到上海的航空信，可以由香港转。《新闻报》继续要我写稿，我就写完了《夜深沉》，又继续写了一篇《秦淮世家》，这是以歌女为背景，而暗射着与汉奸厮拼的。最后，我就写《水浒新传》了。

《水浒新传》当时在上海很叫座。那完全吻合上海人"过屠门而大嚼，虽不得肉，聊以快意"的口味。书里写着水浒人物受了招安，跟随张叔夜和金人打仗。汴梁的陷落，他们一百零八人，大多数是战死了。尤其是时迁这路小兄弟，我着力地去写我的意思，是以愧士大夫阶级。汪精卫和日本人对此书都非常地不满，但说的是宋代故事，他们也无可奈何。这书里的官职、地名，我都有相当的考据。文字我也极力模仿老《水浒》，以免看过《水浒》的人说是不像。书写到四十多回，太平洋战起，上海已整个沦陷，我才停止寄稿。三十二年，我受书商之托，加上二十多回，完成了这部书，共六十多万字。抗战期间，这是我写的最长的一部了。

二十九年，我另写了一篇《大江东去》发表于香港。中间有日本屠杀南京人民的一段描写。三十一年（一九四二年）出版，这倒是销数较多的一部书。在大后方，仅次于《八十一梦》。这书在美国听说有节译本，发表在报上。报，我未见之，是朋友告诉我的。

《八十一梦》

《八十一梦》这部书，在大后方是销路最多的一部，延安也翻过版（《水浒新传》好像也翻过）。这书我不敢说是什么好作品，但在"痛快"两字上，当时是大家承认的。

在《疯狂》写得我无法完篇的时候，我觉得用平常的手法写小说，而又要替人民呼吁，那是不可能的事。因之，我使出了中国文人的老套，“寓言十九托之于梦”。这梦，也没有八十一个，我只写了十几个梦而已。何以只写十几个呢？我在原书楔子里交代过，说是原稿泼了油，被耗子吃掉了。既是梦，就不嫌荒唐，我就放开手来，将神仙鬼物，一齐写在书里。书中的主人翁，就是我。我做一个梦，写一个梦，各梦自成一段落，互不相涉，免了做社会小说那种硬性熔化许多故事于一炉的办法。这很偷巧，而看的人也很干脆地得一个印象。大概书里的《天堂之游》《我是孙悟空》几篇，最能引起读者的共鸣。书里我写着一个豪门，有一条路可通半空，给它添上个横额，“孔道通天”。朋友都说，这太明显了。又孙悟空和一位通天圣母斗法而失败，朋友也说这可能是个“漏子”。某君为此，接我到一个很好的居处，酒肉招待，劝了我一宿。最后，他问我是不是有意到贵州息烽[①]一带，去休息两年？我笑着也就只好答应“算了”两个字。于是《八十一梦》，写了一篇《回到了南京》，就此结束。

事过境迁，《八十一梦》，无可足称。倒是我写的那种手法，自信是另创一格。《新华日报》曾有几篇批评，谈到了小说的形式问题。

生活材料

在抗战期间，大后方的文艺，也免不了一套抗战八股。这个问题，曾引起几次论战。当然，在抗战期间，一切是要求打败日本，文艺不应当离开抗战，这是对的。不过老是那一个公式，就很难引起人民的共鸣。文艺不一定要喊着打败日本，那些间接有助于胜利的问题，那些直接、间接有害于抗战的表现，我们都应当说出来。当年大后方时常喊着“讳疾忌医”的这句成语，因此有些从事文艺工作的人，就不注重公式的抗战文艺了。

我向来看得我自己很渺小，没有把自己的作品，看着能发生多大的作用。严格地说，不但是我，一切从事文艺的人，应该有这个感想。从国民党

① 当时在息烽设有国民党特务监狱。

执政以来，压根就没有重视过文艺，至多，录用几个御用的政论家，就算没有忽视文艺，一直到最近，他们的这个作风没有改。所以这二十多年来，文艺家为生活所苦，为思想束缚所苦，没有法子产生伟大的作品。像我这样车载斗量的文人，自是写不出有分量的东西。我也就变了那公式的文章写法，在此期间，除了和《旅行杂志》，写了一篇无关痛痒的《蜀道难》而外，我另辟了一条路线去找材料。计在《新民报》发表的，有一篇极长的《牛马走》，和一篇二十多万字的《第二条路》（后在上海出版，改名《傲霜花》）。还有一篇二十多万字的《偶像》。接着《蜀道难》，给《旅行杂志》写了《负贩列传》（后来改名为《丹凤街》）。这里所写的人物，都是趋重于生活问题的，尤其《牛马走》《第二条路》和《负贩列传》。

抗战是全中国人谋求生存，但求每日的日子怎样度过，这又是前后方的人民所迫切感受的生活问题。没有眼前的生活，也就难于争取永久的生存了。有这么一个意识，所以我的小说是靠这边写。可是，当年在大后方的报纸杂志受检查，而书籍也是受检查的。我既靠写作为生，我决不能写好了东西而“登不出来”（当年《新华日报》被检的文字，以此四字作声明）。所以我虽然要写人民生活，只是在写作技术上兜圈子，并不能做什么有力的表现。

在三十五年（一九四六年）间，我例外地写了一篇纯军事的小说，那就是《虎贲万岁》。我说过，对军事是百分之二百的外行，怎么写军事小说呢？在《虎贲》序文上，我交代得很清楚。乃是在常德作战的残余官长，有两个参谋，他要求我写的。他们无条件地借给了许多作战文件让我看。同时，这两个参谋，并不断地到我茅居里来现身说法。这个要求，几乎有一年之久，我为他们的诚意所感动，就写了这篇小说，而直到抗战胜利以后才完卷。至于他们何以要这样做？他们说是对那战死的一师人，聊尽后死者的责任。我相信，这不是假话，因为他们并无所得，也无所求。我写战地里的一个伙夫，都是真姓名。而这两位参谋的姓名，为了避嫌，却不在其列，这是可以证明他们的态度的。

茅屋风光

我这里所说的生活材料，是眼见社会上一般人的生活，而不是我个人的生活。我个人的生活不会明显地反映到文字里去。但文字终究是生活的反映，人不经过某种生活，是不会写出某种文字的。

我觉得我自己没有生活上的一种艰苦的锻炼，就不会知道人家吃苦是什么滋味，自己也就体谅不到吃苦。天下尽有在咖啡座上可以谈农人辛苦的人，但是不论怎样地谈下去，决不能丝毫搔着痒处。我虽然没有历尽人世的艰辛，可是社会各阶层，我都有过亲切的接触，而我们身为知识分子，在战前很不容易得着的茅屋生活，我就过了七年。自信，这种环境，比我读了许多书的教训还要深切有益。这对于写作，不但有莫大的帮助，就是对于为人，也有了莫大的指示。这一点，倒不宜抛弃的。我写的是写作生涯回忆，既涉及写作，而又是生涯的事，我也不妨写一点。

因抗战而入川的人，像潮水一般地涌到了四川，涌到了重庆，重庆的房子立刻就成了不能解决的问题，加之二十八年夏季的日机大轰炸，将重庆的房子炸去了十分之五六，让在重庆住鸽子笼的人，都纷纷地抢下了乡。乡下也是没有房子的，于是下乡的人，就以极少的价钱，建筑起国难房子来居住。这种国难房子，是用竹片夹着，黄泥涂砌，当了屋子的墙，将活木架着梁柱，把篾子扎了，在山上割些野草，盖着屋顶。七歪八倒，在野田里撑立起来，这就是避难之家了。这种房屋，重庆人叫着捆绑房子，讲的是全用竹篾捆扎，全屋不见一根铁钉。

我也有这样一所茅屋，但这茅屋不是我盖的，也不是我租的，是朋友送的。原来我住在一幢瓦房子里，有两间房，相当的干净，房东要发国难财，撵我们出去，要卖那房子。这房子后面有十间茅屋，除了出卖了四间，将六间租给了文艺协会。后来文协搬走了，房东是我的朋友，他让我搬了去，议定自修自住，不取房租。我也无须六间屋子之多，住了三间，又让了三间给一位穷教授，于是安居了好多年。除了我故乡那间老书房，这三间茅屋对我的写作生涯，是关系特深的。

在我的小品文集《山窗小品》里，对这茅屋是描写得很清楚的。简单言之，窗子外是走廊，走廊下是道干涸的山溪，上面架有木桥，直通走廊，木桥那头，是丛竹子。竹子后面，是赶集的石板路，石板路后面是大山。山上原来有树。而国民党的军队，来一回砍一回，砍来将柴卖给老百姓（我说这是一幕喜剧。我们窗子外的树，我们不敢动。人家砍了，还卖给我们拿了钱去，我们真是白痴呀）。这样山就光了。不过，下雨，溪里有洪水；出月，山上有虫声；下雾，眼前现出变幻的风景。这里还是很有趣的。当然，这里却不会引起高人隐士之风。第一，在这个溪两旁，全是受难的公教人员，穷的教员，穷到自己浇粪种菜。大家见面，成日地谈着活不下去。第二，村子里也有极少数的投机商人，对我们的生活，很是一种刺激。第三，隔了面前这座山，就是孔公馆。孔公馆建筑在一座高山上，绿树葱茏，石磴上拔，环曲千级，四层立体式的洋楼，藏在一个树林的峰尖下。不说里面的布置，单是穿山的这一座防空洞，里面有无线电，有沙发，有电话，也就可知其阔绰了。这不过是无数孔公馆之一，孔院长、孔夫人、孔二小姐，根本不来，只有几十个副官，在这里落寨为王，打家劫舍。这不但文艺人看了心里不平，所有的老百姓，都侧目而视。这一点，往往是引起了我写作的愤慨情绪的。我茅屋里夹壁上，自书了一副对联：

闭户自停千里足
隔山人起半闲堂

《上下古今谈》

我生平所写的散文，虽没有小说多，当我在重庆过五十岁，朋友替我估计，我编过副刊和新闻二十年，平均每日写五百字的散文，这累积数也是可观的。但我的散文，始终用“恨水”的笔名，而为社会所注意的，要算是在《新民报》的《上下古今谈》。当我写第一篇《上下古今谈》的时候，我曾说过，上至宇宙之大，下至苍蝇之微，我都愿意说一说。其实，这里所谓大小也者，我全是逃避现实的说法。在重庆新闻检查的时候，稍微有正确性的文字，除了“登不出来”，而写作的本人，安全是可虑的。我实在没有那以卵碰石的勇气，不过我谈了谈宇宙与苍蝇，这就无所谓。我利用了我生平读历史的所得，利用了我一点普通科学常识，社会上每有一个问题发生，我就在历史上找一件相近的事谈，或者找一件大自然的事物来比拟。例如说孔公馆，我们就可以谈谈贾似道的半闲堂；说夫人之流，我们可以谈杨贵妃；说到大贪污犯，我们可以说和珅；提到了重庆政治的污浊，我们可以说雾；提到狗坐飞机，我们可以说淮南王鸡犬升天。这样谈法，读者可以作个会心的微笑，但我并没有触犯到当前的人物。

当然，检查人物，他是看得出来的，有时也被扣除了。但很能因文字对表面上的“言之有物”，他们没有理由扣除。当政协初开的时候，我曾一时灵机触动，将清朝隆裕的退位诏书，删去不相干的段落，转录一道，作了《上下古今谈》。我并知道，最好不要参加自己的意见，所以文前只有很少的几句介绍话。这篇文字登出来了，在重庆竟是一个雷。有些作会心微笑的朋友，还转录到别的刊物上去，虽是许多朋友们为我捏一把汗。而《上下古今谈》，当时能被社会注意，就在这一点。后来很多人劝我出书，我说这虽是谈古事，实在是有时间性的，出书没多大意思，所以不曾出版。

《上下古今谈》，写了好几年，大概有一千多条，有百万字上下。除了很少数几十条是用文言写的而外，百分之九十几，全是白话。不过都像隆裕退位诏书那样引用恰到好处的，也并不多见。

散文

为了说到《上下古今谈》，可以顺便谈谈散文。远在北平《益世报》写小说的时候，我就担任过每日一篇的散文。不过《益世报》有宗教的关系，散文不好写。那个时候的散文全是文言，只是在语助词上兜圈子，除了运用子史格言，很难发挥什么意见。这样的散文，大概写了二三百条，完全是一个作风，那时，给《益世报》写社论的颜旨微君（此君早已去世），就很主张我继续写，但我都以词穷而婉谢了。至于我历年编写副刊，那都是每日为补白而作，虽写的很多，却不成格式，差什么，写什么，差多少，写多少，事后只有送进字纸篓。倒是在大后方，写了两个散文集。一个是《山窗小品》，一个是《水浒人物论赞》。《山窗小品》，就是我在那茅屋写的，写的全是眼前事物。《水浒人物论赞》，那是我搜集当年为《世界晚报》《南京人报》写的稿子，再补上若干篇成的书。关于前者，我走的是冲淡的路径，但意识方面，却不随着明清小品；关于后者，我对水浒人物，用我的意见，对那些人做一个新估价。不过这两部散文，全是文言的，和《上下古今谈》的作风，完全两样。

我本也无意出书，因为在重庆的出版家，要求这样办，我就当古董卖了。

此外，我和国内刊物写的散文，三十年来，也不会太少。三十岁以前的作品，我自己都淡忘了。三十五岁以后，对散文我有两个主张，一是言之有物，也就是意识是正确的（自己看来如此）；二是取径冲淡。小品文本来可分两条路径，一条是辛辣的，一条是冲淡的。正如词一样，一条路是豪放的，一条路是婉约的。对这两条路，并不能加以轩轾，只是看作者自己的喜好。有人说辛辣的好写，冲淡的难写，那也不尽然。辛辣的写不好，是一团茅草火，说完就完。冲淡的写不好，是一盆冷水，教人尝不出滋味。

斗米千字运动

再说到抗战时候的写作生活。所有在大后方的文艺人，没有一个能例外，都是穷得买不起鞋袜的。有些人教书，有些人当不被重视的公务员，有些人干脆打流浪。我还好，兼作新闻记者，多少有些固定的收入。吃的是平价米，那是征买来的粮食（提到此，让人永远不能忘了四川人），分配各团体机关，再以极廉的价钱，配给薪水阶级人物，所谓平价是也。其实，谈到平价，等于自给。因此，米是古人所谓“脱粟”，仅仅是去了糠。砂子稗子谷子，总不下十分之一，我吃饭为挑去这些东西，时常戴起老花眼镜来，其苦是可知的。穿呢，由入川起，三个年头没缝一件小褂子。住，就是那茅屋了。行，这是比吃平价米还要头痛的事。重庆市是山城，无处不爬坡。马路也是在高低不平的山梁上建筑起来的。文艺人没有人能坐得起车轿，而且在重庆，也不忍心去坐车轿。石达开说的话，“万众梯山似病猿”，可以形容这一个轮廓。人力车夫拉上坡，头就和车把靠了地。轿夫上坡，气喘如牛，老远就可以听见。这样，只有挤公共汽车。城里的汽车，挤得窗户里冒出人来。下乡的汽车，甚至等一天，买不着那张汽车票。南温泉到市区十八公里，还要过一道长江，十次至少五次我是步行。为了争取抗战的胜利，并没有谁发出怨言。可是当我们到疏建区，看到阔人新盖的洋房，在马路上看到风驰电掣的阔人汽车，看到酒食馆子里，座上客常满，就会让人发生疑问：一样在“抗战司令台”畔，为什么这些人就不应该苦？这样，文艺人站在他自已的立场上，呼吁出改善生活来。

在民国二十九年以后，文字在大后方，开始有点出路了。除了报纸收买稿子，也有些刊物出现。写文章的人，所谓改善待遇，当然以提高稿费为唯一的目标。于是由在桂林的文艺人发出了呼吁，要千字斗米的稿费。若在战前，江南的米，不过是十元以下一担。小都市里，四五元就可买到一担米了。一斗米的价值，不上一元钱，这种要求，可说是极低。可是大后方的粮价，始终是涨得太凶的，在我们要求千字斗米的时候，重庆的米，已经超过了一百元一斗。不过川斗和普通市斗不同，它是三十二三斤一斗，一斗等于两市斗强。折合下来，一市斗米，也需六七十元。稿费怎么样呢？最高的稿费，没有超过十元。一下子要把稿费涨上去六七倍，这是不可能的。我还记得，在抗战胜利接近的前夕，重庆最好的纸烟华福牌，是每盒一千元，而打破纪录的特等稿费，也是每千字千元。那就是说写一千字，只好买盒纸烟吸吸而已，而这还是特等的，稀有的。自此以下，那就不必提了。因此，千字斗米运动，只是一句口号，决不曾实现，而文人也就为米焦碎了心。

四川很少麦粮，除了米，就是苞谷（玉蜀黍）红苕（红薯），及少数的高粱。而这些杂粮，只有乡下有，市上不大多见。所以当时的文人，都是为米而奔波。若是一个光杆文人，那还无所谓，在重庆还不难每日混到两顿饭。若是有家眷的文人，这就难了。我们在长途汽车边，在轮船码头上，常常可以看到一些穿破烂西服或中山服的人，身边带着一个米袋子，那就是公教人员带平价米回家。自然，这包括文人在内。这情形，谁出斗米买一千字呀？

米价越来越贵，千字斗米运动，终于成为泡影。那时，我也就死了那条卖文的心，除了和《新民报》写着固定的文字而外，把写稿子的工夫余下来，看看架上残余的几套破书，或者念“无师自通”的英文，或者画“无师自通”的画。再有剩余的时间，就是和邻居谈天了。抗战八年中，平均每天不能写到三千字，可说是比较工作轻松的时期。假如那时能办到千字斗米，或许我可以多写出几部小说来。

夜生活

过了黄昏摸黑坐，无灯无烛把窗开，等她明月上山来。

这是二十九年，我填的几阕《浣溪沙》的半阕，说的是无油点灯。当然有人说，何至于穷得买不起菜油点灯呢？那也所费有限啦。这是有原因的。南温泉镇市上，有时是缺油的，非点鱼烛不可（北平叫洋烛）。一支鱼烛，等于一斤多菜油的钱，这算盘不能不打。煤油又是珍品，也没有煤油灯（到胜利前夕，有煤油灯了）。尤其是冬天，不要说是月亮，重庆为雾所弥漫，整月看不到太阳，那明亮的月光，有时临到山窗，那是让人苦闷的情绪为之一振的。不过天下事有一利就有一弊。在太平洋战争未发动以前，日本飞机，大批停在汉口，有空就会来袭重庆。月夜，是他们肆虐的好机会。因之有了月亮，又有躲警报的恐怖，我们总是在这矛盾的情绪下过着月夜。

若是没有月亮之夜呢（多数的时间是这样的），我们就在屋子里待着。三间屋，照例是两盏菜油灯。夏天，窗子开了，蚊虫，小蛾子，以及一切不知名的虫豸，像雨点向灯上乱扑，两条光腿，若不是坐在雾气腾腾的蚊烟下，就得拿着扇子手不停挥。冬天，四川是不需御寒的炉火的，破袜子单鞋，坐久了也冷。春秋良夜，可以对灯小坐了，而油碟子里两三根灯草所放出的光亮，照着屋子里黄澄澄的，人影也模糊着，看书实在是有损目力，写稿是更无此心情了。所以在四川八年的夜间，除了进城，住在报社里，有电灯还可以做点事。若在乡下，夏天是乘凉而早睡，冬天是煨被窝而早睡。写文章的人，多半喜欢过夜生活，在重庆乡下的文人，可以把这习惯扭转来了。

意外的救星

我的时间是这样地支配着，写的不多，而又无法多写，这生活是怎样地度下去呢？第一，报社里分的平价米，勉强够吃；第二，屋子不要钱（但是怕修理）；第三，根本不做衣服，所欠的，也就是小菜和零用钱而已。在太平洋战争未发动以前，遥远地靠着上海转来的一点稿费，还在学校代过两年的钟点课，有时将报社的薪水前拉后扯，有时托朋友垫借几文，就这样穷对付着两三年。好在肉体上的艰苦，那是看在其次的事。我不幸住在这南温泉，乃是二陈的陈家寨所在，周围几十里，都是他们的教化圈子，精神上有一种莫名其妙的不舒服。而这种不舒服，日久也安之若素了，自然更不计较衣食的困苦。

天下事，也有飞来的福分。正在太平洋战争起，香港新加坡都为日本魔爪席卷而去以后，我竟有些意外的收入。那就是在上海所出版的我的写作，崭新的封面，由香港兜个圈子，到了重庆。这些书，有的是我已经卖了版权的，有的是版权没有分明的。有的是版权还保留着的。我本人现在重庆，这大批的心血结晶品在街头出卖，我不能熟视无睹。出版家也非常地明白，就自动地来找我，告诉我他们是由香港转进的。过去，他们对发表的报社，已纳过版税。现在到了重庆，不管我版权谁属，凡是在重庆出卖的书，都打算翻印，也都给我百分之二十（新著），或百分之三十六（旧著）的版税。我当然也不过问过去，就和出版家订了新约。由三十一年到三十四年，在后方出版和翻版的（世界书局翻版的不在内。因为那是我抽不到版税的），共有二十几种之多。每月所得的版税，可能超过我薪水十倍。于是我有钱做几件衣服穿了，也有钱买肉给小孩子吃了，而且还有些剩余。直到胜利回家，我都利用着这点版税作川资。

土纸书

我在后方出的书，有一个特别的标志，那就是纸张是极恶劣的。因为在四川被日寇封锁之下，外国报纸是不能进去。在四川所有的任何刊物，全是用土纸印刷。这类土纸，是用手工制造出来的，质料比江南所谓表信纸还要坏些，比北平的所谓豆纸，也高明无多。有个时期，北平有许多刊物，用片艳纸印刷，大家就都觉得不舒服。其实片艳纸还有一面是光滑的，而四川的土纸，两面都粗糙黄黑，不但印字不清楚，而且印料太薄，先印的一面往往是“力透纸背”。平常的一份报纸，传观几个人，向口袋里一揣，再拿出来，那报纸就成了一团糟了。印书的纸，虽然尽量挑那些好的，可是印出书来，不清楚和“力透纸背”的事，依然在所难免。所以在后方小说得推销出来，那实在也足以证明精神食粮的缺乏，而有饥不择食之嫌了。一个在车站上等时间的朋友，他拿着一张报，可以看三四遍的，甚至报上的广告，他也可能一字不漏地看下去。我们可以知道，不是那张报编得连广告都精彩非凡，而是那个等时间的人，需要精神食粮，以度过他那个枯燥无味的光阴。所以我想到，我一二十种著作，在后方以土纸印刷，都可以出几版，大后方的人需要书籍，是很可证明的。

中国的小说，还很难脱掉消闲的作用。除了极少数的作家，一篇之出，有他的用意，此外大多数的人，决不能打肿了脸装胖子，而能说他的小说，是能负得起文艺所给予的使命的。我承认那种土纸印的小说，尽管看得让人大伤目力，而读者还不过是消遣消遣。问题就在这里，我们是否愿意以供人消遣为已足？是否看到看小说消遣还是普遍的现象，而不以印刷恶劣失掉作用？对于此，作小说的人，如能有所领悟，他就利用这个机会，以尽他应尽的天职。

这些土纸书，在胜利以后，也有人带到上海和北平来，大家看了，都摇头不止，不相信这种书可以卖钱。我这里就得附带一笔，有几部书，印刷也不坏，一来是带了上海的纸型，入川翻版，二来纸张也是好些的。

榨出来的油

现在我可以记一笔账，在抗战以后，在大后方完成和未完成的小说，是以下这些。《疯狂》约五六十万字。《八十一梦》，约十七八万字。《牛马走》，约百万字。《第二条路》，约三十万字。《偶像》，约二十万字。以上发表于《新民报》渝蓉两版。《巷战之夜》，发表于重庆《时事新报》。《夜深沉》《秦淮世家》，各约三十万字。《水浒新传》，约六十万字。以上在上海《新闻报》发表。《红花港》，约二十万字，《潜山血》（未完），发表于香港《立报》。《大江东去》，约二十万字，发表于香港《国民日报》。《游击队》，发表于汉口版《申报》（未完）。《前线的安徽，安徽的前线》，发表于《安徽皖报》（未完）。《雁来红》，发表于《昆明晚报》（未完）。《虎贲万岁》，约四十万字，未在报上发表，由上海百新书店出书。《蜀道难》，约六万字，《负贩列传》（《丹凤街》）约二十万字，发表于《旅行杂志》。补足一部书，《中原豪侠传》，约三十万字。改掉一部书，《太平花》，约三十余万字。补足一集散文，《水浒人物论赞》，约五万字。写成一集散文，《山窗小品》，约六万字。此外，各种散文，八年来，约写一百四五十万字。

八年的年月，不算短暂，平均每日能写三千字的话，就当有八百多万字的作品。根据上面那些账，大概相去也不会太远。在生活安定的日子，文人可以去安心写作，这实在不算多。可是回想到那八年所度过的生活，就没有能写出这些文字的理由。当然，诗以穷而后工，这话还不能完全否定。但我作的不是成行的诗，而是连篇累牍的小说和散文。尽管不工，以量来说，以日计之，那是太平凡了。很多文人，伏在桌上，一口气就可以写三千字。而把八年的总和来计算一下，自己倒要反问自己，我怎么会写出这些字来？

我还记得两个故事。一个故事，是日本敌机群，八天八夜，对重庆作疲劳轰炸的时候，我在一座天然洞子外的竹林下，睡了三天三晚。白天怪心烦的，看上两页书，但并没有几个字，印到脑子里去，而嗡嗡然的机群声，又在远处云天脚下发生了。输入都不能够，还谈得上什么输出？又一个故事，茅草屋顶，被风吹去了，成了个小天井，仰在竹板床上，可以吟那句《卧看牛郎织女星》的诗。这“烟士披里纯”①，并不怎么好。大雨来了，这屋顶天井，几条很长的水柱，向屋子里斟着天然水，地面就成了河渠。我吃饭写字的那间屋子，就在隔壁，雨点向桌上飘，文具全为之打湿。躲向屋里一张小方桌上写字，倒是躲开了水灾。而四川乡下那种小黑蚊，小得肉眼看不见，这时全涌进了屋子。半小时之后，不但两腿奇痒难受，而且起泡之后，还相当地痛。这怎么能安心地写稿呢？

可是在这两个故事过去之后，我立刻就得写。不写怎么活下去？我自己对自己的稿子，笑着下了一个批评，就是榨出来的油。

胜利后的作品

自从“九一八”以后，脑力劳动，就没有得着水平以上的待遇。抗战八年中，这辈人是更苦。日本人的无条件投降消息传来了，大家都唱着杜甫“白日放歌须纵酒，青春作伴好还乡”的闻捷诗，我也是被这天上掉下来的胜利，冲昏了脑瓜。把写作生涯，暂时告一段落，预备东归以后，在半村半郭的地方，盖三间小屋，读书种菜，卖文课子，带着一群孩子们，实行我的口号，就是“出自己的汗，吃自己的饭”。东归计划，除了回乡探亲一省七旬老母，不曾变更而外，其余是全推翻了。我还是住在都市里，我还是当一名新闻从业员。

在胜利以后，币制是一直紊乱，物价是一直狂涨，对于国民党的金融政策，谁也不敢寄予以丝毫的信用。这样，自由职业者，就非常地痛苦，尤其

① 烟士披里纯：英语 inspiration 的音译，灵感的意思。

是按字卖文的人，手足无所措。因为卖文的人，都是把稿子寄出去，一月之后，才能接到稿费的，可是这就是个无比的吃亏。月初，约好了每千字的稿费，也许可以买个两三斤米。到了下月初接到稿费的时候，半斤米都买不着了。有些收买稿子的报社和杂志社，体恤文人，也有半月一结账的，也有预付一部分稿费的，但这都不能挽救文字跟着“法币”贬值的命运。物价的跌跃，每月加百分之百以上，那是常事。稿费根本不能按月调整，就是按月调整，也不能一加就是百分之几百。所以对任何收买稿件的人，订好了稿约，总维持不了两个月。到了后来，几乎寄一次稿子，就必须商量一次稿费。多数人如此，我也是这样。这种趋势，让写稿的人和收稿的人，都感到一种“过分的无聊”。既然无聊，这卖文生活，又何必去继续呢？

在这种情形下，胜利后的两年间，我试了一试卖文的生活，就戛然中止。所幸除了《新民报》经理职务的薪水而外，上海两三家书店的版税，依然是超过薪水的几倍收入，我不出卖稿子，也还不至于影响到生活。所以这期间，我只给《新民报》写了个长篇《巴山夜雨》，又给上海《新闻报》写了个长篇《纸醉金迷》，如此而已。这两部书，都是以重庆为背景的，在别人看来，不知作何感想，至少我自己是作了一个深刻的纪念。《巴山夜雨》在我收束之下，还没有把稿子重订，而时局已经变化了，只有将来再说。《纸醉金迷》在没有完篇的时候，已经被电影公司拿去作题材，上两个月，由我把上半部故事，编了一个剧本。这两年来，稿费的收入，可说是比抗战期间，无以加之。

到了民国三十六年，纸价已经贵得和布价相平了。上海的书商，有了纸张在手，宁可囤纸，也不印书，因之我在上海出版的二三十种书，全不再版。出版家虽也陆续地寄给我一些版税，较之三十五年，已不成其为比例。起初，我以为纸张的昂贵，影响到书的出版，这是暂时的现象，还忍耐地等待着，后来一月不如一月，我把版税当养老金的算盘，暂时就得搁上一搁，于是把那老话再拿出来，对家庭用度，要“开源节流”。“节流”除了吃的以外，一切以不办为宗旨，而“开源”只有多写文章出卖了。好在找我写稿子的人，倒是机会不断的。于是我又先后写了三个长篇是《一路福星》《马后桃花》《岁寒三友》。但这三篇小说，都因稿费的商榷，不能得着一个合理的解决，都没有写完。最后有《雨霖铃》和《玉交枝》两篇，都是因交通中断而停止的。

为了交通关系，我也觉得向外寄稿。写长篇是不大好的，我很想改变作风，多写中篇。所以这两年以来，我很写了几个中篇，如《雾中花》,《人迹板桥霜》，及最近写的《开门雪尚飘》。这一试验，并没有失败，将来，也许我常走这条路①。

伪书

由我写那篇不知名的小说提起，直到上节为止，关于我的小说，可以作个总账交代了。这仿佛是篇流水账，无情趣可言。但要详细地知道我三十多年的写作，不能不这样地报告。现在在总账以外，对写作生涯有关的，我摘要地要找几件事说一说。第一件，便是张恨水伪书了。

民国三十二年，舒舍予的夫人到了重庆，因老舍兄的介绍，我们认识了。舒夫人是由北平到后方去的。见了面，不免谈起了一些北平的别后风光。舒夫人说了几件事之后，就提到我的小说，在华北，在伪满洲国出版的太多。她又笑说："您不用惊讶，那全是假的，看过张恨水著作的人，一翻书就知道，那笔路太不一样了。"我当时相信事或有之，而伪书不会太多，及至我到了北平，据朋友告诉我的，和我在伪书底页上所看的广告，统计一下，实在让我大大地吃了一惊，这种书约有四十几部之多。这些作伪书的先生们，太和我捧场了，自己费尽了脑汁，作出书来，却写了张恨水的名字，这不太冤吗？不过一看了书的内容，甚至一看书的名字，就知道太冤的是张恨水，而不是作伪书者。记得这些书里，有一部叫《我一生的事情》。张恨

① 这期间尚有《五子登科》长篇，连载北平《新民报》，未完；一九五六年续完后出单行本。中篇《步步高升》亦连载该报。

水一生的事情，由张恨水自己写出来，这实在是不折不扣的黄色小说。喜欢低级趣味的人也好，好奇的人也好，怀疑的人也好，还有替我爱惜羽毛的人也好，少不得要买上一本看看。而作伪书者其计得就矣。我不知道这书里，把我糟蹋成个什么人物，以这种手段和张恨水作伪书，那不仅仅是骗读者的钱，对张恨水是恶意的侮辱，乃是无疑问的。记得我当《新民报》经理的时候，经理室的工友，就拿了一本张恨水作的肉感小说在看。同事拿来给我过目，我除了向工友解释，请他别看而外，我就难过了两天。可是我没法子把市场上这些伪书烧了，除了听其自生自灭，实无第二良策。

凡是彻头彻尾的伪书，究竟难逃读者之眼，我相信它是会消灭的，至少是三四年以来，已不再版了。所难堪者，却是半伪书。怎么叫半伪书呢？就是把我的书，给它删改了，或给它割裂了，却还用我的名字，承认不是，不承认也不是，这都教人啼笑皆非。例如我在《晶报》上发表的《锦片前程》，我是没有写完的，上海就有一家书店给它出了版。除了改名为《胭脂泪》而外（改书的人，可能不懂《锦片前程》是什么意思），加了许多文字进去，而且把书足成。众所周知，我一贯主张，写章回小说，向通俗路上走，决不写出人家看不懂的文字。而这位改写的人，就用的是空洞堆砌的美丽长句，时而通俗，时而高雅，这成何话说？又我写的《春明新史》，是用回目老套，也有人改了，改名为《京尘影事》[①]，一回分为两回，一个回目管一回。把书分成两集。这样一来，章法太乱，不但文不对题，甚至下文不接上文，简直一团糟。俗言道得好：“文章是自己的好。”我不敢说我的文章好，但我绝不承认我的文章下流。七八年来，伪满洲国和华北、华东沦陷区，却让我尊姓大名下流了一个长时期，我想，社会上许多我的神交，一定为我太息久矣！

我初回到北平的时候，有人问我：“你在重庆开了豆浆店吗？”我说：“何以见得？”他说：“日本人的报上，这样登的。”我笑说：“这是抬举我，我在重庆过的日子，远不如开豆浆店的老板。”牛角沱和海棠溪，有几家豆

①《京尘影事》应是经篡改《斯人记》，而不是《春明新史》。

浆店，早上的生意之好，那还了得？我若能在重庆开八年豆浆店，我真发财了。但日本人原意，绝不是抬举我，这和作伪书的人自己费笔墨，替张恨水出名，其用意是一样的。

我死了

提起我开过豆浆店的笑话，就联想到日本人传说我死了！这也很有趣。事情是这样的，大概是民国三十年秋夏之间，乡居无事，又不免发点牢骚，作了若干首村居杂诗。其中有一首这样说：

茅草垂檐漾晚风，蓬窗斜卧一衰翁。
弥留客里无多语，埋我青山墓向东。

这当然说的是另外一个衰翁（当时，我才四十几岁，既不衰，也非翁）。假如衰翁是我，我死了，怎么还能作出这么一首诗呢？除非是我死了又返魂，或者是有人扶乩，我降坛作诗。不然，这话是说不通的。然而，这些村居杂诗，香港的报纸转载了，沦陷区的各处报纸，再转载了。日本人就神经过敏的，在我诗的后面，加上按语，说我死了，这是我的绝笔。意思就说：中国的文人啦，你们别抗战，抗战就同张恨水一样，饿死于重庆。

当今之时，文人发牢骚，实在也当考虑。记得我在重庆作的一些打油诗或歪诗，凡是悲叹生活艰苦的，只要是登了报，不用多久，日本人报纸，就转载了。他绝不是捧场，而是反宣传。记得某老悲痛他大小姐之夭折，以新四军之被解散，也曾吃过一瓶“奎宁丸”，这很给当时重庆文艺界一个刺激。报纸上不免宣传一番，而这事辗转到了日本人报上，就是加倍的渲染，也作了很热闹的反宣传。所以在这些关节上，文人下笔，倒是不可不慎的。

故事的利用

小说就是小说，并不是历史，我已经说过了。但例外地将整个故事拿来描写，这事也不能说绝无。若以我从事写作三十年而论，这样的事情也有两回。

第一回，我替《申报》“春秋”写的《换巢鸾凤》，就是有故事的，而且是受朋友之托的。在一个秋天，苏州的一位朋友，请我由上海到苏州去看菊花，并介绍许多苏州文人和我见面。我是个忙人，不能有此雅兴。不过那位朋友郑而重之地写了封信给我，叫我务必去一天。意思并不光是要我去雅叙一番，我就只好坐快车去了。朋友是亲自在公园的菊花会上，把我接到他家。他家也小有花圃，畅叙之后，他把我引到内书房，拿了他私人的许多秘密文件给我看，他说：这是他生平一件伤心事，在过渡时代，他和另一个女子为旧礼教牺牲了。这事虽已过去二十多年，但这心灵上的伤痕，却是不可磨灭。他希望我运用这个故事，作个反封建的长篇小说。我当时曾笑说，你何不自己写呢？他说，那会犯主观的毛病，会把主角写成两位圣人。我倒是赞成他的话，我就答应了下来，写了这部《换巢鸾凤》。可惜这书没有写成功，中日战起，就终止了。

另外一件事，就是写《虎贲万岁》，这已经交代明白了，不再赘述。不过《换巢鸾凤》和《虎贲万岁》不同。后者，我根据了参考文件，真名真姓真时间真地点，我都给他写出来了。前者却把这些都换了，只留下了那类似悲剧的故事。此外，有一半运用故事，一半是抽象的，那就是《欢喜冤家》和《大江东去》。《欢喜冤家》是间接地传来一个故事，那是可以反映出女伶的生活的痛苦的，这是个社会问题。《大江东去》呢，一半是人家传说的事。一半却是主角自己叙述他亲身的遭遇，也是抗战中一个社会问题。因此，两个故事都是生成的小说题材，我自然不会放过这种题材的，所以我都把它写成了。

底稿·尾声

文人写文的习惯不同，所用的工具，也各有不同。在胜利以前，我写散文，还不用钢笔，因为我写成了习惯，用毛笔并不比钢笔慢。但去年利用了报社里的破纸头印了稿子纸，因为比普通纸厚得多，我就试用自来水笔，结果，比毛笔快些，我就改用了钢笔了。但我向外寄的小说稿，二十多年来如一日，我总是用铅笔和复写纸。这样，寄出去的稿子，挑选那清楚的一份，而留下那较为模糊的，作为底稿，以便自己参考。我并没有估计到，在文字登过报或印过书以后，这底稿还会有多大的用处。到了三十六年（一九四七年），我发现底稿有用了。在四川江津的中央图书馆[①]，曾写了两封信给我，问我写的作品，有多少底稿，他们希望我把这底稿捐赠给图书馆。但是在战前我写的底稿，早是片纸不存了。在四川写的底稿，虽然有，却是拿不出去。它是类似竹纸的夹汀薄纸复写的。复写纸印出的一张，比较清楚，我都交出去了。留下来的是浮面铅笔写的一张，只有些清淡的铅笔影子，而且有些纸已经划破了。我只好函复江津图书馆无以应命。后来，我写《虎贲万岁》，因为不是寄给报馆的，就用毛笔写，全书完工，誊录了一份，拿去印书，自己保留着原稿。这要算是生平写作中最完备的一份底稿了。

写到这里，关于我的写作生涯，仅仅是直接和文字牵扯，我都已略略谈到。若要再详细地写，再写这么多的文字，未必可以谈完，我想适可而止，就此打住罢。零零碎碎写到现在，我也是粗分个大纲，想到就写，何者是读者所愿意知道的，何者是读者所不喜欢的，我不能知道。但我相信，这篇写出以后，对于爱好我小说的读者，总可以加进一层认识的，在我自己而言，应该不会是白写。其余的只好作覆瓿之用了。

---

① 指国民党中央图书馆。

总答谢

——并自我检讨

谢谢各位前辈，谢谢各位朋友，谢谢文艺抗敌协会，谢谢新闻学会。

用甲子推算，今年是不才五十岁，又以试学写作（实在谈不上创作）的日子计算起，东涂西抹今已有三十四年。实行作新闻记者之日算起，今已有二十六足年。朋友们觉得我这辈子太苦了，要替我作五十岁，安慰一下。而把写作整数外的零头，加入当新闻记者的年月，则各得三十年。又要借贱辰和我作个三十年的写作与从业的纪念。我是乙未年旧历四月二十四日出生，当朋友打听我这个日子时，我总是瞒着。但我心里又搁不住事，日子久了，我终于说出来，“我是某日生，谁要和我做生日。谁就是骂我”。而朋友的答复更幽默，“我们就骂你一次”。这真无法了，我就预拟了个计划，学学女人，届时来个避寿，溜之大吉。

在这个过程中，一班老朋友，已暗暗地拟好了庆祝大会的节目。乃是《新民报》成渝两社，分在成渝茶会，几张刊物出特刊。而文艺界抗敌协会，以不才是第一届理事，至今是会员。新闻协会以我是监事，又以我是同行中的一个老跑龙套，也要加入作茶会的主人。照说，这种光荣的赐予，我应当诚恳地接受。可是我想到物价的数字，我也立刻想到不应当由我这百无一用的书生而浪费。而且我的朋友，不是忙人，就是穷人。对忙朋友，不应当分散他的时间，对穷朋友不应当分散他的法币，于是我变为恳切地婉谢。几位老朋友劝之不行，总实（是）说我过分地矫情。而且特刊的文字，都已预约好了，《万像》周刊，且已排版。无法，我只好默许了文字的奖励，当为拜领，其他一切仪式从免。朋友仍不许可，直贱辰的前两日，依然僵持，而茶会请柬，已不能发出，方才罢休。可是成都方面的仪式，我又无法阻止，也只有遥遥地敬领了。

在重庆虽一切仪式无从实行，但朋友的盛意，我是万分感激的。而成都方面的仪式中，大概有许多是神交已久未曾谋面的朋友，尤其让我感谢。就是重庆方面，也有许多神交，纷纷到新民报社祝贺，致令扑空而回，更让我惶悚无地。至于过重的赠予，不敢捧领，当一一璧回。以上这些话无关文艺，我不能不有个交代，占去报纸许多篇幅，我是引为歉然的。其次，对特刊朋友的溢美的奖许，我愿借这个机会，自我检讨一下，更求以后长期的指教。

一、写述方面

不才写了三十四年的小说，日子自不算少，其累积到将近百种，约莫一千四五百万字，毋宁说那是当然，何况写作，并不重量，这无足为奇。关于散文，那是因我职业关系每日必在报载上若干字，急就章的东西应个景儿而已，有时简直补白作用，因之毫无统计，只当下了字纸篓。这个，朋友也替我算过，平均以每年十五万字计算，二十六年的记者生涯，约莫是四百万字。这就是朋友谬奖我两千万言的写述。若果如此，那么杂货店的流水账，也可算作立言，三十年的时间，谁又不能拿出数十万字的文章来呢？此外，朋友又谈到我的词曲和诗。诗，我曾弄过一点消遣，从前，一年可写百十首，多近体，近七八年来，写诗比文人打牙祭的次数还少，无足称道。词，我是二十四岁才学的，恐怕至今没有成熟。曲，我不懂音律，生平不曾填过十个散套，不知朋友怎会把制曲来许我？

我报过了量，再谈质罢。我毫不讳言地，我曾受民初鸳鸯蝴蝶派的影响，但我拿稿子送到报上去登的时候，上派已经没落，《礼拜六》杂志，风行一时了。现代人不知，以为鸳鸯蝴蝶派就是礼拜六派，其实那是一个绝大的错误。后者，比前派思想前进得多，文字的组织也完密远过十倍。但我这样说，并不以为我是礼拜六派，远胜鸳鸯蝴蝶派。其实到了我拿小说卖钱的时候，已是民国八九年，礼拜六派，也以“五四”文化运动的巨浪而吞没了。

我就算是礼拜六派，也不是再传的孟子，而是三四传的荀子了。二十年来，对我开玩笑的人，总以鸳鸯蝴蝶派或礼拜六派的帽子给我戴上，我真是受之有愧。我决不像进步的话剧家，对“文明戏”三字那样深恶痛绝。

在“五四”的时候，几个知己的朋友，曾以我写章回小说感到不快，劝我改写新体，我未加深辩。自《春明外史》发行，略引起了新兴文艺家的注意。《啼笑因缘》出，简直认为是个奇迹。大家有这一个感想，丢进了茅厕的章回小说，还有这样问世的可能吗？这时，有些前辈，颇认为我对文化运动起反动作用。而前进的青年，简直要扫除这棵花圃中的臭草，但是，我依然未加深辩。

我为什么这样缄默？又为什么这样冥顽不灵？我也有一点点意见。我觉得章回小说，不尽是要遗弃的东西，不然，《红楼》《水浒》，何以成为世界名著呢？自然，章回小说，有其缺点存在，但这个缺点，不是无可挽救的（挽救的当然不是我）。而新派小说，虽一切前进，而文法上的组织，非习惯读中国书，说中国话的普通民众所能接受。正如雅颂之诗，高则高矣，美则美矣，而匹夫匹妇对之莫名其妙。我们没有理由遗弃这一班人，也无法把西洋文法组织的文字，硬灌入这一批人的脑袋。窃不自量，我愿为这班人工作。有人说，中国旧章回小说，浩如烟海，尽够这班人享受得了，何劳你再去多事？但这里有个问题，那浩如烟海的东西，他不是现代的反映，那班人需要一点写现代事物的小说，他们从何觅取呢？大家若都鄙弃章回小说而不为，让这班人永远去看侠客口中吐白光，才子中状元，佳人后花园私定终身的故事，拿笔杆的人，似乎要负一点责任。我非大言不惭，能负这个责任，可是不妨抛砖引玉（砖抛甚多，而玉始终未出，这是不才得享微名的缘故），让我来试一试，而旧章回小说，可以改良的办法，也不妨试一试。我向来自视很为渺小，失败了根本没有关系。因此，我继续地向下写，继续地守着缄默。意思是说，不必把它当一个什么文艺大问题，让事实来试一试，值不得辩论。若关于我个人，我一向自嘲草间秋虫，自鸣自止，更不必提了。

为了上述的原因，我于小说的取材，是多方面的，意思就是多试一试。

其间以社会为经，言情为纬者多，那是由于故事的构造和文字组织便利的缘故。将近百种的里面，可以拿出见人的，约占百分之七八十，写完而自己感觉太不像样的，总是自己搁置了。也有人勉强拿去出版的，我常是自己读之汗下，而更进一步言之，所有曾出版的书新近看来，都觉不妥，至少也应当重修庙宇一次。这是我百分之百的实话。所以人家问我代表作是什么，我无法答复出来。

关于改良方面，我自始就增加一部分风景的描写与心理的描写，有时也写些小动作，实不相瞒，这是得自西洋小说。所以章回小说的老套，我是一向取逐渐淘汰手法，那意思也是试试看。在近十年来，除了文法上的组织，我简直不用旧章回小说的套子了。严格地说，也许这成了姜子牙骑的“四不像”。由于上述，质是绝不能和量相称，真是“虽多亦奚何为”？

二、从业方面

在十八九岁的时候，我对新闻事业，发生了兴趣。二十岁到汉口，有些朋友，正是新闻记者，因此我常写些不高明的稿子给他们补白。大概是旧诗、游记、戏评等类。直到二十四岁，我才到芜湖《皖江报》当总编辑，兼编副刊。那个时候，在内地当记者，用剪刀得来的材料，比用笔写的多百分之八九十。所以总编辑者，那是个纸老虎。同年秋天，我到了北平，本打算入北大作旁听生（许多人疑我是北大学生，其故在此）。但到了以后，在一个上海驻京记者那里帮忙，地在南城，到北大太远，原意暂搁，不久入北京《益世报》助理编辑，专职熬夜看大样，更谈不到求学，是后曾在世界通迅社、联合通迅社、《今报》当编辑，并继续在《申报》驻京记者处帮忙。《益世报》早已调我为天津《益世报》通讯，同时，又为上海《申报》《新闻报》通讯，我又干上采访了。至民国十三年，入《世界晚报》编副刊，十四年兼编《世界日报》副刊，并曾一度任总编辑。十七年任北平《朝报》总编辑，到十八年，我在南北各报，特约的长篇小说增多，我才把世界日、晚报的副刊事务辞去。中间相隔一个极长的距离，到二十三年，我才任上海《立报》的编辑。二十五年，我在南京，自创《南京人报》，至南京撤退，报始停刊。

入川后，在《新民报》编了两年副刊。以后只写写东西而已。根据上述的经过，我是内外勤及经理部都干过的人，透着职务不专。在这样长的时间中，我竟没有写过一本新闻学的书，未免太不长进。

写述三十四年，成绩如彼，当新闻记者二十六年，成绩又是如彼，朋友要和我纪念，我自己问心，不惭愧吗？假如茶会真开了，一个面白无须，身着旧川绸长衫的措大，在许多来宾中公然受贺，那窘状是不可想象的。朋友说我矫情不如说我知趣。朋友，以为如何？虽然，十六日那天，许多老朋友终于请着夫人和小天使，不嫌长途跋涉，光顾到建文峰下，把三间茅屋涨破了，桃花潭水深千尺，我无法形容老友给我的温暖。“上苍假我数年”，到了六十岁以及七十岁，那时，我当在北平中央公园的来今雨轩，备一杯茶，请老友赏晚开的牡丹。或者在南京后湖公园，请老友吃樱桃，以补偿今日的慢待。

最后，对于《新民报》蓉社茶会，蒙各位先生赐顾，未能亲到道谢，并志歉忱。还敬祝一切朋友健康！

我的创作与生活

七十年来，我当记者和写章回小说的生涯占了五十年。有人问我是怎样当新闻记者的，我想若和今天的同行们比，我们那一代只能以骆驼比飞机了。不只肩负的使命不同，生活也不同。至于章回小说，我也学着写了好几十部，只能算是章回小说“匠”，不敢称“家”。一部分书当年也曾风行一时，但今天回想起来，我那些书若是经时代的筛子一筛，值得今天的读者再去翻阅的，也许所剩不多了。

现在且不说我的小说，留着下面去谈。我先写自己的生活过程，由此读者也可以知道我写小说汲取材料的源泉。我南南北北地走过一些路，认识不少中下层社会的朋友，和上层也沾一点边，因为是当记者，所见所闻也自然比仅仅坐衙门或教书宽广一些，这也就成为我写章回小说的题材了。

我祖籍安徽潜山，一八九五年农历四月二十四日出生于江西广信（上饶一带），原名张心远，笔名恨水。为什么叫“恨水”呢？这也使许多朋友奇怪，为什么别的不恨，单单恨水呢？这是因为我年轻时，很喜欢读南唐李后主的词，他的《乌夜啼》里有一句“自是人生长恨水长东”，我觉得这句很好，就取了个“愁花恨水生”的笔名。后来在汉口小报上投稿，就取了“恨水”作笔名。当了记者以后，这就成了我的正名，原来的名字反而湮没了。名字本来是人的一个记号，我也就听其自然。可是有许多人对我的笔名有种种揣测，尤其是根据《红楼梦》中“女人是水做的”一说，揣测的最多，其实满不是那回事。

十三岁仿作武侠小说

由于父亲早年在江西卡子上作税务工作，因此我的童年是在江西度过的。

当我十岁边上，我父亲接我们到新城县去（新城后改名黎川县），坐船走黎水直上。途中遇到了逆风，船上的老板和伙计一起上岸背纤，老板娘看舵。我在船上无事，只好睡觉。忽然发现船篷底下有一本绣像小说《薛丁山征西》，我一瞧，就瞧上了瘾，方才知道小说是怎么一回事。后来我家里请了一位先生，这位先生也爱看小说，他常带一本《三国演义》来，我有机会也拿起来看一点。我又在父亲桌上找到了洋装的《红楼梦》，我读了造大观园一段，懒得再看，我正要看打仗的书呢。

这以后我就成了小说迷。我把零用钱积攒下来，够个几元几角，就跑到书铺子里去买小说书。有时父亲要审查，他只准我看《儒林外史》《三国演义》之类，别的书往往被扣留，有时还要痛骂一顿。于是我就把书锁在箱子里，等着无人的时候再拿出来看。尤其是夜里看最好，大家睡了，我就把帐子放下。把小板凳放在枕头边，在小凳上点了蜡烛，将枕头一移，把书摊开，大看特看。后来我父亲知道了，每晚都要查上一查，他说十二点以后该睡觉了，在床上点蜡烛太危险，这时他对我看小说也不太反对，索性管我叫“小说迷”，我母亲也不管了，渐渐地我有了两三书箱的小说书。

我十一岁时，祖母在故乡死了，父亲带了我返回。家里有残本的《希夷梦》《西厢记》《六国志》（写孙庞斗智）等。不久我们又回南昌，这时我十三岁，开始学着写小说，在一个本子上写以小侠为主人的小说，因为我这时看的小说以武侠为大宗。我写的小侠使两柄铜锤，重有一百多斤，一跳就可以跳过几丈宽的壕沟，打死了一只老虎。我这样写小说，有谁看呢？只有我兄弟、我妹子下学回来无事，各端把矮椅子将我围住，听我讲书，讲的就是我自编的小说，他们居然听得很有味道。因为我写小说以后才发现写了两三天，拿来给他们讲解时，不到一小时就完了。我自己感到这是一个供不应求的艰巨工作。

我还记得，这个稿本，是竹纸小本：约有五寸见方，我用极不工整的蝇头小楷，向白纸上填塞。有时觉得文字叙述还不够劲，我特意在里面插上两幅图画。所画的那位小英雄，是什么样子，我也印象不清了，只是那两柄铜锤，却夸张地画得特别大，总等于人体的二分之一。那只老虎，实在是不像，我拿给弟妹们看时，他们说像狗。这给予我一个莫大的嘲笑，恰成了那个典："画虎类犬"了。

上了经馆和学堂

回到南昌以后，我父亲在新淦县三湖镇找到了工作。这里有一道漳江，两岸都栽了橘子树，我的家就像埋在橘子林里。我在家里学了一些八股文。我作过"起讲"，也学了诗，懂了平仄，学作过五绝。我记得在"两个黄鹂鸣翠柳"一题里，我有这样十个字："枝横长岸北，树影小桥西。"后来我懂一点诗，觉得这根本不合题。但我初学作诗，确是这样胡乱堆砌的。这作风，大概维持了两三年之久。我到了三湖，觉得在这里住家非常的好，这里有大河激浪，橘树常绿，心想如此诗境多么好，就从这里学起诗来吧。我就常在橘林边的白沙堤上散步，堤外有一道义渡，堤上有一座小小的塔，比在城市小巷里接近大自然得多了。

这时我父亲要我在古文上下点功夫，再送我上学堂。正有一位古文很好的萧先生在附近开设了一座经馆，父亲就送我去念书了。在从前，父命是不能违抗的。这经馆周围的风景比我家还美，四周全是橘子林，门口有一条石板路，闪开一片大空场，场里有水井，橘林外便是漳江，经馆是姓姚的一个祠堂，院里有两棵大树，若是晴天，太阳穿过大树，照见屋里碧油油的。最妙的是萧先生收了一个姓管的学生，他们家里买了许多小说，我们在一个房间攻读，他和我很要好，常把书带来借给我看。我就这样读了不少章回小说，无形中对章回小说的形式和特点有了一些体会。

在经馆里读了一年书以后，我已十四岁了，父亲又把我送入学堂。这时我不只看小说，还看书评。不过，那时候的书评，没有后来风行的书评那么尖锐和细致，但是也可以帮助我懂得哪样书好哪样书坏了。譬如白话小说《儿女英雄传》，我就看着它的言辞句子不错，但对人物刻画就差一些了。

那时候，商务印书馆出了《小说月报》杂志，我每月买一本，上面有短篇长篇创作，有翻译小说，使我受益匪浅，于是我懂得买新书看了，跳出了只看旧小说的圈子，也可以算作一种跃进吧。我仔细研究翻译小说，吸取人家的长处，取人之有，补我所无。我觉得在写景方面，旧小说中往往不太注意，其实这和故事发展是很有关的。其次，关于写人物的外在动作和内在思想过程一方面，旧小说也是写得太差，有也是粗枝大叶地写，寥寥几笔点缀一下就完了，尤其是思想过程写得更少，以后我自己就尽力之所及写了一些。

我在学堂里读了一阵书，父亲又把我送到南昌敬贤门外的甲种农业学校去读书，但是不到一年，父亲去世了，母亲就带了我们子女回安徽潜山乡间老家，我的学校生活也中止了。我很忧愁，但是读小说的习惯却依旧。我那年十七岁，写了一篇四六文章的祭文，大胆地在为父亲除灵举行家祭的灵堂上宣读起来，把稿子也焚化了。我这时有些自负，对乡间那些秀才贡生不怎么看得起，没有什么朋友。家中有一间书房，窗外有桂花树，我常临窗读书，同乡人因而送了我一个外号，叫我“大书箱”，意思是我只知念书。我那时真是终日吟诗，很少过问身外之事。

从垦殖学堂出来，去演话剧

我在乡间过了半年多，有一个叔伯哥哥叫张东野，笔名张愚公（新中国成立后曾任合肥市副市长，全国人大代表），当时在上海警察局当局长，他觉得我不读书未免可惜，就叫我到上海去，打算让我读书。我到了上海之后，他打听到苏州办了一个蒙藏垦殖学堂，我去考中了，就在苏州住下来，这也为我日后写小说写了一些苏白进去打了底子。

垦殖学堂就在苏州留园的隔壁，到寒山寺和虎丘都很近。我那时是个贫寒学生，也不敢乱跑，课堂是楼房，打开窗户，附近人家，麦地桑田，小桥花巷，都在目前。我在课余就拿了书本靠在红栏杆之旁细细地看。这时期我读了《随园诗话》《白香词谱》《全唐诗合解》等。楼底下是花园一角，我也常去玩，高兴起来就题几句诗。

我在苏州读书，当然很好，可是我没有钱用，于是想起投稿来。我试写了两篇短篇小说，一篇叫《旧新娘》，是白话的；另一篇叫《梅花劫》，是文言的。这时大概是一九一二年或一九一三年。我当时没有一点社会经验，并不十分懂得什么叫"劫"，什么叫新旧，姑且一写就是了。稿子写好了，我又悄悄地付邮，寄去商务印书馆《小说月报》编辑部。稿子寄出去了，我也只是寄出去而已。并没有任何被选的幻想。可是事有出乎意料的，四五天后，一封发自商务印书馆的信，放在我寝室的桌上。我料着是退稿，悄悄地将它拆开。奇怪，里面没有稿子，是编者恽铁樵先生的回信。信上说，稿子很好，意思尤可钦佩，容缓选载。我这一喜，几乎发了狂了。我居然可以在大杂志上写稿，我的学问一定是很不错呀！我终于忍不住这阵欢喜，告诉了要好的同学，而且和恽先生通过两封信。但是我那两篇稿子，一月又一月，一年又一年，直到恽先生交出《小说月报》给沈雁冰先生的那一年，共有十个年头，也没有露面。换句话说，是丢下字纸篓了。这封信虽然是编辑部对一般作者的复信，但是对我的鼓励却很大，后来我当了五十年的小说匠，他的这封信是对我起了作用的。

我在垦殖学堂读了一年书，正值二次革命起来了，我们这学校是国民党办的，所以也成了讨袁军的一支力量，把写了"讨袁军"字样的旗子挂起，可是没有几天就垮台了，学校也就解散。

这样一来，我又失学了，可是我还没有死心，带了四五元钱去到南昌，找了一个补习学校补习英文、算术。想考大学，但是家中没钱，父亲过去在南昌置了点房产，所收房租只够我付补习学校学费的，借债不是个长局。后来母亲把房子卖了八九百元钱，由她收管度日，我不便拿。为了找出路，我就带了一包读书笔记和小说到汉口去了，因为有个本家叔祖张犀草在小报馆里当编辑。他虽然大我两辈，年龄却比我大得有限，他认为我的诗还不错，就叫我投给几家报馆，但是并不给稿费。当时的小报馆都穷得很，于是我的诗开始问世，却还没发表小说。

这时，我的堂兄张东野已到长沙改行演话剧，取了个艺名叫张颠颠，而且演得很红。不久他也到汉口来，在汉口没演成，又要到常德去，我于是也随他到湖南去了。

我堂兄在常德参加的那个话剧社里有两位知名的话剧家，一位是演生角的李君磐，一位是演旦角的陈大悲。我去了也参加演出，头一场演《落花梦》，派我一个生角，是个半重要的角色，大家认为我演得还不错，就是说话太快了一点，派戏人说，演演就好了，我听了也很高兴。初步定了我三十元的月薪，李君磐和陈大悲也不过百多元。不过薪金是有名无实的，我从没拿过三十元，十元也没拿过，但是伙食很好。我的另一件工作是编说明书，一张说明书不过三五百字。没有什么为难，我的工作不忙，有时就约朋友出城去玩。

混到阴历年边，剧社就派了一个分班到津市去演出，我也去了，在这个小码头上演，生意却很好。两个月后又到澧县，在这里演了两个月，好消息来了：袁世凯死了。我们全班人马要到上海去演戏，我分了三十多元薪金，够我到上海去的路费了。

到了上海，有个芜湖《皖江报》的编辑郝耕仁和我堂兄住在一起，他大我十岁，是前清一个秀才，写得一笔好字，能诗能文，他看我一点点年纪，和我堂兄一路瞎跑瞎混，认为究竟不是路子，他劝我，既有这番笔墨，可以到内地去找个编辑做做。这番话给我相当影响，但是一时没有办法。我随了李君磐的戏班到了苏州，可是因为我苏州话说不太好，只得又随另一批人到南昌去演戏，仍旧穷得混不下去，我就借了路费回了安徽老家。

和郝耕仁去卖药

我回家时二十二岁，自己打算读些书再找工作不迟。于是在家中百事不问，一径地看书。也试写了几篇小说，有《紫玉成烟》《未婚妻》等，都是文言的。

过年以后，接到郝耕仁来信，约我一起去卖药。郝的理想是渡长江，穿过江苏全境，进山东，再去北京。至于药，他家有祖传的，沿途还可以买，不用发愁。我正无事可做，心想跑跑长途也好。到三月初，我和他在安庆会面，就同行到了镇江，又坐上到仙女庙的船过江。仙女庙是个小镇市，我们在一家小客店落脚，临近就是运河，有一道桥通到扬州。那晚月色很好，我们俩在桥上闲步，看到月华满地，人影皎然，两岸树木村庄，层次分明。有渔船三五，慢慢地往身边走，可是隐约中不见船身，只见渔灯，从这里顺流而下。郝耕仁说，这里很好。他要吟诗，于是就乱吟一阵。眼见月亮西斜，我们才回小客店。第二天我们到邵伯镇去，只有二三十里路程，当然是步行而去，这日天气很好，我们背了小提箱，且谈且走。村庄里树木葱茏，群鸟乱飞，田野中麦苗初长，黄花遍地，农民背着斗笠，在麦地里干活。

原来邵伯镇很繁盛，镇上什么东西都有的卖。我们在一家旅馆歇下，旅馆经理是个小官。门口两个长脚灯笼上写着“九门都统”衔，分明是个北京官了。我们写店簿的时候，在职业项下填了一个“商”字，茶房不信。回头经理也来了，他说我们虽然是送药来卖，可是要找个保才行。郝耕仁出去找了一个西药店的经理，把这番出来卖药的经过谈了，那位经理很同情，但是他劝我们不必远行了，说这一带是给军人统治，要小心些，最好还是回去为妙。他替我们作了保，还借给了路费，我们就在次日离开了邵伯镇返回南方。

我们又想到上海去看看，就搭了一种“鸭船”，就是船头上堆满了鸡鸭笼子的船，风把鸡鸭屎的臭味直送向乘客，蚊子也多得没法扑打。我说出门真难，郝耕仁说这不算什么，昨天我们在旅馆里的时候，茶房就轻轻对我说，镇上保卫团里的人已经住到我们对过房间里来，只要他说声“捉”，我们就得跟了走。我听了说，这好险啊，想到这，鸡鸭齐叫，臭气熏人，蚊子乱咬，也就不在乎了。鸭船到了通扬州的大河港口就靠了岸，他们的鸡鸭在此等轮船运到上海，我们也在这里投宿一家小旅馆，是一间统舱式的茅草棚子，里面架了成行的木板当床，被子很脏，还有膏药的黑点子，跳蚤也多，但是比鸭船要好一点，我们就出了几个铜板，安歇一晚。旅馆老板大声说，轮船要到第二天九点钟才到，不忙，客人睡吧。我一觉醒来已经七点钟，郝耕仁已到街上去了。这种旅馆是不供应水的，要洗脸漱口，需要到街口茶楼上去办。郝耕仁兴致很好，喝了酒，吃了猪肝，我吃了包子。我们上船较迟，在一个汽洞里安身。在船上只能买豆腐乳下饭，统舱是不供菜的。

到芜湖当报馆编辑

在上海找不到出路，郝耕仁和我只好各自离去，他回芜湖报馆当编辑，我回家去自修。半年以后，郝耕仁给我来信，他要到湖南一个部队朋友那里去做事了，芜湖《皖江报》编辑的事可以由他保我接任。我决计边学边作，就向母亲要了四元钱路费动身到芜湖去。

我的记者生涯开始了，这时我已二十四岁。《皖江报》的编辑张九皋领我会见了谭经理，他们信得过郝耕仁，也就信得过我。分派给我的工作是每天写两个短评，还要编一点杂俎，新闻稿子缺少，就剪大城市报纸，工作并不难。我初作头一天怕不合适，把短评给经理看，他说很好，我心想这一碗饭算是吃定了。另外几个编辑是能编不能写。当时张九皋月薪八元，李洪勋六元，曹某五元，给我也定了八元。一共就是我们四个人在编辑部里，张九皋自己在外面还办了一个《工商日报》，曹某在那里兼校对。李洪勋在《皖江报》编地方新闻，照例各公署会给他一点好处。我倒也不在乎钱多钱少，好在伙食相当好，待我也客气，我自己有个房间，可以用功，因此种种，我倒很安心工作。到了晚上，做好了两篇短评，就和李洪勋上街去玩玩，吃碗面，再来几个铜板的熟牛肉。

李洪勋说：“你老兄笔墨很好，要是到大地方去，是很有前途的，何必在这里拿八元钱一个月呢。”我说：“你这话也许不错，但是要慢慢地来，我碰了不少钉子，凡事要有一定的机会。”不久，报馆里知道我是待不长久的了，谭经理就给我加了四元月薪，还许愿说，将来给我在马镇守使那里兼个差使。其实我对钱并不看得那么重，我对谭经理说不必多心。

一九一九年，“五四”运动起来了，南北青年都很激动。我们也很关心，就在报上办起周刊一类的东西。经理看着我们办，并不说话。

报馆里除了我们四个编辑外，有一个人专收广告，一个人专管财务，三个人摇机器。只有一架平版机，排字房里有十来位工人，一天印个千把份报纸，每日下午三四点钟，就得等看上海报，以便剪用。

上海的《民国日报》是国民党办的，有一个《解放与改造》副刊，我的第一篇小说就在那上面发表，一起是两篇：《真假宝玉》和《小说迷魂游地府记》，一共一万多字。《民国日报》很穷，也是不给稿费的。后来出了书，名为《小说之霸王》。我在《皖江报》上写的《皖江潮》长篇小说，因我去北京而中止。

我上北京，是一个叫王夫三的朋友鼓励我去的。他在北京，因事南下时碰到我，保我能在北京找到饭碗。于是我就把皮袍子送进当铺当了，又蒙一位卖纸烟的桂家老伯借给我一些钱凑作路费，动身去北京了。

到北京去

到了北京，王夫三引我去见秦墨晒，这位老记者如今还健在。他先是给《时事新报》发电报，后来又当《申报》记者。秦表示很欢迎我，要我每天发四条新闻稿子，新闻来源他们那里有，决定每月给我十元月薪，如果稿子多，还可以外加。王夫三替我表示，我来北方是为了学习，目的不在钱。秦说：那就很好。于是先借我一个月的工资，我赶快寄还给芜湖那位借给我钱的桂家老伯。

我住在会馆里，每月房饭也要十多元，一切不用自己操心，自己可以用功，我这时努力读的是一本《词学全书》。每日从秦墨晒家回来，就摊开书这么一念，高起兴来，也照了词谱慢慢地填上一阕。我明知无用，但也学着玩。我的小说里也有时写到会馆生活和人物，也写点诗词，自然与这段生活有关了。

一天我在交过房、饭费后，只剩下一元现大洋了，这一块钱怎么花呢？恰巧这时梅兰芳、杨小楼、余叔岩三个人联合上演，这当然是好戏，我花去了身上最后一块现大洋去饱了一下眼福耳福。有一个朋友方竟舟以前也在安徽报馆工作过，彼此熟识，一天他对我说，你口袋里的钱已经不响了，大概缺钱用了吧？有个朋友成舍我在《益世报》做事，想找一个人打下手，你去不去？我好在下午和晚上没有事，很愿意兼个差事，就答应了。经他介绍我就认识了成舍我。成又给我介绍了经理杜竹萱。《益世报》是天主教办的报纸，所以杜说，在新闻和评论方面只要不违背天主教就行。此外随便说什么都可以。至于我的工资，规定是三十元一个月。

《益世报》当时在新华街南口，除了总编辑成舍我外，有吴范寰、盛世弼、管窥天和我几个编辑，还有两个校对，另有主笔一人，每天做一篇社论。社址有三进房屋，前面一排是营业所，有两个人收广告管财务。中进是排字房，有二十几位工人，还有两架子版机和一架小机器，两侧是堆纸的屋子。经理室、编辑部、厨房全在后进。新闻和副刊全在这里编。要说是每天出两张大报，这点房子真不算多，尤其是比起今天的报社来，就会让人笑掉大牙。但是当时其他的报，往往是只租一所小小的房子，门口挂一个木牌，就算报社了，其报纸大都是找印刷所代印的。

我在北京《益世报》大约干了一年，因为我在业余时间朗读英文，同院住的经理的新太太嫌吵，就把我调任天津《益世报》的驻京记者，每两天写一篇通讯，这样就离开北京益世报馆。到后期我的月薪加到七十元一月。

当秦墨哂作《申报》驻京记者时，他还兼着远东通讯社的事，每月送他六十元，他忙不过来，就约我分担一半。后来他又凑了个孙剑秋，办了个世界通讯社，约我作总编辑。我是个不会跑腿的人，通讯社的消息从哪里来呢？秦墨哂虽然答应我从他那里挖一点去，但是我想他还是从别人那里挖消息的，岂能让我再挖，我暂时只好答应。我先后住过王夫三的会馆和潜山会馆，这时就搬到通讯社里去住。

通讯社也就是供稿社。当年大凡一个人在政治上有点办法，就拿出几百元办个通讯社，此外每月还要二百多元经费。主办世界通讯社的经济后台老板是张弧——当年的财政总长。他究竟为办通讯社花了多少钱，我也不清楚。我当总编辑，每月支二十元，只够吃饭。每天的头条新闻却是煞费心思的，因此我在通讯社里始终抱一个五日京兆的意思。

后来成舍我和我们全部离开了《益世报》，成舍我混进了众议院当秘书。我辞了世界通讯社的工作，给《新闻报》《申报》写通讯，我的新闻来源也往往是去找成舍我想办法。他一度办了个联合通讯社，我又去帮他的忙。成和杨璠结了婚，家用大了，他又弄到了教育部秘书的职务。成舍我是个不甘寂寞的人，精力充沛，从新闻界跳入政界，在政界又兼办新闻。不久，他又办了一张《世界晚报》，让我包办副刊，我给这副刊起名叫《夜光》。我只支三十元月薪，样样都得自己来，编排、校对，初期外稿不多，自己要写不少。

《春明外史》问世

我编《夜光》很起劲。不到三十岁，混在新闻界里几年，看了也听了不少社会情况，新闻的幕后还有新闻，达官贵人的政治活动、经济伎俩、艳闻趣事也是很多的。

在北京住了五年，引起我写《春明外史》的打算。“春明”是北京的别称。小说从一九二四年四月十二日，开始在《夜光》上发表，每天写五六百字，一直到一九二九年一月二十四日才登完，其间凡五十七阅月，约有百万字。最后由世界书局印行，全书分十二册，头二集也分别在北京出版过，但也不过只印几千本就是了。世界书局在全书出版前，在《申报》《新闻报》登了两栏广告，把八十六回回目一齐登了出来，定价十元零八角，一印起码上万部，不久又再版，又印缩版，缩版是改五号字，印成两本，定价两元多钱。我是卖了版权的，所以出多少版，与我也没关系了。朋友们关心我，说“你后悔了吧”，我说，我不后悔。我没有世界书局那么多的本钱，也没有本领在许多码头开设支局。

《春明外史》是以记者杨杏园的生活为中心的，也可以说多多少少有些传记小说的味道，一开头就交代杨杏园是皖中的一个世家子弟，喜欢写诗填词，发泄满腹牢骚，“却立志甚佳，在这部小说里，他却是数一数二的人物呢”。自然，这个“志”，是不能以今天的标准来衡量的。书的前半部写了杨杏园和青楼中的清官人梨云的恋爱，但是他还没有决心娶她，也没有可能为她赎身，终于在“满面啼痕拥衾倚绣榻，载途风雪收骨葬荒邱”的第二十二回里让梨云染病死去。

书里写的杨杏园对梨云十分多情，在她死后，还常在自己会馆里的桌子上供她的相片和瓜果。一直到书的结尾，杨杏园也没有成家，而且短寿而死。

许多朋友问我：你真认识过梨云这么一个清官人吗，你真对她那么痴情吗？真有李冬青那么个人吗？还有人问，某人是否影射着某人？其实小说这东西，究竟不是历史，它不必以斧敲钉，以钉入木，那样实实在在。《春明外史》的人物，不可讳言的，是当时社会上一群人影，但只是一群人影，绝不是原班人马。这有个极好的证明，例如主角杨杏园这人，人家都说是我自写，可是书中的杨杏园死了，到现时我还健在，宇宙里没有死人能写自传的。

《春明外史》，本走的是《儒林外史》《官场现形记》这条路子。但我觉得这一类社会小说犯了个共同的毛病，说完一事，又递入一事，缺乏骨干的组织。因之写《春明外史》的起初，我就先安排下一个主角，并安排下几个陪客。这样，说些社会现象，又归到主角的故事。同时，也把主角的故事，发展到社会的现象上去。这样的写法，自然是比较吃力，不过这对读者，还有一个主角故事去摸索，趣味是浓厚些的。当然，所写的社会现象，决不能是超现实的，若是超现实，就不是社会小说了。

《春明外史》，除了材料为人所注意而外，另有一件事，为人所喜于讨论的，就是小说回目的构制。因为我自小就是个弄词章的人，对中国许多旧小说回目的随便安顿，向来就不同意，既到了我自己写小说，我一定要把它写得美善工整些。所以每回的回目，都很经一番研究。我自己削足适履地定好了几个原则。一、两个回目的上下联要能包括本回小说的最高潮。二、尽量地求其词华藻丽。三、取的字句和典故，一定要是浑成的，如以“夕阳无限好”，对“高处不胜寒”之类。四、每回的回目，字数一样多，九字回目，求其一律。五、下联必定以平声落韵。这样，每个回目的写出，倒是能博得读者推敲的。可是我自己就太苦了，往往两个回目，费去一二小时的工夫，还安置不妥当。因为藻丽浑成都办到了，不见得能包括这一叫小说最高潮。能包括小说最高潮，不见得天造地设的就有一副对子。这完全是求好看的念头，后来很不愿意向下做。不过创格在前，一时又收不回来，因之这个作风，我前后保持了十年之久。但回目作得最工整的，还是《春明外史》和《金粉世家》，其他小说，我就马虎一点了。在我放弃回目制以后，很多朋友反对，我解释我吃力不讨好的缘故，朋友也就笑而释之了。谓不讨好云者，这种藻丽的回目，成为“礼拜六派”的口实。其实“礼拜六派”，多是散体文言小说，堆砌的辞藻，见于文内，而不在回目内。“礼拜六派”也有作章回小说的，但他们的回目，也很随便。不过，我又何必本末倒置，在回目上去下功夫呢？

《春明外史》发行之后，它的范围，不过北京、天津，而北京、天津，也就有了反应的批评。有人说，在“五四”运动之后，章回小说还可以叫座，这是奇迹。也有人说，这是“礼拜六派”的余毒，应该予以扫除。但我对这些批评，除了予以注意，自行检讨外，并没有拿文字去回答。在“五四”运动之后，本来对于一切非新文艺形式的文字，完全予以否定了的。而章回小说，不论它的前因后果，以及它的内容如何，当时都是指为“鸳鸯蝴蝶派”。有些朋友很奇怪，我的思想，也并不太腐化，为什么甘心作“鸳鸯蝴蝶派”？而我对于这个派不派的问题，也没有加以回答。我想，事实最为雄辩，还是让事实来答复这些吧！

《金粉世家》在《世界日报》上发表

《世界晚报》办了一年多,《世界日报》才问世。成舍我觉得晚报总不如日报神气，就找到了些搞政治的人出钱支持他，除了买两架平版机、小机器、石印机以外，还得有每月的经费。手帕胡同的房屋不够了，我找了石驸马大街的房子，也就是新中国成立后光明日报社的一部分，再往后还买过西长安街的一座旅馆房子，现在已经拆掉了。

《世界日报》出两张，编辑部里有了十几个人。副刊《明珠》仍由我包办，我同时仍编晚报的副刊《夜光》，忙不过来，就另请了张友渔、马彦祥、朱虚白、胡春冰四位一起办副刊。

我在《世界日报》发表小说《新斩鬼传》，还有《金粉世家》。后者和《春明外史》一样，出书时都印成十二本，约一百万字。在《世界日报》刊登时，都没有拿到多少钱。因为那时成舍我常到南京国民党政府那里去奔走，后来在南京办了一个《民生报》，把《世界日报》的财务交给他太太杨璠，大家要钱用，就到杨女士那里去支，但当时报馆发不出月薪，我们只能领一点零钱，其余的由杨女士给我们开一张欠薪的借条，这样做不止一回。我认为成舍我是我们的朋友，他欠了我们的薪水，有了钱自然会还，还要他太太的借条干什么呢？我就把借条扯碎了。过了一年多，北伐后成舍我回到了北京，我向他算这笔旧账时，他说："借条呢？"我说："我扯碎了。"他说："那就不好办了！"我自然没有办法。

这时《益世报》和《晨报》也要我写小说发表，既然《世界日报》欠着我薪水，我在编余时间为外报写小说，他们也不便干涉。我写了《剑胆琴心》给《晨报》。这时《益世报》已江河日下，但是还有点人情关系，也给他们写了一篇。万枚子等友人办北京《朝报》时，我又写了《鸡犬神仙》，该报不久停刊。这时，我因时间不够支配，就把秦墨晒处的工作和天津《益世报》的通讯全辞掉了。又有人介绍我给上海有名的小报《晶报》写《锦片前程》。我同时写的几部长篇小说，怎么进行呢？也没有别的好办法，只能先写好每篇小说的人物故事提纲，排上轮流写作的日表，今天写《剑胆琴心》，明天就写《锦片前程》，严格执行。关于《金粉世家》，那是天天要写的，里面人物多、场面大、故事曲折，我也就只好勾出个轮廓来，每天写上七百字到上千字。

《金粉世家》全书一百一十二回，世界书局出书时，又包了《申》《新》二报的广告栏，把回目全登上去，分两日刊登。这书里写了金铨总理一家的悲欢离合、荒淫无耻的生活，以金燕西和冷清秋一对夫妇的恋爱、结婚、反目、离散为线索贯穿全书，也写了金铨及其妻妾，四子四女和儿媳女婿的精神面貌和寄生虫式的生活。自然，也反映了当年官场和一般的上中层的社会相。

社会上有人猜想：我写金铨一家是指当时北京豪门哪一家呢？其实谁家也不是，写小说不是写真人真事，当然也离不了现实基础，纯粹虚构是不行的。用了譬喻，乃是取的“海市蜃楼”。海市蜃楼是个幻影，略有科学常识的人都知道，它并不是海怪或神仙布下的疑阵，而是一种特殊自然现象的反应。明乎此，就知道《金粉世家》的背景，是间接取的事实之影，而不是直接取的事实。作为新闻记者，什么样的朋友都结交一些。袁世凯的第五个儿子和我比较熟，从他那里听到过一些达官贵人家的故事。孙宝琦家和许世英家我也熟悉。有时我也记下一些见闻，也就成为写小说的素材。

像冷清秋那样的遭遇，我也是屡见不鲜的；一个出身比较平常的姑娘嫁到大宅门里，也许是一时由于虚荣心作祟吧，但是，不是由于丈夫薄幸，就是由于公婆小姑妯娌瞧不起，慢慢地就会出现裂痕，以悲剧结局。冷清秋也是由于金燕西的多角恋爱、挥霍无度、不知上进而上楼礼佛，终至在一场火灾中抱了独子出走，写得似乎是没有遁入空门，而是在西郊隐居起来。我没有安排冷清秋死去，当年大约是为了安慰读者的。但就全文命意说，我知道没有对旧家庭采取革命的态度。在冷清秋身上，虽可以找到一些奋斗精神之处，并不够热烈。这事在我当时为文的时候，我就考虑到的。但受着故事的限制，我没法写那样超脱现实的事。在“金粉世家时代”（假如有的话），那些男女，你说他们会具有现在青年的思想，那是不可想象的。后来我经过东南、西南各省，常有读者把书中的故事见问。这让我增加了后悔，假使我当年在书里多写点奋斗有为的情节，不是会给妇女们有些帮助吗？

有人喜欢研究小说人物的名字来由，我有时喜欢用名字象征性格，如冷清秋便是。有时却又改一改现实人物的名字，我有位叔祖名张犀草，在《春明外史》里就借用它成了一个诗人的名字。

从《啼笑因缘》起决心赶上时代

到我写《啼笑因缘》时，我就有了写小说必须赶上时代的想法。这小说一九三〇年发表在《新闻报》上，是应严独鹤先生之约写的。记得我在写《啼笑因缘》的第一天，是在中山公园小土山下水亭子边构思的，当时一面想，一面笔记，就这样勾画出了这本书的轮廓。而这时土山上正有几个姑娘在唱歌呢。当然，我的所谓赶上时代，只不过我觉得应该反映时代和写人民就是了。北洋军阀统治时期，军阀们为非作歹的事情太多了，就是新闻记者也可以随意捉去坐牢枪毙。于是我写了以学生樊家树和唱大鼓书的姑娘沈凤喜的爱情，和他们被军阀刘将军拆散的故事。最后，这个姑娘被刘将军逼疯了，遭到了悲剧的下场。

因为上海《新闻报》和我初次订契约，我想像《春明外史》那样的长篇是不合适的，于是我就想了这样一个不太长的故事。在那几年间，上海洋场章回小说，走着两条路子，一条是肉感的，一条是武侠而神怪的。《啼笑因缘》和这两种不同。另一点是《啼笑因缘》中对话用的是北京话，与当时上海的章回小说也不同。因此，在这部小说发表的起初几天，有人看了觉得眼生，也有人觉得描写过于琐碎，但并没有人主张不向下看。载过两回之后，读者感到了兴趣。严独鹤先生特地写信告诉我，让我加油。一面又要求我写进一些豪侠人物，以增加读者的兴趣。对于技击这类事，我自己并不懂，而且也觉得是当时一种滥调，我只能把关寿峰和关秀姑两人写成近乎武侠的行为，并不过分神奇。这样的人物是有的。但后来还是有人批评《啼笑因缘》

的人物说，这些描写不真实。此外，对该书的批评，有的认为还是章回小说旧套，加以否定。有的认为章回小说到这里有些变了，还可加以注意。大致地说，主张文艺革新的人，对此还认为不值一笑。温和一些的人，对该书只是就文论文，褒贬都有。但不管怎么说，这书惹起了文坛上很大注意，那却是事实。有人并说，如果《啼笑因缘》可以存在下去，那是被扬弃了的章回小说又要还魂，我没有料到这部书会引起这样大的反应，当然我还是一贯地保持缄默。我认为被批评者自己去打笔墨官司，会失掉“有则改之、无则加勉”的精神，而徒然搅乱了是非。后来《啼笑因缘》改编成电影，明星电影公司和大华电影片社为争夺拍摄权打了一年的“啼笑官司”，在社会上热闹了一阵，连章士钊先生也曾被聘请为律师调解诉讼。不过这些批评和纷争，全给该书做了义务广告。《啼笑因缘》后来还曾多次被搬上银幕和舞台。它的销数超过了我其他作品，所以人家说起张恨水，就联想到《啼笑因缘》。

这本书出版后，许多读者来信询问主人翁的下落，要求写续集，无法一一回信作答，因此我后来写了一篇《作完〈啼笑因缘〉的说话》，其中说：“《啼笑因缘》万比不上古人，古人之书，尚不可续，何况区区……《啼笑因缘》自然是极幼稚的作品，但是既承读者的推爱，当然不愿它自我成之，自我毁之。若把一个幼稚的东西再幼稚起来，恐怕也有负读者之爱了。所以归结一句话，我是不能续，不必续，也不敢续。”

过了三年，由于读者的爱好，我自己没有续，却出现了一些由别人写的《续啼笑因缘》《反啼笑因缘》《啼笑因缘零碎》……全都是违反我本意的。为了这个缘故，我正踌躇着，原来印书的三友书社又不断来催促我续著。当时正值日军大举进攻东北，我想如果将原著向其他方面发展，也许还不能完全算是蛇足。所以就在续集中写了民族抗日的事。但至今回想起来，就全书看还是不续的好，抗日的事可以另外写一部书嘛。

卖版税和办美术学校

有了以上几部稿子，我受到了上海出版商的注意，他们约我到上海去订合同，预约我的小说出版。去沪以后，招待欢迎，走时欢送，稿费从优，但是我一般全是卖版税，书印若干万册或若干版，与我无干。记得在上海先看见了编《红玫瑰》杂志的赵苕狂，他又给我引见了世界书局经理沈知方，我一次预支了稿酬八千元，决定《春明外史》由他们第三次出书，《金粉世家》也由他们出版，再次就是正在上海《新闻报》刊登的《啼笑因缘》了。

这时我有了钱，就写信给郝耕仁，叫他到上海来玩玩。他来了，我分给他一些钱，又同路去逛西湖。郝耕仁这时还劝我节约一些，别把心血换来的钱全虚掷了。我回到北京以后，手上还有不少钱，虽然也没有什么了不起，但对我的帮助还是很大的。首先我把弟妹们婚嫁、教育问题解决了一部分。又租了一所房子，院子很大。植了不少花木，很幽静。这一切，在精神上，对我的写作是有益的。

这时我很忙，我算了一下，约有六七处约稿，要先后或同时写起来，我因此闭门写作了一年。每天我大概九点钟开始写作。直到下午六七点钟，才放下笔去吃晚饭，饭后稍稍休息，又继续写，直到晚上十二点钟。我不能光写而不加油，因之登床以后，我又必拥被看一两点钟的书。看的书很拉杂，文艺的、哲学的、社会科学的，都翻翻。还有几本长期订的杂志，也都看看。我所以不被时代抛得太远，就是这点加油的工作不间断的缘故。否则我永远落在民国十年以前的文艺思想圈子里，就不能不如朱庆余发问的话，“画眉深浅入时无”了。

这时，我读书有两个嗜好，一是考据，一是历史。为了这两个嗜好的混合，我像苦修和尚，发了个心愿，要作一部中国小说史，要写这部书，不是光在北平几家大图书馆里可以把材料搜罗全的。自始中国小说的价值，就没有打入四部、四库的范围。这要到民间野史和断简残编上去找。为此，也就得多转书摊子，于是我只要有工夫就揣些钱在身上，四处去逛旧书摊和旧书店。我居然找到了不少，单以《水浒》而论，我就找了七八种不同版本。例如百二十四回本，胡适就曾说很少，几乎是海内孤本了。我在琉璃厂买到一部，后来在安庆又买到两部，可见民间蓄藏是很深厚的。由于不断发掘到很多材料，鼓励我作小说史的精神不少。可惜遭到“九一八”大祸，一切成了泡影。材料全部散失，以后再也没有精力和财力来办这件事。

那几年由于著作较多，稿费收入也就多些。这时因我四弟牧野是个画师，邀集了一班志同道合的人，办了个“北华美术专科学校”。我不断帮助他一点经费，我算是该校董事之一，后来大家索性选我做校长。我虽然有时也画几笔，但幼稚的程度比小学生描红模高明无多。我虽担任校长，并不教画，只教几点钟的国文，另外就是跑路筹款。记得当时在“北华美专”任教的老师有于非闇、李苦禅、王梦白等先生。后来一些在艺术上有成就或在社会上知名的人如张仃、蓝马、张启仁等就是这个学校的学生。

两度去西北

关门写小说一年以后，我有了西北之行。一方面，自是《啼笑因缘》以后，我有了赶上时代的要求；另一方面，也深知写小说不多了解一下老百姓的事是不行的。这时正是很多人热心上西北的时节，为了西北地广人稀，有丰富的资源待开发。当时陇海铁路只通到潼关为止，再向前就得坐汽车了。

我在家筹划了一个多月，就带了一个小行李，在五月里出发，我到郑州、洛阳，一直到火车终点潼关为止。我看了三省交界的黄河，倒是气势雄壮。省政府的汽车送我们到了西安。这时西安只有三十万人口，也许因为战争关系，实数还不到三十万。邵力子先生时任陕西省长，他很帮忙，听说我要去兰州，说坐省里公事汽车可以随时上下，比商车方便。后几天我搭上了西兰公路刘工程师的车子，后面还有一部不带篷的敞车。

一路西行，要经过近二十个县，除了平凉而外，就没有一个县城像样的，人口少，市面荒凉。比起我久居的江南来，这里一个县城不如江南一个村镇。同车的刘工程师对我说：“你还没到县里头去看看呢，老百姓的衣服不周，十几岁的闺女往往只以沙草围着身子过冬，没有裤子穿，许多县全是如此。”

那时兰州只有十四万人口，建筑很古老，算是当时的一个边防城市，兰州的人民生活也不见好。从这以后，我才觉得要写人民的苦处，实在有我写不到想不到的地方。所以我说，读万卷书，走万里路，扩大眼界，是写小说的基本工作。

我从西北归来，就写了《燕归来》，发表在《新闻报》上，又写了《小西天》，发表在《申报》上。此行未去新疆。我国的版图多么大，我心想我这一生能跑得周么！

《燕归来》是写一个女孩子自幼因逃荒从甘肃离家，后来在南京当了体育皇后，为了开发西北，就和几个男朋友由陕西大路归来，找到了自己的家庭。故事人物是我在西北亲见亲闻的，西北人民生活水平之苦是我以前都想象不到的。

一九五六年文联组织了一个作家艺术家参观团，我随团又游历了西北。这次看到西北人民生活比新中国成立前有了很大提高，整个的西北面貌发生了极大的变化。铁路线过了兰州，公路四通八达，新建了许多工厂、矿山，使我非常兴奋，也增长了不少见闻。有一晚，在兰州玩得太高兴了，误了晚饭，同行十几个人走到一家酒饭馆里，他们也已停止营业。有位朋友说：这是你在写《燕归来》时没遇到过的事吧，这次玩得太起劲了。柜台里站了一位老先生，听了这话，对我望望，便对我说："您从北京来吗？是姓张吗？"我说是的，他又说："你的四六文章很好，我在《春明外史》里见过。"我听了真是受宠若惊。他又说："第一次来与第二次来，有好多不同吧？"我笑说是，同行的人觉得老先生和我攀起交情来，吃饭有希望了，便向老先生央求做饭。老先生说："张先生是稀客，开晚饭，有有有。"我们十几个人上饭厅饱餐了一顿。这件巧遇不算稀奇，我的书能在二十年前西北交通不便的时候来到西北，是没想到的事。

抗日战争前后

一九三一年"九一八"国难来了，举国惶惶，我自己想到，我应该做些什么呢？我是个书生，是个没有权的新闻记者。"百无一用是书生"，唯有在这个时期，表现得最明白。想来想去，各人站在各人的岗位上，尽其所能吧。也就只有如此聊报国家民族于万一而已。因之，自《太平花》改作起，我开始写抗战小说。但是当时的国民党政府采取不抵抗政策，所以我尽管愤愤不平，却也没有办法，因此我所心向的御侮文字，也就吞吞吐吐，出尽了可怜相。例如我在《弯弓集》中写了几首诗，就是这种心情的写照。

六朝金粉拥千官，王气钟山日夜寒。
果有万民思旧蜀，岂无一士覆亡韩。
朔荒秉节怀苏武，暖席清谈愧谢安。
为问章台旧杨柳，明年可许故人看。

*　　　　*　　　　*

含笑辞家上马呼，者番不负好头颅；
一腔热血沙场洒，要洗关东万里图。

那时我在北平，在两个月工夫内，写了一部《热血之花》和一个小册子《弯弓集》，都是鼓吹抗战的文字。当然这谈不上什么表现，只是说我的写作意识，转变了个方向，我写任何小说，都想带点抗御外侮的意识进去。例如我写《水浒别传》，就写到北宋沦亡上去。当然，这些表现都是很微渺的，不会起什么大作用，仅仅说，我还不是一个没有灵魂的人罢了。

以后我又给上海《申报》写了《东北四连长》（后易名《杨柳青青》）以及《啼笑因缘续集》等，都表现了抗日的思想。

一九三五年秋，成舍我在上海创办《立报》，我包办其中一个副刊《花果山》。原想只帮助办一个短时期，等有些眉目后就回北方。谁知北平家中来了急电，叫我不必回去。原来冀东已出现了日伪傀儡政权，迫害爱国的文化界人士，有一张黑名单，我也名列榜上，因而就不能北上了。

后来我又转到南京，因为老友张友鸾约我投资创办《南京人报》，经他多方敦促，我们花了五千元买机器、字架和纸张，办起报来，我并自编副刊《南华经》，自写了两部小说：《中原豪侠传》《鼓角声中》。我办《南京人报》，犹如我写《啼笑因缘》一样，惊动了一部分人士，出版第一日，就销到一万五千份。这时我还为别的报写了太平天国逸事《天明寨》和一篇关于义勇军的故事《风雪之夜》。不久“七七”事变发生，我把家眷送回潜山老家，携带了一个小行李卷离开南京去内地。由于冀东伪政权的出现，我不能回北平，又加上这次南京遭受轰炸，我只身入川，因此我的全部财产和多年搜集的资料书籍也全都抛弃了。路过汉口时，全国抗敌文协成立，我被推选为理事。接着我到了重庆。

这时南京《新民报》已经迁渝，张友鸾就向陈铭德先生推荐我加入《新民报》，从此我就在《新民报》工作十余年。当过主笔，也当过经理，也写小说、诗、文在报上发表。入川后我写的第一部小说《疯狂》，就是在《新民报》上发表的。我在抗战的前期写了一些有关游击队的小说，如《冲锋》《红花港》《潜山血》《游击队》《前线的安徽，安徽的前线》《大江东去》等。那时，上海虽然沦为“孤岛”，《新闻报》还不曾落入汉奸之手，信件可以由香港转，我就写了《水浒新传》，描写水浒人物和金人打仗，因为写了民族气节，很受上海读者的欢迎。

由于我对军事是外行，所以就想改变方法，写一些人民的生活问题，把那些间接有助于抗战的问题和那些直接间接有害于抗战的表现都写出来。但我觉得用平常的手法写小说，而又要替人民呼吁，那是不可能的事。因之，我使出了中国文人的老套，寓言十九，托之于梦，写了《八十一梦》，这部书是我在后方销数最多的一部，《八十一梦》还在延安流传，是我认为非常光荣的事。书里的梦，只有十几个，也没有八十一个，何以只写十几个呢？我在原书楔子里交代过，说是原稿泼了油，被耗子吃掉了。既是梦，就不嫌荒唐，我就放开手来，将神仙鬼物，一齐写在书里，讽喻重庆的现实。当时我住在重庆远郊南温泉，特务对我注意起来，认为张恨水“赤化”了，因此检查我的来往书信。为了这部书，有人把我接到一个很好的居处，酒肉招待，最后他问我：是不是有意到贵州息烽一带（国民党军统特务监狱），去休息两年？于是《八十一梦》就此匆匆结束了。这一期间我写了《偶像》《牛马走》（又名《魍魉世界》）、《傲霜花》（原名《第二条路》），以及连载随笔《上下古今谈》，都是谈的社会现象，针砭当时的贪污腐败。我还写了《乡居杂记》《读史诗》等，其中有一首讽刺诗“口暮驰车二十里，大人烫发入城来”之句，流传很广，各报颇有转载的。

一九四四年在重庆，当我五十岁生日时，承抗敌文协、新闻学会、《新民报》一些友好热心，为我祝贺，同时纪念我写作三十年。纪念会经我坚辞免开，但是在几种报纸上还是发表了一些文章，对我慰勉有加，实深铭感。其中以《新华日报》潘梓年的一篇最有意义，题目是《精进不已》，他根据我在重庆时期写的文章，以为我有明确的立场——坚主抗战，坚主团结，坚主民主。他说明确的进步立场，是一个作家的基本条件，立场不进步的人，看不见或看不清现实，写出的东西也就对社会有害无益。他以我写的《上下古今谈》为例，希望我不断地精进不已，自强不息。

我当时在《新民报》上写了《总答谢》。

一九四五年毛主席到重庆，还蒙召见，对我的工作给予了肯定和鼓励，给我留下了深刻的印象，至今还牢记在心。

抗日胜利以后，各报纷纷复员，《新民报》社派我到北平任北平版经理，我和三四位同事一同从陆路动身，由重庆到贵阳、衡阳都是坐汽车，由衡阳到武昌坐铁棚子火车，没有火车头用汽车拉了火车走，可算今古奇观。一共走了三整天，到了汉口才乘船到南京，已是胜利后度第一个春节的时候了。我回到故乡，看望了我的母亲后，就匆匆北上了。我把路上见闻写了小说《一路福星》给《旅行杂志》。

这时，国民党政府向一千多人颁发了“抗战胜利勋章”，其中也有我。

回到了北平

我为了和陈铭德先生北上办《新民报》北平版，我以最大的牺牲，报答八年抗战的友谊，把《南京人报》让给张友鸾去办了。一九四六年春我回到了阔别已久的北平，邓季惺先生已把北平版的房子机器等安排好，我又邀请马彦祥、左笑鸿、于非闇等老友一起合作，旧友重逢，再度共事，是非常融洽的。不久北平版筹备就绪，就在这一年四月四日出版，开始印一万多份，不久增加到四万多份，很受北平读者欢迎，营业可以维持，不向总管理处要钱。我自编了副刊《北海》和《新民报画刊》，同时还写了几部长篇小说。

到了北平，我发现了一个问题，就是在抗战期间，在沦陷区有人冒我名出版小说，内容荒诞不经，黄色下流。我查了一查，这些伪书竟有一百多部，实在让我大大地吃了一惊，对我是个恶意的侮辱，我十分气愤，多次在报上发表声明，并向主管部门申诉，才查禁了一下，听说东北冒名的伪书尤其多。

在北平目睹耳闻不少接收人员的生活，社会上也有接收大员“五子登科”（房子、金子、女子、车子等）之说，我于是写了《五子登科》的小说。这一时期我还给《新民报》写了个长篇《巴山夜雨》，又给上海《新闻报》写了个长篇《纸醉金迷》，这两部书都是以重庆为背景的，在别人看来，不知作何感想，至少我自己是作了一个深刻的纪念。这时的币制是一直紊乱，物价是一直狂涨，对于国民党的金融政策，谁也不敢寄予丝毫的信用，自由职业者，就非常地痛苦，尤其是按字卖文的人，手足无所措。月初，约好了每千字的稿费，也许可以买两三斤米，到了下月初接到稿费的时候，半斤米都买不着了。在这种情形下，胜利后的两年间，我试了一试卖文的生活，就戛然中止。《岁寒三友》《马后桃花》就是这样未完篇的。到了一九四七年，纸价已经贵得和布价相平了。我就又改变做法，多写中篇，如《雾中花》《人迹板桥霜》《开门雪尚飘》等，这一试验，还算可以维持下去。

因为我很不习惯报社的经理职务，一九四八年秋，陈铭德先生到北平，我向他辞去了报社的职务，专事写作，从此终止了我从事四十年的新闻生涯。

解放后

一九四九年北平解放了，我和全国人民一样感到欢欣，但对党的政策也并不十分了解。这时我接到了一张请帖，到北京饭店参加宴会。会上叶剑英同志作了讲话，使我对党有了进一步的认识。同年夏，我忽然患脑出血，瘫痪在床，丧失了工作能力，但是党和人民政府对我的生活仍无微不至地关怀。我被聘为文化部的顾问，还被邀请参加了全国第一次文代会和全国作家协会。以后我的病情渐渐好转，恢复了部分写作能力，我又应通俗文艺出版社、北京出版社、上海《新闻报》及香港《大公报》、中国新闻社之约，为国内外读者写了根据民间传说改写的小说《梁山伯与祝英台》《白蛇传》《秋江》《孔雀东南飞》以及《记者外传》等。我为中国新闻社写了北京城郊的变化，为此特意一一去看了北京十三个城门附近的变化，当看到新建的平坦马路和一幢幢新楼房，马路边栽满了树木，我感到十分高兴。一九五二年写了一部《冬日竹枝词》，发表在香港《大公报》上。

一九五五年，我的身体逐渐复原，虽然行动尚不方便，还只身南下，看到了江南以及故乡的变化，兴奋不已，为香港《大公报》写了一篇三四万字的《南游杂志》。一九五六年从西北回来后我被邀为列席代表参加了全国政协第二届会议。政协经常组织我学习马列、学习党的政策，到各处观光，使我的思想和眼界都为之大开。我新中国成立前写的《啼笑因缘》《八十一梦》等小说都得到了再版，这些几十年前的旧作，在党的关怀下，再度问世，使我感奋交加。

一九五九年我的病情又加重了，再次丧失了写作能力，周总理知道后，对我的生活和工作非常关心，不久我就被聘为中央文史馆馆员，我的生活有了保证，使我能够在晚年，尽力之所及作一点工作。

回顾我的五十年写作生涯，真是感慨系之。我这一生写许多小说，每日还要编报，写文章，诗词，曾有人估计，我一生大约写了三千万言。有人问：你是如何坚持着没有搁笔的呢？记得我在《春明外史》的序上曾以江南崇明岛为例写道：

> 舟出扬子江，至吴淞已与黄海相接，碧天隐隐中，有绿岸一线，横于江口者，是为崇明岛。岛长百五十里，宽三十里，人民城市，田园禽兽，其上无不具有，俨然一世外桃源也，然千百年前，初无此岛。盖江水挟泥沙以俱下，偶有所阻，积而为滩，滩能不为风水卷去，则日积月聚，一变为洲渚，再变为岛屿，降而至于今日，遂有此人民城市，田园禽兽，卓然江苏一大县治矣。夫泥沙之在江中，与水混合，奔流而下，其体积之细，目不能视，犹细于芥子十百倍也，乃时时积之，居然于浩浩荡荡，波浪滔天之江海交合处，成此大岛。是则渐之为功，真可惊可喜可惧之至矣。

我对自己写了这些书，也只有“成于渐”三个字好说。为了往往是先给报纸发表，所以敦促自己非每日写六七百字或上千字不可，因而养成了按时动笔的习惯，而且可以在乱哄哄的编辑部里埋头写小说，我就这样写了几十年。

我作小说，没有其他的长处，就是不作淫声，也不作飞剑斩人头的事。当然距离党要求文艺工作者，深入工农兵，写工农兵生活，全心全意为人民服务的方针太远了。几年来在病中眼看着文艺界的蓬勃气象，只有欣羡。老骆驼固然赶不上飞机，但是也极愿作一个文艺界的老兵，达到沙漠彼岸草木茂盛的绿洲。

我写小说的道路

我在十一二岁，看小说已经成迷了，十四五岁我就拿起笔来，仿照《七侠五义》的套子，构成一个十三岁的孩子，会玩大铜锤。这小说叫什么名字，现在记不得了，可是这里面我还画成了画，画一个小侠客，拿着两柄大锤，舞成了旋风舞。我为什么这样爱作小说，还要画侠客图呢？因为我的弟妹以及小舅父，喜欢听我说小侠客故事，有时我把图摊开来，他们也哈哈大笑。至今我想起来，何以弄小说连图都画上了。说我求名吗？除了家里三四个听客，于外没有人知道，当然不是。说我求利吗？大人真个知道了，那真会笑掉了大牙。当然也不是。我就喜欢这样玩意儿，喜欢，我就高兴乱涂。什么我也不求。

我到十五六岁，小说读得更多了。也读过自西洋翻译来的理论，但是那学问只有点把点，读过了也就完了。不过这样一来，我对小说，更抱着浓厚的兴趣。商务印书馆出版的《小说月报》，那时为国内首屈一指的文艺杂志，我就每月得买一本。因此，我对小说，有了更进一步的认识，认识到作小说的，可以作为一种职业。所以我爱读的小说，也自剑侠一变为爱情。事实上，这个日子的小说，也以爱情为最多。可是为什么作小说，我依旧模糊着。至于作小说为职业，我根本未曾想到。

到了十九岁，我在苏州蒙藏垦殖专门学校读书，有工夫，还是看小说。我觉着光是看，还有些不够，并且也作了两篇，往《小说月报》社投稿。当然，我那时还很年轻，读书不但不多，而且很多应当读的书，我只看到或者听到它的名字而已，所以两篇小说，投过了邮也就算了，并没有想到还有什么下文。可是过了几日，《小说月报》居然回信来了，说我的小说还算不错，望我努力。那小说虽然没有发表，但给我的鼓励真是不小。于是我就对小说更为细心研究，尤其是写景一方面，小动作一方面，中国小说虽然也有，却是并不多，我就在西洋小说中，加倍注意。

可是学校被袁世凯封门了，我的家境，又十分不好，我就失了学。自此以后，我飘流在扬子江一带，寻找职业。直到二十四岁，才找到了我的饭碗，就是芜湖《皖江日报》。不过那飘流的几年中，有些日子在乡下家里，我还极力看中国旧书，也看看小说，这好像说我的读书，有些进步了吧？所以在《皖江日报》就业以后，我在自己报上写小说，也有工夫为别家写小说。上海《民国日报》，这就是别家的一家。若是说我写小说何日开始，这就是第一课吧。

这年下半年，我到了北京，以后有十几年没有离开。同时，我一面当新闻记者，一面写小说，但是我虽依旧写小说，却慢慢地摸上一点路子。觉得写小说，专门写爱情，那也似乎太窄狭。我自己以为自这以后，我的小说，又有一点小变动，以社会各种变化情形为经，以爱情为纬。我的小说自然也应该有些变化，可是我仍旧不能完全抛弃爱情。大概有几十年工夫，不，可以说一辈子吧，总是不能离开这经纬线。如《太平花》《夜深沉》《水浒新传》《八十一梦》等等。

我是作章回小说的，对于普及，那是没有问题的。但是我们要谈普及，是在哪里下手呢？这是我们必须要研究的。要把人民日常生活，一种自然形态，在烂熟之下摘取。这里说着人民日常生活，好像很容易摘取似的。事实上不尽然，也许是很难的。我们要细心慢慢去找日常生活最普遍的一处，然后把它在适当的时候，使鲜花开出来。这不能性急，日常生活体会得越多，就会使鲜花开得越灿烂。

文字被窃（上）

今天一谈，谈到我自己。我也许中点线装书的毒，又在河朔多年，再加上我还是个将门后代。因之朋友总这样赞许我一声，淡泊（也许是无用）而爽直（也许是粗鲁）。而社会为了我终年作小说，又送我许多帽子，向来是誉多于毁。但我自己看来，只是一个章回小说改良匠人而已（甚至是礼拜六派余孽）。有什么了不得?

就是这么一点点，而敌人和汉奸们就放不过我。由“九一八”事变以后，大连的《满洲日报》就连续着翻版我的长篇。沈阳《盛京日报》还托过一个外国通讯社的朋友，出二十块硬币一千字的发表费要我替他作小说，尚幸我还没钱迷脑瓜，一笑置之。“八一三”后，我抱病还乡，转道入川，上海的汉奸报纸就有好几家翻版我的旧作。变质的《晶报》尤其毒辣，把《南京人报》上的《中原豪侠传》，改一题目，将我的签名，制锌版登出来，说是我的新作。这种鱼目混珠的手法，社会上是难知其内容的。害得我在重庆、香港、汉口登启事，但我尽管登启事，他照常地翻版，我绝对无可奈何。

文字被窃（下）

我虽没有那资格，手杀汉奸，但至少也可以说一声与“汉贼不两立”。而汉奸的暗箭，却也始终不停地向我放着。

在“六二八”上海全部沦陷之后，《新闻报》也变了质，《旅行杂志》移往桂林，《小说月报》根本就附逆了。最后和我有文字来往的三家上海刊物，便从此绝了缘。两年以来，我的文字，已不出重庆一步，休说上海，连贵阳、桂林、西安、洛阳各地刊物之约，我也以文章不值钱，身又多病，谢绝了供给。最近，朋友给我一个扫兴的消息，上海来人，看到《小说月报》和海报，都载了我的长篇。无疑地这又是一次文字被窃。因为朋友没有告诉我小说篇名，不知他是把我旧作拿去，改题登出呢？或者是不肖文人作了小说，冒我的名字揭载。但恶意陷害，是无可讳言的。

我绝不自夸敌伪要得我而甘心，借此邀功，作秋波之征记。我也不以之自我宣传，说我是敌伪注意的人物，转赚社会一番青睐。可是横逆之来，缄默就是认可。我无法将“张恨水”三个字放在保险箱里，我这一番报告，也许不算是增加身份的广告吧？

第三辑

关于小说创作

——剪裁工夫是要紧的一件事

论武侠小说

中国下层社会，对于章回小说，能感到兴趣的，第一是武侠小说，第二是神怪小说，第三是历史小说。爱情小说，属于小唱本（包括弹词），只是在妇女圈子里兜转。江浙人有一部分下层社会，也爱看爱情故事，但那全是弹词，不属于章回范围，这里不谈。所以概括地说，中国下层社会里的人物，他们的思想，始终有着模糊的英雄主义的色彩，那完全是武侠故事所教训的。这种教训，有个极大的缺憾。第一，封建思想太浓，往往让英雄变成奴才式的。第二，完全幻想，不切实际。第三，告诉人斗争方法，也有许多错误。自然，这里也不是完全没有意义的。武侠小说，会教读者反抗暴力，反抗贪污，并且告诉被压迫者联合一致，牺牲小我。因为执笔者（包括说话人）。他们不能和读者打成一气，他们所说，也只是个"想当然耳"，所以他们的说法和想法，不是下层社会心窝子里的话，也就不能帮助他们什么。

那么，为什么下层阶级会给武侠小说所抓住了呢？这是人人所周知的事。他们无冤可伸无愤可平，就托诸这幻想的武侠小说，来解除脑中的苦闷。有时，他们真很笨拙地干着武侠故事，把两只拳头，代替了剑仙口里一道白光，因此惹下大祸。

这种人虽说是可怜，也非不可教。所以二三百年的武侠小说执笔人，若有今日先进文艺家的思想，我敢夸大一点，那会赛过许多平民读本的能力。可惜是恰站在反面。

《水浒》《隋唐》来源，人所周知。《七剑八侠》，无从考证。总括地说一句，都是清初以来，盛行民间的书。他们所反映的，也是那个时代的社会。若要找社会背景，倒是彭公施公两案，含有丰富的材料。这两书里面，告诉了我们奴才主义横行天下，为满清帝室管“皇粮”，守“皇庄”的小奴才，整百万亩地没收人民的土地。而且鱼肉人民，贱视官吏，无恶不作。其次是无官不贪。绿林中人，简直不单称官，而统称之曰“赃官”。保甲长是小奴才的小奴才，和土豪劣绅打成一片，于是乎农村社会，被迫着只有走上两条路：其一是各村筑堡自守，但必须一方面敷衍奴才，另一方面与盗匪妥协；其二是干脆去当强盗，整个村子化为巢穴，大地主当寨主，佃农和自耕农当喽罗。这样，中国变成了寸步难行的国家（至少黄河两岸，淮河两岸是如此），大路上到处是黑店，商人搬运货物，没有人保镖，休想走。亲民之官，如知府知县，装着一概不知。上面的人更是不管，一切听其自然。文学史上，不是告诉我们，这个时代，由考据到一切文艺（除了伦理学的文艺，因为那包有民族思想问题在内），都在勃兴中吗？而社会却是黑暗到如此。这可见庙堂文艺和人民不关痛痒到什么程度了。

虽然，人民的不平之气，究竟是要喊出来的。于是北方的说书人，就凭空捏造许多侠客锄强扶弱，除暴安良。可是他们不知道什么叫革命，这八个字的考语，不敢完全加在侠客身上。因之在侠客之外，得另行拥出一个清官来当领袖。换一句话说，安定社会的人，还是“吾皇万岁爷”的奴才。因为如此，所以他们写出来的黄天霸、白玉堂之流，尽管是如何生龙活虎的英雄，见了施大人、包大人，就变成了一条驯服的走狗。而制造恶霸土匪的贪官污吏，却轻描淡写地放过。只有在强盗口里多叫几声赃官而已。这样的武侠小说，教训了读者，反贪污只有去作强盗。说强盗，又不能不为他杀人放火，反而成了社会罪人，只好写出一批侠客来消灭反贪污的强盗。而这些侠客呢，他们并非社会的朱家郭解，都是投入衙门去当“捕快”，充当走狗。以侠客而当捕快，可谓侮辱英雄已极。作者自己，大概也难于自圆其说，只有他们是拥护清官，便又写了一批反贪污的强盗，也来投降当走狗。因之，他们的逻辑，是由反贪污当强盗，再由反强盗而当走狗，这才算是英雄。这种矛盾复杂的说教，请问，智识有限，甚至不会识字的下层社会大众，有什么手腕来处理？所以他们崇拜英雄的意识，是十分模糊的。不过，公道究竟还是存在人心的。你只看搬演施公案的京剧，在“三义绝交”里面，并没有人同情黄天霸。而对“连环套”这出戏，观众都是百分之百地同情窦尔敦，可见以英雄而当走狗，却非大众所许可。只是武侠小说，并不赞扬民间英雄，读者也无从去学习。你尽管不赞成当走狗，却也不能在走狗以外教你作一个标准英雄。因此，有一部分人，反模糊地走上了绿林的一条路。总括地来说，武侠小说，除了一部分暴露的尚有可取而外，对于观众是有毒害的。自然，这类小说，还是下层社会所爱好，假如我们不能将武侠小说拉杂推烧的话，这倒还是谈民众教育的一个问题。

小说考微

（一）

予不自量，曾拟作一中国小说有统系之考证，补已往作家之未尽，友朋闻之，亦多怂恿其成，顾佣书苦忙，参考书苦少，着笔辄止者三四。北平晨报同人，近索予小笔记，因就便将所知末屑，随笔录若干则应命，读者或不仅茶余饭后之助欤？

小说家与道家，其始颇混杂，《汉书·艺文志》所列两家书目，乃有同者。道家有《伊尹》五十一篇，小说家有《伊尹说》二十七篇。道家有《鬻子》二十二篇，小说家有《鬻子说》十九篇。而黄帝诸说，尤两家并出。小说家中虽多一说字，不能必二书之绝无关系，惜此大问题，无尽可考矣。

（二）

小说家之同于道家，《山海经》一书，尤可证明。《山海经》固为道家末世之书，而小说家之西王母，实由此出。从来子书，本不厌寓言以明道，而此寓言，扩而充之，遂成小说。则小说不仅同于道家，或竟道家之支流也。

周官三百六十，各执专书，《汉书》谓小说出于稗官。此稗官与庄子所谓“饰小说于县令”，若合符节，则周之时，小说亦有官专掌之也。

（三）

自《敦煌秘笈》发现，遂知白话小说始于唐。然此种小说，如今日传抄《唐太宗入冥记》之一页，既非妇人孺子所可尽解，亦不足登大雅之堂，为文人所赏鉴。然则著者之目的何在？大可研究，以予推之，十之七八，当为僧道演释劝善之书。真正之小说，此时已为极富丽典雅之文字，专写儿女英雄之事矣。

（四）

唐以后白话小说，今得见于社会者，共有四部，计为《大唐三藏取经诗话》（略残），《新编五代史平话》（残三分之一），《京本通俗小说》，《大宋宣和遗事》。《大唐三藏取经诗话》，其笔调甚类敦煌抄本，即为宋书，亦为宋初之作。若《京本通俗小说》《大宋宣和遗事》，则大抵为南渡以后问世之书，盖其京话，不免汴梁语与杭州语，间杂并出矣。

（五）

宋代小说，百年前，当尚有十部，流传于世，惜藏书家不收，遂致沦亡。闻《日本文库》，尚有数部，其中《武王伐纣书》一书，国人亦有抄写本，但不知落于谁手耳。

（六）

就吾人所见。短篇小说集。以《京本通俗小说》《大宋宣和遗事》为最古，次则《拍案惊奇》，次又《今古奇观》，次又《豆棚闲话》，次又《十二楼》，最后二书，各为一人所作，余则摭拾古今故事，集而成书，非一人之笔也。

（七）

前述短篇小说集之外。则有明末盛行之三言，即《喻世明言》《警世通言》《醒世恒言》是也。此书明言先出，盖割集古今小说一百二十种之一部分者，书贾利之，乃继出《通言》《恒言》，将古今小说，搜集无遗。书非一家所出，遂致错乱重复，而书首列冯梦龙先生增订字样，似与冯不无关系，但亦未必全出冯手。盖冯本爱编订小说者，而一人编一小说集，又不应重复也。

（八）

《水浒》之始祖，人尽知出之于《大宋宣和遗事》,《封神》之始祖，出之于《五霸七雄传》，与《开辟演义》，先后问世，均有姜子牙事，或出之于《武王伐纣书》，未可知也。

（九）

《封神》作者，向不详其人，鲁迅《小说史略》，亦未及之，郑振铎于《小说月报》考《三国演义》，言及《封神》为许仲琳作，予特函询，出自何典，蒙复，谓于日本见明刊本，有作者姓名，其他未详。予乃索然。去岁，偶于小书堆中，见乾隆版一部，第六回下，刻有钟山逸民许仲琳编次，竟陵钟敬伯评订字样，大喜欲狂，以重价购归，郑氏之言，可以证实矣。

（十）

《封神》作者许仲琳，吾人亦仅能知其为钟山逸民而已，钟山，当指南京之紫金山。盖明末拟宋人平话小说者纷起，金陵福州杭州三处，所刻独多。书贾所在，当地寒士，因利之所近而为书，自属人情中事。至书成日，当在隆庆、万历之间，因此书由《五霸七雄》传前数卷，扩大成之，不能先于《五霸七雄传》，而《五霸七雄传》似为嘉靖时书。至不能后于万历者，则证据尤充足，盖评订之钟伯敬，万历三十八年进士也。

（十一）

钟伯敬，名惺，湖北竟陵人，以诗名。自明七子诗非盛唐不言，优孟衣冠，徒成剽窃。钟一反粗厉之气，变为幽峭，与同里谭元春自树一帜，人谓之为竟陵派。钟为人少年负气，后渐严冷，卒逃于禅。至其评小说，则三百年来，士林未尝注意及之也。小说标明钟伯敬先生批评或订正者，予见有数种，已忘之。家藏者，封神而外，唯《西汉演义》而已。

（十二）

《西汉演义》，首标钟伯敬先生批评，而演义之出于万历以前，遂得一证，书前有袁宏道序，袁明万历二十年进士，为公安诗派之领袖，友明七子所为，一同钟惺，唯趋于浅率耳。《西汉》一书，有竟陵派首领为之批评，即便有公安派首领为之序，如果非书贾伪托，则作书者，不亦人杰也哉？

（十三）

予尝谓金圣叹以不世之才，薄一切著述而不为，专致力于小说，其事绝非偶然。今研究明末小说，则知先圣叹介绍或著述者，大有人在。如李卓吾，钟敬伯，陈眉公，皆为一时惊动朝野之士，其视小说，并不等于街谈巷议也。而李卓吾为当年文坛怪杰，其所评小说尤多。今之木刻小说，有称卓本者，皆为李批评之物。唯李氏之文，在明犯禁，两焚于火，所传不得一二，故今日所称卓本，亦仅有其名，书中之评，盖不免为清书贾所伪托矣。

（十四）

李卓吾，贽，泉州晋江人。生于明嘉靖六年，少年即读书成名。乡荐后，先为共城校官，后为姚安知府，有政声，反为当道忌，遂入山学道，继而出山，遍游南北，闲则著书，其立论以为儒家只以孔子为是非，不足治国。专心向佛，以有发多梳洗之劳，剃之，遂无形为僧焉。年七十，因著书犯禁，在通州被逮，以剃刀自杀于北京狱中。其所发议论，多与当时士人异趣，举世欲杀，非无由也。至所评小说，有《两晋志传》《三国演义》《隋唐演义》《残唐五代》，一百二十四回本《水浒》，今本无真者，按其风趣不减圣叹，其所评小说文，自不下于《圣叹外书》，惜不得见之矣。

（十五）

明清之间，与圣叹同时，而致力于小说者，则有长洲褚人获氏。褚号石农，字学稼，亦字稼轩。明人所为演义，十之六七，曾经褚作序，故著者不传之演义，人多误为褚氏作。其实褚自著者，只《坚瓠集》八十卷，今存。一时小说家，毛宗冈、张潮、洪昉思，无不与褚有文字缘，褚之在当日，殆亦风雅知名之士也。《坚瓠集》各集，多名人序，均未曾称褚之官爵，但云逸庶。而集中对明逸事，亦收入尤多，然则褚其明之逸民乎？

（十六）

褚人获《坚瓠集》自序，有云："二十年前，方在少壮，已不敢有分萌一念，今则百岁强半，如白驹之过隙，忧从中来，悔恨交集。"褚，吴门一老书生，拥书万卷，不求闻达（他人序中语），何悔何恨，更何忧从中来？其言可思也。序成于康熙庚午，去明亡四十七年，褚云百岁强半，自是崇祯时人。所云二十年前，乃明书生痛心疾首之时，云不敢有分外之念，正见此念之有时或生也。

《坚瓠集》汤传榘序，曾以犹龙氏与褚比，谓一浓而纤，一淡而雅，冯梦龙之治小说，亦多得一小证也。

（十七）

褚人获之订正小说，实不止于订正，有时竟大为删改添著。而其添改最多者，又莫过于《隋唐演义》。此书本罗贯中手笔，明正德年间，三山林瀚太史，复加修纂，至康熙己亥，褚又加入隋帝唐帝贵儿阿环两世会合之事，为一部之关目，其他唐人逸事正史之有趣者，亦随处纂入。最后二十余回原缺，褚于是书凡例中，称为得友人秘本足之，恐即褚氏自著，伪为托古本者也。准此，则褚之改著此书，有甚于毛宗岗之改《三国演义》矣。

（十八）

《红楼》一书，续者甚多，就愚所见，计有六种，为《红楼后梦》《后红楼梦》《红楼续梦》《红楼梦影》《红楼圆梦》《绮楼重梦》。其间大抵为宝黛复合，了却一重公案，合之之道，则走者归之，死者活之，嫁者屈辱之，快则快矣，固味同嚼蜡，且不近人情也。《绮楼重梦》，更属荒谬，写宝玉投宝钗胎为小钰，黛玉投湘云胎为舜华，复缔婚姻。其他如探春、迎春以及诸亲，莫不生女。于是群儿嬉戏，复聚首名园，七八岁儿女，居然真个销魂。而小钰又文武绝代，率军征寇，童年受封。盖既效《金瓶梅》，复效《野叟曝言》矣，曹雪芹高鹗地下有知，能不哭乎？

（十九）

《红楼梦》首，读花主人论赞，短小精悍，余韵不尽，予最爱之，曾欲一考主人为谁，久未得其道。无意中翻旧书，得评《红楼》者太平闲人之身世。闲人姓同，名卜年，山西平陆人，嘉庆辛未进士，太平，其号也。闲人评《红楼》，好引经传为证，腐气逼人，未足称道。然有其批本后，刊本愈多，介绍之功，则又未可没耳。

（二十）

《西游记演义》，为明儒吴承恩作，今人犹多误认为元道士丘处机手笔。其实丘未著是书，《道藏》中之西游记，其门弟子李志常所述也。元兵既侵入中国，成吉思汗闻丘能长生不老之术，两手诏至山东召之。丘不获已，携弟子十九人会于今之北平，然后沿太行山而西，于元都见成吉思汗，三年乃返。书中述当时蒙回风俗，颇可为史书之助。然称成吉思汗曰成吉思皇帝，无汗字。岂此汗字或有可汗意味，为后人所加者欤？书名《长春真人西游记》，分上下二卷，约四万言。

（二一）

《长春真人西游记》，后附元太祖手诏数道，有白话者二。兹录其一：

宣差阿里鲜，面奉成吉思皇帝圣旨：

丘神仙！奏知来底公事，是也煞好我前时已有圣旨文字与你来，教你天下应有底出家善人，都管著者，好底，歹底，丘神仙你就便理会，只你识者。奉到如此。

文中颇多费解句，胡人初学汉语，或不免如此。然其间“底”字，“来”字，“者”字，以及“理会”字，于宋人今留说本中，常散见文内，录之，亦分别元明小说之一小小助证也。

（二二）

《西游记》如《水浒》《封神》，原系数次改编扩大而成。吴承恩《西游记》之上，有《四游记》中之《西游记》，《四游记》之上，又有《大唐三藏取经诗话》，此所谓诗话，非论诗者，盖说话人以诗开篇之谓也。《四游记》甚雅，作者非一人，《东游记》为兰江吴元泰著，西游记为齐云杨致和编，《南游》《北游》，则均为余像斗编。余氏为明季福建印书商人，翻刻小说极多，而又好弄笔墨，借以生财。其所编南北游，大抵因翻刻东西游之便，加此二书，以成其所谓四游，而四游之中，则又以吴元泰之东游较为笔墨干净也。

（二三）

《大唐三藏取经诗话》，仅路过王母池一段，涉及道家，此外不失和尚本行语。至杨致和之《西游记》，开卷便叙石猴学道，已不免佛道之事合参。吴承恩《西游记》变本加厉，悟一子陈士斌逐节批评，且全以道家语出之，更不知所谓矣。《西游记补》及《后西游记》，作者不传，文字亦较差，后西游叙不老婆婆，及造化儿两大段，亦取径道家。此可知西游之搬演，无非文人游戏笔墨，取快于一时，绝非演释金丹大道。盖向来宗教家，道家或不免剽窃佛乘，而佛家子弟决不肯用道家来装点门面也。

（二四）

小说之专为道家张目者，厥为《绿野仙踪》，此书取法《水浒》，描写几个学道者，其中杂以社会言情，实为有结构之佳作。论其才力，决不下《野叟曝言》作者夏二铭也。书成于乾隆初年，作者姓氏不传。书前有序二篇，均不著姓氏，谓系其友百川所作。书中主人翁冷于冰，系作者自托，而于冰之父又外号冷水，凡此，似作者之姓，必有三点水旁。开卷并谓冷于冰之塾师为王献述，顾名思义，作者其汪姓乎？作序人一称山阴，一称洞庭，且以兄弟相称，则作者亦必苏丹附近人物矣。他日当一细考之。

（二五）

《绿野仙踪》而外，有名《希夷梦》者，亦借径道家小说也。书中谓韩通之弟韩速，与其友邱仲卿，耻为宋臣，谋复周室。不成，访道士陈抟于山洞中。仲卿与韩，各由洞出，漂流至海外，各阻音讯，一仕浮金岛，且成敌国之人，以兵戎相见。继而探悉为友，乃使两国联好。仲卿出游坠马，则蘧蘧一梦。韩亦然，相与大笑而悟道。命意与布局，均甚高妙，而文字粗疏迂拙，往往不达其意，甚可惜也。书前有三序，对于著者，惝恍迷离，故设疑辞。仔细考之，则作者安徽歙县人，姓汪名与石，而托之为蜉蝣汪寄所著者也。书四十卷，计在乾隆年间撰成，刊于嘉庆之初。

（二六）

予作小说考微，乃就记忆所及，走笔书之。书及半，或觉仿佛，始于故纸堆中偶一觅其证据，甚知其语焉而不详也。友或读之以为善，曾书质数事，除略答所知外，而中国是否旧有女小说家一节颇苦于复命。就予所阅说部而论，唯《天雨弹词》是清初大家闺秀手笔。作者于“序”中自称梁溪陶怀贞，谓其父曾许以木兰之才，有曹娥之志，则其身世，乃可想见。又谓其父有水镜知人之明，抱辋川卷怀之首。家学渊源，自非小家碧玉。而其末处谓烽烟既靖，忧患频仍，澹看春蚓之痕留，自欲春蚕之丝尽，五载药炉，一宵蕉雨，行将化石以立，其能使顽冥点头也乎？则又一病态美人，有天壤王郎之叹者矣。“序”作于顺治八年，斯人为明宦之后，所可断言。

（二七）

予尝谓中国小说家之祖，与道家混。而小说之真正得到民间，又为佛家之力。盖佛教流入中国，一方面以高深哲学，出之以典，则之文章，倾动士大夫。另一方面更以通俗文字，为天堂地狱，因果报应之说，以诱匹夫匹妇。唐代以上，乏见民间故事之文，佛教通俗文字既出，自为民间所欣赏。而此项文字，冀便于不识字之善男信女之口诵，乃由佛经偈语脱化，而变为韵语。在敦煌文字中，今所见太子赞与董永行孝等文，即其代表也。唯故事全用韵语，或嫌呆板，于是一部分韵语故事，间加散文，盖套自佛经中之“文”与“偈”而成者。久之，又变为两体，一部分韵语减少，成为诗话词话，一部分仍旧，而弹词生矣。

（二八）

“十二楼”三字，颇似一弹词小说名，其实则清人李笠翁所著之短篇小说也。书凡集短篇小说十二，每篇以楼名之，计为合影楼、夺锦楼、三与楼、夏宜楼、归正楼、萃雅楼、拂云楼、十卺楼、鹤归楼、奉先楼、生我楼、闻过楼，一十二种，每种至多四回，少则一回，在中国白话小说中，真正生面别开者。书亦名《觉世名言》，皆有步“三言”继起而述之意。书中亦述男女社会问题，唯如《乔太守乱点鸳鸯谱》《卖油郎独占花魁》等，则绝无之，盖有如序中所云：以通俗语言，鼓吹经传，以人情啼笑，接引顽痴者也。

（二九）

通俗小说，续集最多者，殆莫过于《济公传》，以愚所见，已有二十四集矣。老奴说鬼，愈说愈奇，而对首集命意，遂无复丝毫存在。首集之出，大概在《七侠五义》之后，故雷鸣、陈亮，无非黄天霸、白玉堂化身。其于济颠除以诙谐玩世出之而外，并不涉及佛学。殊无若何艺术价值。至真正之《济公传》，实曰《醉菩提》，共二十回，仅述济公来去，不及武侠。诙谐之处，亦多可取。书中称谓，如官人虔婆婆娘等字样，尤多元人小说口吻，于杭州路径，亦是个中人语，绝非《济公传》中北人向壁虚造可比。书原本当已失，今木刻本为清文人所改编，故文甚通顺，而题曰天花藏主人编次也。

（三十）

《醉菩提》在光绪甲午年，另有石印本，改名为《皆大欢喜》，旁注济公佳话，市面通行亦不多，故两书均不为小说迷所知，而《济公传》转夺其席也。民国三四年间，小杂志盛行，某旬刊上，亦有小说曰《皆大欢喜》，以济颠混入现代社会为主干，意在讽刺。唯文未佳，无单行本问世。此外另有《醉菩提朋皆大欢喜》院本，演义本此，亦未可知。

又按道济，南宋实无其人。六朝宋释宝志，癫狂如道济，其事杂见史书，至梁武帝时死，颇多异迹，道济之事，盖由此讹传。宝志俗姓朱，小说则作姓李，著书者或亦未深考也。

谈长篇小说

作长篇小说，前头例应有个楔子。可是有些长篇小说不必要楔子，硬在前面加一个楔子，无味得很。

长篇的起法，像《红楼梦》《西游记》都不好。《花月痕》更是废话。《野叟曝言》用解黄鹤楼诗一首为起，生吞活剥，而且用法过腐，也不好。最好的要算《水浒传》，用仁宗年间已远一语，下面接上故事。自有褒贬在内，而能统罩全书。《三国演义》，用“话说天下分久必合，合久必分”十二字为起，亦有力量，不过下面引的史事太多，美中不足。

《儿女英雄传》，起法揭明楔子由来，未免外行。因为楔子和本文的关系，是应该暗示的。

京朝派的小说，很能代表北京中等社会以下的思想。他的起法，照例一阕《西江月》。不过不讲平仄，不讲韵叶，其实不是词，更不能说是《西江月》。向来小说一行，北方是平话式的。□以《施公案》《彭公案》《七侠五义》，换汤不换药，全是一路货色。《儿女英雄传》的作者，心胸那样高超，他小说里也有著者大发议论。北派小说，似乎没法打破平话的范围了。这与思想习惯，大概都有关系。

长篇小说，必须用章回体，若是笼统一篇，一线穿底，有许多不好处。第一，书里的精华提不出。第二，读者要随便寻找一段，没法寻。第三，为文不能随收随起。

若是分章，必要安一个题目，统罩全章。若是分回，回目不要用一个，必要用两个。回目的字面，无论雅俗，总要对得工整，好让读者注意。

长篇与短篇

（一）

近来常有读者不弃，致书与我，询问小说作法。吾虽以此为业，然以吾所业，合之于文学原则，举以告人，则实无所谓能。假曰能之，则按章为节，等于演义，要亦不适于报章之揭载也。兹姑于佣书之余，就立刻想到者，随录若干，以事补白，作读者之读助，不必即引以为法也。

长篇小说与短篇小说，其结构截然为两事。长篇小说，理不应削之为若干短篇。一个短篇，亦绝不许搬演成一长篇也。

短篇小说，只写人生之一件事，或几件事一焦点。此一焦点，能发泄至适可程度，而又令人回味不置，便是佳作。

长篇小说，则为人生之若干事，而设法融合以贯穿之。有时一直写一件事，然此一件事，必须旁敲侧击，欲即又离，若平铺直叙，则报纸上之社会新闻矣。

短篇小说，不必述其主人翁之身世，有时并姓名亦省略之。而长篇小说，则独不许。因短篇小说，仅在一件事之一焦点，他非所问。长篇欲旁敲侧击，自必须言主人翁之关系方面，既欲知主人翁之关系方面，主人翁之身世，不得不详言之矣！中国以前无纯小说之短篇小说，如《聊斋志异》，似短篇小说矣。然其结构，实笔记也。

（二）

笔记与短篇小说，有以异乎？曰：有。其异在何处？一言蔽之曰：有无情调之分耳，古人笔记，固亦有情调者。然此项情调，只是一篇中有若干可喜之字句，非对于一事，有若何着力之描写，《虞初新志》所撰各短篇，几乎完全类此。然其文中，无论如何，必注重述事，而轻于结构，故终不能认为纯小说也。

长篇小说，亦有注重述事者，若《列国演义》，然旧小说令人不能感兴趣者，亦以《列国演义》为甚，此可以知小说与历史之必异矣。

长篇小说团圆结局，此为中国人通病。《红楼梦》一打破此例，弥觉隽永，于是近来作长篇者，又多趋于不团圆主义。其实团圆如不落窠臼，又耐人寻味，则团圆固亦无碍也。

短篇之起法

我们要谈到短篇小说，先要商量他的起法。作小说也和作诗一样，敷衍的起法固然不好，平铺直叙的写法也要不得。现在许多新派的小说，多半是用写景起，像什么蔚蓝色的天空，或者一个岑寂的夜里，千篇一律，毫无意思。固然，写景起也是一法，但是这一片景致，必须和书中结构，有密切的关系。总之，写景也是在作小说本文，绝不要把这一段景致，当作入题的套子，而是这种写景之句，也不宜太多，以免拖沓。

“在一间小书屋坐着一个少年。”这也是新派小说的老帽子。且不问其是老套子不是，一念之下，便觉得枯寂无味。我记得有人译《弱妹救兄记》的开头说：“嗟夫，吾儿其死矣。言者为一老农……”

这种起法，非常跳脱，而且极合西文的笔法。我们读小说的人，看到这几句话，没有不注意往下读去的。若直译为：

“唉！我的儿子要死了，一个农人说……”

如此说法，下面固然不好接，就是文势也平淡得多。读者必以这是文言白话之分，那也不然。我们再把文言译成白话试试：

“唉！我那儿子恐怕是死了，说这话的是一位农人……”

我们咀嚼这种文势，也就和文言差不多了。

写景起、叙事起，都无不可。但最能动人的，莫如描情起。这样起法，是容易引起读者兴趣的。我曾作过了一篇《工作时间》，是这样起的：

“小说家伏案构思，酸态可掬。文中时方状一剑侠，舞剑有光，光闪闪逼人，意至酣也，忽有一温软之物，加若肩上……”

开首使用这些风趣的笔墨，最能使主篇不呆板，但也不可太趣，太趣，就不免油腔滑调了，至于像《聊斋志异》那种报名式的起法，偶然为之，也未尝不可。但报名之后，就不可背履历过多，要赶快由他的性情或行为上，递入一件事，归到本题，不然就是笔记了。

短篇小说，原不用首尾相照，但能相照，那尤其得有精神。不过倒装法，把结果写在前头，照后来径入题，不可为常；而且倒装要极含糊，不然，结果人都知道了，这小说读着还有什么意思呢?

小说与事实

小说家虽不免借事实为背景，然而当以事实章就文字，决不以文字章就事实。故事实而入小说，亦十之七八，非事实矣。某不才，尚知天壤间有公道。好好恶恶，必社会同情者，初不以个人之见解，而加诸膝，而坠诸渊也。毕倚虹先生，予所心折，然其为人，友朋中颇有微议。如《人间地狱》中写江湖源事，完全虚造，而又故意与人以索隐之地，毁其人甚深。实则所拮牛斯洋行之江某，偶因私事得罪毕先生耳。倚虹死且久，不愿多摘先死者之短，录此，可以知恨水之为恨水耳。此覆读小说者。

《玉梨魂》价值堕落之原因

在十年前，二十岁以下之青年，无人未尝读《玉梨魂》，以言其销行之广。今日新出刊物，如鲁迅、张资平诸人所作，均不能望其项背，唯张兢生之《性史》，差胜之耳。曾几何时，“玉梨魂”三字，几为一般青年所未知。而稍读三五册小说之人，亦向著者作猛烈之攻击，即向之好之者，亦不惜恶而沉诸渊也。

一般人考此之事之由来，以为其故有二。（一）文字堆砌；（二）思想落伍。关于此二点，吾以为一言以蔽之，缺少小说的条件。其实小说不怕堆砌，亦不怕思想落伍也。盖一部小说之构成，有四大要素，曰：情、文、意、质，而质的部分，与情又甚混合，然细辨之，亦实为二，如《红楼梦》中之三宣牙牌令，叙事体，质也。然其事之如何支配，使读者喜阅，此则须在有情调，其间如鸳鸯之行动与言论，及刘姥姥之诙谐，皆其一端。有质与情矣，而文必须有以达之，如《红楼梦》元妃省亲一段热闹之中，杂以凄怆，情质均佳，如文不达意，又毫无意味。曹氏写来，恰到好处，故令人欣赏备至，至其意，则为下部无好结果，先极力一扬，言富贵之不可恃也。

吾人再试观《玉梨魂》，对以上四点，究竟若何。其质的方面，不过一书生恋一幼孀，因守礼而自封，固极简单，而章法又是平铺直叙，并不见情调（情调是最忌直率的）。至于行文真如秀才写卖驴文契三千言不见驴字，实是浮泛，非堆砌也。唯命意则尚不恶，盖对婚姻不自由，及旧礼教害人，表遗憾者耳。顾情质文三点，均不能成立，而其意义，遂亦埋没矣。此玉梨之为玉梨，而竟成道旁苦李也。

此外，予尚有一言。即是书曾轰动一时，论近二十年来之文字史，此书尚足占其一页之地位，又不幸中之大幸矣。至于谓其文字堆砌，然堆砌得法亦无大关系。思想落伍云云，在小说界尤不成问题，现在真能到民间去之小说，几何而不思想落伍耶？故《玉梨魂》之落价，原因在彼而不在此也。

《金瓶梅》

以文艺眼光过之之感想，《金瓶梅》一书，为自好者所不愿道。予为小说迷时，此书不读，认为遗憾，故亦极力搜索观之。当时只觉其为淫书，弃置十年，未尝再读。其后余对小说，颇欲加以研究，人近中年，亦不嫌其有挑拨性，于是又于工作之暇，检视一遍。窃以为除却诲淫之处外，固亦不失为社会小说中上品也。

书中写西门庆，只是一个凶狠的淫徒，风流温存，一概不懂，而于挥霍钱财，则不甚吝惜，此颇写出富家子弟之一般现状。十兄弟应伯爵谢希大等均长于西门庆，而以西门庆有钱，称之为兄，骂尽世人。其间十弟兄之逢迎西门庆，亦无所不至，而其于拜弟兄时，出八分银子之份子，及西门庆死后若丁口，尚伪为不知，皆能写出市井小人龌龊原形。又西门庆死后，婢妾分散，僮仆拐逃，将如火如荼人家，写得冷淡冰消，亦有章法，打破以前小说之团圆主义。此书实出《儒林外史》《红楼梦》前，而外史之写社会龌龊，红楼之写家庭盛衰，亦即各袭《金瓶梅》之技，发扬而光大之也。《金瓶梅》之于少年，诚不应看，然其书之价值，实在《杏花天》《灯草和尚》之上，用文学眼光看之，固不忍一笔抹杀也。

书中写女性，均是一班淫荡之人，而人各有其个性。如潘金莲之毒狠，李瓶儿之柔懦，吴月娘之糊涂，李娇儿之刁滑，均各有一副面孔，其各女子口吻，亦颇妙肖，徒以写淫荡之处，太赤裸裸的，遂不能为文艺界公开之研究物，良可惜耳。

小小说的作法

《明珠》的读者，近来有许多小小说的稿子投来，大家好像很是有趣似的。然而，我检查之下，觉得大家有一点错误。这错误是什么？就是小小说的组织，只是在一反与一顺的文理。

固然，短篇小说的组织，是要有一个交错点，只是这个交错点，并不一定在文字里要表现出来，鄙人作的《死与恐怖》，树先生作的《插旗的大车》是个明证。此外，小小说，还有写一个极简单极单纯的感想或环境的，很不容易动手，他日有工夫，当写一篇出来，大家研究。

小说也当信实

一部《三国演义》支配大半个中国社会思想，小说之力，岂不伟哉？但《三国演义》之厚诬古人处，正复不少。如周瑜本是一位宽宏大度人物，少年就曾指困赠友，《演义》却形容他成了一位气量狭小的汉子，卑鄙几近于小人。公瑾何辜，饮冤千古？

赵瓯北说：文坛代有才人出，各领风骚数百年。以中国社会之进步，教育慢慢普及，《三国演义》的鸿运，再不会有好久的时代了。中国当有高尔基或者雷马克的作家出来，另以新作来领导社会思想。果有其人，我倒愿早献一言：小说也当给社会留些信史，好比渲染关羽，不妨过火，描写周瑜，却千万不可颠倒黑白。五步之内，必有芳草，小说作家内亦有董狐在乎？予日望之。

《儿女英雄传》的背景

在清朝二百多年间我们真没想到，最初两个成功的章回小说家，都出于旗人。第一个自然是曹雪芹，他是汉军旗人，成了《红楼梦》千古不朽之作。第二个却是满族赞莫氏文康（字仙）作下了一部《儿女英雄传》。笔者零碎在报章杂志上，所收得关于文康的身世材料，大概他是满族镶白旗人，家住在北平海甸附近（也就是安水心之家了）。他是个不第的举子，文学有相当修养。因为出自旗人是个有钱阶级，也是个有闲阶级，早年是过着公子哥儿的生活，旗人的吃一点儿、喝一点儿、乐一点儿，“老三点儿”主义，他全有。晚年，儿子们不争气，以十足纨绔子弟的生活，倾没了他的家产。他受着刺激，下帷读书，还中了点儿朱程理学的毒。本来满族人是不爱谈朱程的，因为其中多少有点儿思想问题，他这一变已有点儿奇怪了。同时，他是个不第的举子，以久居北京，对政治也有点不满。因之他对当时一个盛传着吕四娘刺死暴君雍正的故事，也有点爱不忍释，于是不平淡的生活，愤激的思想，新奇的故事，有闲的岁月，读书有得的文学修养，这五者融合为一，让他作成了这部《儿女英雄传》。

“说其书，不知其人可乎？”我们了解了文康的为人，就知道近人读《儿女英雄传》，痛惜他化神奇为腐朽这一点，毋宁认为是当然的结果。因为他生活的反映，不会写得比这更好。我们不妨再来解释一下：第一，他痛恨他的儿子的败家，他就幻想出一个安公子龙媒来大大地安慰一下。安龙媒不但中了探花（清朝初例，旗人不点元），而且是个孝子呢。第二，根据传说，吕晚村的女儿吕四娘，是成功之后，嫁了一个孝子的，而这孝子还是文士。《聊斋》上侠女一篇，不也是这样隐射着吗？于是文康就把这个侠女收做了他的儿媳妇。他用“十三妹”三个字，隐射着吕四娘。他又怕这犯了忌讳，解说着十三妹是何玉凤的“玉”字拆开的。第三，他自己幻想出一个安水心来寄托着，不但道德（当时的道德）文章都好，而且也会了进士。也许他家祖和父，有人吃过贪官的亏，他就现身说法，作了一任知县，在河漕总督手上栽了个大筋斗。河漕总督，是当年最能贪污的一个肥缺，他在举世公认之下，毫不隐讳地写下来。第四，雍正被刺而死，这是当时一个盛大的传说，因为他头一晚上还活跳新鲜，第二天早上就死了。国人是不能无疑的。雍正弑父杀兄，屡兴大狱，一手养成“血滴子”的暗杀团，满中国杀人。汉族知识分子，稍有不逊，都全家族灭。这是一个不折不扣的暴君。不但汉人，也许满人都胆战心惊。一旦被刺，这是大快人心的事。可是文康究竟是个奴才主义者，他不敢写，也不忍写，就把吕四娘之行刺雍正，变为谋杀“血滴子”头领年羹尧。书里的纪献唐隐射“年羹尧”三字，是再明白没有的了，但文康既宗学朱程，他不能同情刺客而作刺客列传，所以写纪献唐是被正法的，直用了年羹尧的故事。而十三妹有报仇之心，无报仇之事，也符合了作者那份儿迂腐的思想。这样解释，便可知道文康在他的儿女英雄之见解下，怎样作成这部书。论他的全书，和中国多数章回小说家一样，是托诸幻想，来聊以自慰的。不过论其动机，我揣测着他还是太爱惜吕四娘这位女英雄的缘故。

回头我们再就书的文艺价值说。本书原名“五十三参”，有五十三回，现传的却是四十回，十三回失传了。另有三十回，是说评书人续写的等于胡扯的《济公传》，不足一观。所以我们只能说正本四十回。先论布局，前二十回很好，故事的运用，也很紧凑。自安龙媒点元以后，就有些扯淡。在个性的描写上，前一半也相当成功。十三妹，邓九公，舅太太，张老实，张亲家太太，都写得恰如其分。就是写安龙媒一时是无用的书生，一时是要变成纨绔式的名士，都也把握住个性的发展（不过做了官就完了）。写安水心，现在看来，有点像伪君子，是《红楼梦》贾政型的。不过红楼是有意这样写，而文康是无意地流露。大概他的思想，是以这种人为正确的吧？后半部故事坏了，人也就坏了。到安龙媒被任命为乌里雅苏雅台大臣，全家像听到宣布死刑，这一幕悲喜剧，也小小地暴露了旗人是怎样地对付国事。可惜全书很少这样委婉而又深刻的描写。由悦来店到红柳村这是书中一个高潮，写得有声有色。也可惜后部几个高潮，越比越坏。总而言之，是受了作者思想的拘束，一定要“化神奇为腐朽”，以致创伤了全部主角。对河漕大人的贪污描写，也嫌不够深刻。最后，让这位谈大人去赶庙会画三花脸儿唱道情，也可见作者对于贪官，有一种不可忍耐的笑骂。此外，道路难行，强盗结案，和尚设地窖，民间秩序之糟，和其他武侠小说一样，并无顾忌的叙述，这虽落了武侠小说的窠臼，也可见当年强盗遍地，为统治阶级不讳言的一件事。以文康的身份，他描写落草的强人，并没有说教的企图。这又可以反映当时社会的思想，还不免把忠义寄托在上风杀人，下风放火者的身上，我们不能不为当年一班老祖父，叹息几声。其他对科举，对官场，都也有点儿暴露。虽是粗枝大叶地写来，却也不少供给研究清代社会者一番咀嚼。

《儿女英雄传》的对白，太好，有些地方，简直胜过《红楼梦》，纯粹的京白，流畅的语气，相当合乎逻辑的文法，章回小说里，很难找到对手。书里许多俏皮句子，也有幽默感。虽然有时啰唆一点，似乎不怎么讨厌。近时文坛，除了老舍兄，很难找到能写出这种漂亮对话的。至于书里，常常跳进作者叙述一顿，这是不可为训的。可是章回小说，受说评书人的影响，北派小说家就有这么个习惯，也不能独责文铁山。至于意识方面，本书是不必去嗅察就知道有一种浓厚封建气味的。我们只有在时代上面，宽恕了作者。本书原不必让他在民间普及，可是北方民间，除了《红楼》《水浒》《三国》，恐怕他的深入性也不会让过《封神》与《西游》(武侠小说除外)。好在科举早已过去了，这种劝人读书中状元的说教，也许不会流毒太深。至于欣赏文艺者，我倒劝他不必抹杀这部书。

最后说句题外的话，吕四娘刺杀雍正的故事，虽然当时盛传，恐怕还是民间无可奈何的幻想。我疑心不可能。至于雍正的确暴死，也许事出宫闱，因为“一舟敌国”，宫里也不少他的仇人啦。

小说的关节炎

长篇小说中的关节，的确不容易，由这事渡到那事，必须天衣无缝，使人丝毫看不出来，这才是高手，否则硬转硬拐，不仅接不上气，读者也不能聚精会神了。

旧小说多半是“花开两朵，各表一枝”，或者是“按下不表，且说……”可谓其笨如牛。新的小说中，另有办法。然而弄好了的也不多。

当年刘半农曾经大大地挖苦过一阵，他拟了一个格式，即是“老王去找老刘，半路上遇见老李，于是写老李回家，由老李回家，在街上碰到赵大和孙三打架，于是叙上了赵大，结果是红头阿三来排解，赵大孙三都跑了，底下就拉住红头阿三不放，等到红头阿三下班，又瞧见了钱六，赶紧写钱六，钱六当晚应个宴会，于是老侯、小马、周七，一齐出场，乱成一片，结果，老王找老刘的事早丢到天外去了”。这个是开玩笑，但确有此种情形。

平江不肖生（向恺然）的《江湖奇侠传》总算是脍炙人口的小说了，但他也犯这个毛病，正说两派之争，忽然说到某甲的学艺，由某甲又说到他师傅某乙，便又由某乙从师傅某丙谈起，某丙有一天上山打柴，遇见了老虎，打不过它，被某丁一箭将虎射死，底下就写上了某丁，由某丁说到他的妹妹某戊，而某戊又是跟老尼某己学的，某己是高僧某庚的徒弟，结果把两派之争全忘了。

这些硬渡的办法，无以名之，名之曰“小说的关节炎”。

章回小说的变迁

什么是小说？照普通人看来，凡叙述民间小事，情节动人的，这个叫小说。但是这不能归入小说的定义。我们就拿《三国演义》来说，这岂不是历史上的大事吗？怎么也叫小说呢？我个人的意见，应该说："凡是宇宙间的故事，说起来很动人的，这个叫小说。"

我们首先要考一考，"小说"二字的来源。《庄子·外物篇》上说："饰小说以干县令，其于大达亦远矣。"这是最古的小说两个字。但是那个时候的小说，与现在的小说，完全是两回事。下及隋朝（唐朝已经有类似小说的抄本，不过词句非常拙朴，这在敦煌石窟里发现的），都是此类。《汉书·艺文志》说过，"小说家者流，盖出于稗官，街谈巷语，道听途说者之所造也"。不过，这个书自唐朝以来，已是亡个干净。好在它是街谈巷语，完全写些小事，我们可以想得出来的。

唐朝虽然有书，但也不过万来言短篇故事（《秋胡》《唐太宗入冥记》等），而且抄的别字很多，也不为文士所喜欢。但是不为文士所喜欢，却是民间喜欢这类故事。传到宋朝手上，皇帝都要看这一路书。《七修类稿》上说："小说起宋仁宗，盖太平盛久，国家闲暇，日欲进一奇怪之事以娱之，故小说'得胜头回'之后（后面有说'得胜头回'故事那时再说），话说赵宋某年。"这就是小说这类文章，已经打入宫廷了。然这里小说，已经不是《新唐书·艺文志》里的小说，完全是《都城纪胜》《梦粱录》上面的，"话说人分四家"这一路了。

说到这里，就是南宋（都城为杭州）元朝，这连接年间里。这南宋"说话人"，好像现在唱大鼓书一样，颇为盛行。我们所认为小说，大多数是仿他们“拟话本”来的。因为就是那个时候，先生教徒弟，就以他所说的“话本”相授。我们看到这“话本”，有些文字颇欠功夫，就搞了个“拟话本”出来。当然我们看了“拟话本”，比“听话”所费的工夫，耗的钞财，那节省得多；这就是小说兴起原因之一。

“说话人”分四家，哪四家呢？“说话人”说的，统名之为小说，小说细分为四家，我现在拟个表如下：

烟粉

银字儿　灵怪

传奇

公案

小说铁骑儿　朴刀—杆棒—妖术—神仙

说经——佛书

讲史——讲述历代争战之事

不过这个表里，也有分别的说法。就是“公案”这一路，归之于“银字儿”。“银字儿”“铁骑儿”统名之为小说，余外“说经”“讲史”，那就不名为小说。但是这话，很难说的。比如说“灵怪”，这就和“妖术”差不多，“神仙”和“说经”也极为相似，战争和“朴刀”“杆棒”，也有类似之处。至于有的名为小说，有的不名小说，那更是不好强为分开。所以宋朝认为怎样好，我们就也以为怎样好罢。

“说话人”既认为“话本”为他不传的秘本，所以章回小说以倚靠“话本”为准绳。他们头里有“诗话”，有“词话”，有“得胜头回”，文里有“花开两朵，各表一枝”，有“看官”，有“欲知后事如何，且听下回分解”等等词句。这是“说话人”对“听话”人说的话。这里的“诗话”“词话”，是一首诗或者一阕词，和这故事有关，拿来说一遍，然后引入正文。至于“得胜头回”，若不说出它的缘故来，就令读者莫名其妙。因为从前，说书的在各处敞地说书，先把喇叭一吹，号召听众。这喇叭所吹的，曲牌子就叫“得胜令”，这里省了一个字罢了。头回，是书上的第一回。书上用了这“得胜头回”，就是说，给下面这一段书，作了个引子。

我说“拟话本”的时代，这是小说第一时期，大概从唐宋时期起，至明初止，这是短篇小说最流行的时期。到了元朝时间，有了《三国志平话》和《水浒传》，又到《三国演义》，这时，长篇小说，慢慢乎兴起了。而同时在“拟话本”里，文字上也仔细一点。这是在明季中叶，算是第二时期吧。后来《西游记》《封神榜》，一直到清朝出了《儒林外史》《红楼梦》，自明朝末年起，到清朝中叶止，这就是第三个时期，也是章回小说最活跃的时期。我们看《儒林外史》，那话多么俏皮。又看《红楼梦》，那场面多么伟大。至于“拟话本”那些短篇小说，不但是没落，简直中断了。自《红楼梦》那时起，一直到现在，至少是第四个时期了吧？若论小说的名字，那真是浩如烟海。不过论到章回小说本身，这里还没有哪一本小说，够得上和《红楼梦》《水浒传》比上一比的（我这里论章回小说，别的小说不在内）。不过文章词句里面，这又有一点变迁，好坏那另为一说，这就是用“话本”的老路子，越发地少了。

因时代的转变，章回小说受了转变的影响，也就变化起来了。不过这变的范围，似乎还很小，我们干这行的，也看到这一行没有起色，就转向别的方向去了。我们本应当变的，因为看死了不变，这就莫怪人家往另方面跑。比如说：“欲知后事如何，且听下回分解。”我们看，这里有一个“听”字。我们要不是对人讲话，这“听”字就用不着。我们拿了书，让大众观看，根本上不能听呀。这本是“拟话本”的人，故意装成对大众讲话的样子的。后来作书的人，未加审察，也就这样子用着（我初年也是如此），其实，是不对的。

这就要说上这个“回”字。回，就是一章的“章”字。在小说上，有时写成“章回”两个字，也是作一回讲。这有好的例子，这里不是一段交代之后，说“且听下回分解”吗？这就是这段书完了，下一段再来分析。所以

“说话人”在说书时，一回书完了，把惊木一拍，这也就是说这一回书完了。

我们现在可以谈谈宋人留下来的小说，给我们一点摸索的影子。我们现在只谈两种书，一是《大唐三藏取经诗话》，一是《武王伐纣平话》。这两种书，大约都是宋朝人作的，不过此书出版，“诗话”本有“中瓦子张家印”，这是南宋杭州书店招牌，所以认为是南宋本。不过也许这个张家，虽然经一度大变，说不定还依然存在，开着书店。所以“南宋本”也要加一个问号。《武王伐纣》一书，那就证明完全是元本。

这两种本子看定了何年出版，我们再看它的内容。这“诗话”本，没有回目，但是有“入香山寺第四”，“经过女人国处第十”等等小题。至于“平话”本，除了有诗句而外，那就一线到底，没有回目的。所以我们摸索，元末明初罗贯中撰《三国演义》，开始才有目录（在前元时《三国志平话》，没有回目）。但目录开始的时候，并不好，而且有一回一个回目的，像《封神榜》就是。到后来慢慢地改良，像《花月痕》它的回目，极为整齐。这在小说成为大众读物的时候，已在五百年以上了。

我们看小说，那样成为人的嗜好，明朝才有的。可是听说书，在唐朝就有了。李商隐的诗，“或谑张飞胡，或笑邓艾吃”。这是一个证据。不过那时，就是听“说话人”讲故事。至于“话本”留传，在宋朝末年才有的。而且这种“话本”，是极为粗糙的，经文人仔细地删改，而后才有小说可读。但那个时候，小说终为不登大雅之堂的，虽有二三部为不朽之作。究竟是太少了。直到后来，《儒林外史》《红楼梦》这些作品问世以后，仿佛开放了一点。不过经了那么多岁月，已经是太长而又太长。而且那反动政府，像以往那些政府一样，一般对这章回小说，不屑一看。我们稍微有点希望，还是民间爱好。我们幸得这民间爱好，才有我们这班人弄章回小说，就这样勉强过了几十年。

现在好了，在共产党领导之下，非常重视文艺工作。对我们这班作章回小说的人，给我们许多便利与照顾。就我私人说，党对我的创作以至个人的生活都无不关怀备至。因此，我希望章回小说家，努力创造，能够多写几本大家爱看的书。

最后，关于章回小说，我还想说以下几点：

第一，这章回小说，大部分是“拟话本”的，我们首先要研究它的优点与缺点。第二，它的优点，大部分是这样，如说话好，故事非常丰富，结构也很紧密，最好的是一线到底。第三，人物动作似乎太少了。“小动作”更少。至于写景，也少得可怜。第四，关于分回，那当然不动为是。可是它那些套语，像“各表一枝”“且听下回分解”“有话即长”等等无关重要的句子，可以去掉。第五，如“得胜头回”等类，无论是短篇或长篇，可以不要。第六，关于回目，还是要的好，它能够吸引观众，从何处注意，既然是要，做得工整一点好些。我想到这些，当然还有。至于要写或不当写，我这里听大家的意见。

从自己的著作谈起

一九五六年的国庆，我曾经写过一篇文字，现在一九五七的国庆又来了，我写什么呢？当然，这一年内，钢铁、运输、铁路、矿产等建设，都有着惊人的发展。但是我不写它，我想从一个最低的自己的角度上写，我是一个从事文艺工作的人，自觉创造得不够，真是对不起读者的盼望。不过虽是一个不成熟的作家，各方面依然在督促我写稿。这一方面感到自己惭愧，另一方面又觉得中国文化发展得有令人不可信的程度。

我们先说一个出版已久的《啼笑因缘》吧。这书从我们知道的算起，出版也有三十次。自然，有些地方，私自翻版的还不算在内。那个时候，重版的书印数，少得可怜，每次约自三千部到一万部，所以大约也有十几万部。现在看起来，当然是很少的。可是那时为旧政府统治下的地域，这销数，已属难能了。可是现在怎么样？就是翻版两次，已经达到已往三十次出版数的水平。我们要知道，这书已出版三十年，虽然有点回忆，可是根本不足道的。有这样的销数，这是现在政府，把文化水准一年比一年提高的结果。我敢大胆说一句：这是已往的旧政府统治下，做梦也想不到的事情。

还有一部书，叫《魍魉世界》，原来叫《牛马走》，是中国抵抗日本军阀，在重庆《新民报》披露的一本，约有五十余万言，这在从前，没有资本出这样的书。现在由《大公报》先披露大部分，后由上海文化出版社出版，到今不到几个月工夫，就重印一版了。还有一部叫《五子登科》，也是在文化出版社印的。这书是写当年国民党的事，是派专人到北京来接收屋子、金子、车子等等。这书也快出了，若是这书，送在国民党手上，当然没有出版的希望了。

这都是写解放以前的书。现在陆续付排的书，北京出版社共有三部，一为《孟姜女》，二为《孔雀东南飞》，三为《磨镜记》。关于这三部书，《孟姜女》虽然各地都有传说，而且传说大致相同，可是没有一本真正的小说。其次为《孔雀东南飞》，这是一首古诗，各种戏，早已就有了，可是照诗的境地，演为一本小说，也似乎没有。这书中小说人物，出在笔者的家乡（安徽潜山县），所以笔者对书中的人物背景，比较地熟习。去年曾在上海《新闻日报》披露，今年就交北京出版社出版。最后说到《磨镜记》，这就是福建戏（如今各处戏都有），叫作《陈三五娘》。

我也有两部新书，一是《翠翠》，这是个中篇，约五万字上下。是《剪灯新话》，有这么点影子，后来《拍案惊奇》里把这文重编了一番。但这是个悲剧，很少英雄人物。我把它编成喜剧，写了几个人物有英雄气概，大概约十月尾可以交卷了。二是《记者外传》，这有五十万言以上的长篇，每回约有一万字，约有四集。现在第一集，快要交卷了。这本《记者外传》是描写我从来北京时候起，到我第一次离开北京为止的亲身经历过的记者生活。上海《新闻日报》和其他报社记者来北京和我谈起时说，都很赞成，并争预定稿。这本书将交《新闻日报》发表，然后由通俗出版社出版。

本来这里既担任一个长篇，又担任一个中篇，我自己审查自己的能力，半年的工夫，恐怕有点不够。虽然在审查之后，又加以审查，最后又尽力之所能，复加以审查，但是我的能力，究竟有限。所以在自己审阅一过，拟还请我的朋友看看，有何处不好，再加以删改。我们在国庆这一天，看见我们的国家，这样事事物物，都在一日比一日进步勃兴，是多么令人鼓舞、兴奋。

关于读小说

如今是新年了。有的放两天假，掩上门来，伏在案头读小说。有的在旅行中，在车上，在船上，以及在旅馆中，找着一个安适的地方读小说。有的本来喜欢读小说，在这假期中越发地去读小说。小说这样引起人的爱读，究竟这里面有益处或者有毒处呢？我斗胆答复一句：这要看你找什么小说读。好的小说，很多可以帮助你增长知识，开拓思路，这都是有益的，可是，你若不去选择，只要是小说，拿起就读，这里很可能有些黄色故事，读了我们不但没有好处，很多地方诲淫诲盗，那是有害的。尤其一般青年，不可读这类小说。

宋朝有一种卖“说话”的人，为了教授徒弟或者自己怕忘了，就编一个本子，给自己查看，这个本子就叫作“话本”。话本的出现就是中国小说的一个重要的发展。卖“说话”的人，在哪个地方卖呢？都是在空地里的。既是在空地里，又怕别人不知道，就用乐器奏一个《得胜令》。奏完了之后，人家知道是卖“说话”的，就从四方来听他的“说话”。卖“说话”的就在这“说话”之前，讲上一段小故事，以作引子，这就叫“得胜头回”。“得胜”是把“令”字缩掉了，“头回”是头一回了。在这引子里头，“说话”的总要批上几句，对这故事里的事，或褒或贬，作一个公平人。“话本”如此，“拟话本”不但如此，还在批评里头多加上一点。可见当时作小说的是要劝人往有益的方面走了。

有人就问：这“得胜头回”，何以后来没有了呢？难道有益有害，后来就不问了吗？我说：不是的。这是由于小说的写作技巧进步，用不着这“得胜头回”了。例如中国最有名的长篇小说《红楼梦》同《儒林外史》等几部书，读过的人，当不难看出大家庭腐败，婚姻压迫，以及官僚肮脏的是非，用不着在书前面再说他几句。读《儒林外史》等书的人，如果读完笑一笑就算了，这还不一定是会读小说的，必要心里明白了作者的主要意思，这才是善于读小说的。

小说还有个时间问题，不可不知道。《儒林外史》本来明明要说清朝的事情，但作者故意一隐，就说明朝的事情。在清朝的人读它，明明被它挖苦一顿，却是不好如何，因为他扯上明代了。现在清朝也过去了，但是书中描写那些文人腐败，还是活灵活现在我们面前。所以这里可分两部分读：他说的衣冠住室，这完全过去了，我们无从捉摸，就是捉摸得到，也少有用处。至于他写的人，声音笑貌，那完全没有变动，我们就完全赏识这一点。因此我们看小说，要分别这里面的年代。可以移动的外表，过去算它过去了，至于不移动的内容，只要写得好，我们要尽量鉴赏它，这才是善读小说的人呵！

这里又有问题了。《红楼梦》写的宝玉黛玉虽有爱情却不能配合婚姻，两人都饮恨千古。这样的事，现在少了。将来可能没有。但是前四五十年，几乎青年男女都会碰到这样的事。所以《红楼梦》一书，当时青年男女最爱读。我们生在现时代，要读古典文学的书，就得先明白古今风俗有所不同。

再顺便谈到我自己。我写的小说，已出版的大约有六十部。照说，也就不算少了。但是我自己鉴定，可读的真是太少。不过我作小说，虽然信笔所之，这内里多少有一点风俗及各种习惯吧？因此，就风俗习惯上说，可以翻翻罢了。大概我写小说，可以分三个时代。第一是我出版《春明外史》《金粉世家》等小说的时代。第二是国难严重，我作《疯狂》《魍魉世界》的时代（原名是《牛马走》）。第三就是现在。我自己知道所学的太不够了，要多读，多看，多跑。虽然我的年纪也不算小了，但是现在人寿长了，活个八十九十，那真算不得一回事。所以我愿多接触一点，多见识一点，这于作小说上，有很大的帮助的。

各位不爱看小说，那就罢了。若是爱看小说，又不经意地碰上了我所作的一部，那就奉劝各位，先把年代翻上一翻，看是何年作的。当然，我自己就“有则改之，无则加勉”了。

比我作小说还早一点，上海出了黄色小说，报章杂志大登而特登。至于内容说些什么？我不愿说它，反正两条路，一是诲淫，二是诲盗。上海一兴，全国就跟着来。由于看了这项小说，有十几岁的小子，学会了偷盗，还有到峨眉山去寻师的。至于诲淫，我不说，诸位也明白的。这种风气，闹了二三十年光景，现在国内已经没有了。可是据朋友说，国外还有。朋友，这般小说，千万看不得。要看了的话，小则丧失志气，大则无所不为。只要没人看，这些黄色刊物，自然慢慢就淘汰了。

小说的力量是不小的。清朝进关，多少得力于《三国演义》。当时带兵的人，多有一部《三国演义》，当作兵书。他们最所崇拜的，就是书里的关羽。羽字还不能提，称关羽做关公。这样皇帝既供奉，老百姓也跟着供奉。所以在清朝统治之下，无论什么地方，都有关羽庙，这庙呵，大则高殿崇楼，小则一个人也不能站立。这为着什么？不就为的受了《三国演义》的影响吗？所以小说，你别小看它！你要看小说，就要善于选择。

作小说须知

小说怎样作？怎样能作成一篇好的小说？许多人这样问我，而且想我用很简单的话来答复他。但是这却很难。在文艺上无论哪一门的东西，都可以发挥起来，作成几十万言的讲义，何独至于小说不然。而且小说在文艺上占着很重要的位置，“小说怎样作”，“怎样作成一篇好的小说”，如此两个重大问题，岂是三言两语所能解答的？不过我们办这个周刊，原意就是要在这一层上面，多多贡献一点。我们虽不能整本整本的，编出讲义来贡献，但是零零碎碎，提出些要紧的来，随便谈谈却未尝不可。

今日是我们贡献的第一次，我们说些什么呢？中山先生说：知难行易。我们要会作小说，当然先要知道作小说。要知道作小说，现在没有教员来教我们，我们只有自己去求得了。因此，我由我的经验上，定一个求“知”之方。诸位虽不必照方吃炒肉，这好比是一张游艺大会的入门券，介绍诸位进门。至于各人喜好哪一站，那就非我所能问了。闲言少说，且把单子弄出来。

（一）要投身到社会上去。你能知道的，尽量去求得。不曾知道的，眼不能见，至少也当请教于知道的人。（二）因为第一点，要养成观察的习惯。观察不是闭门卧游的事，有机会就要去游历。（三）要知道美术，尤其是在图画摄影一方面，因为可以供给你描写风景的绝妙方法。（四）要学一种外国文，至少要有查字典的能耐。因为现在是世界的社会，作小说难免有适用外国字的所在。（五）对于文学，要有基本知识，而且要注意修辞学。（六）要学词章。知道词章，然后文字可以作得美一点。而且写情（不专指男女之爱）的地方，学诗的人，很占便宜。（七）要注意戏剧一类的艺术，他能告诉你剪裁的方法（电影是最好的范本）。（八）要有尝试，不然，很容易说外行话。（九）对于你所爱的东西，要大量去研究。因为你照此写出来，有事半功倍之效。（十）中外名家小说，至少读五十种以上。

章与回

我很对不住本刊的读者。上一期，适在我的病中，稿子是由舍弟代发的，我竟不能有什么贡献。这一期，我本想做一点东西，又因外埠两篇长篇正在催稿，不能让我有查书的工夫，所以关于考证的东西，只好延一期。昨日有一个朋友，问我长篇的章与回之分，我曾说了一点，现在撮记起来，就算是我的份子。

章，中国的白话旧小说，很少这种体裁。至于传奇弹词，虽然分章或分折，但那又是韵语本，不能为标准的。回，大概是汉文小说独创的，拼音文字的小说里，绝对没有，也不可能。

分章的小说，每章要自成一个段落。这一个段落，大概总是整个的。所以本文前面，按上一个题目，自然能包括全章。至于它在全篇小说里面，大致因起承转合分成部位。虽不必恰好是四章，但它的性质无非是由四章扩充起来的。回目的小说，它却与分章的不同，每回不是整个的一段。它不过是在全篇小说里，找两三件事，合成一回。而这一回，有时与全篇起承转合有关，有时一点关系没有。例如《红楼梦》的“三宣牙牌令”，这不过描写全文极盛时代之一斑，把它删了，与本书无大关系。这是与章最不同之一点。因为若是全书里的一章，就万不能删割的。

章回性质，既各有不同，长短自异。照说，章只能作一二十段。若是回目，接长作到一百以上，那是常事。因此章的命名，总求笼统。回目照例说两件事，作一副对联（也有只写一联，与下回相对的，但是究嫌不美），这一副对联，为引起读者注意起见，要下点功夫才好，但是倒不妨琐碎。

由以上所说的几件事看来，你作长篇小说，未下笔之先，打算分章或分回，很可先审度一下子了。

剪裁

一个小说家，他若不知道戏剧一类的艺术，他的作品，是不容易成功的。我贸然说出这一句话读者或会莫名其妙，但是我一指出“剪裁”两个字，诸公就会恍然大悟了。

一本戏剧，或一部电影，甚至一张风景画，它所包含的，只是在一个整个事实或情绪中，挖取一部分。看的人，只看了这一部分，对于全体，自然会明白。演剧的人，要演王三姐抛彩球，并不在乎把做彩球的那一段事实，也要加入戏剧里去的。这一个道理，粗枝大叶，是很显明的。再往细处一点说，有极小的事，要扩大写出来的，像《新年之一夜》的影片里，查票员在电车站外，捡到一双女鞋，这是无关本片情节的，然而这可以写出坐客上下拥挤的情形。又像京戏《翠屏山》，海和尚到杨雄家去的一晚上，这是极富写出的关键，而又极不堪的事。然而戏里，只写迎儿开门关门而已。而观众自然明白，这个是什么，这就叫作剪裁。

作小说，若是把整个的事实，整个地搬来整个地写出，平铺直叙，不但毫无意趣，而且那事实上的精华，也必定因作者写得拖沓复杂，完全失去。所以作小说的剪裁功夫，是要紧的一件事。同时，我愿把我一点经验，介绍本刊的亲爱的读者。诸公若是愿意作小说可以多看外国电影。因为那上面给予我们剪裁的教训，既明显而又精粹。

附志：剪裁和穿插，我们看去，好像是一件事。其实不然。譬如短篇小说，短到一千字以下，是用不着什么穿插的，然而剪裁功夫，却更要仔细。所以剪裁和穿插不是一回事。至于穿插怎样适当，下期可以谈谈。

《水浒地理正误》（一）

我这篇里面所说的，是读《水浒传》的人，向来所忽略的一件事。而《水浒传》一个最大的缺点，就在这里。是什么呢？就是地理。

《水浒传》上所引的地名，有许多还和现在的地名相同，这是我们不必费考证的工夫，可以看得出来的。就是地名现在或有不用的，也很容易证得所在。我现在先把梁山泊老巢考证一下。在《水浒传》第十回上，柴进对林冲说出梁山所在。他说：“一是山东济州管下，一个水乡，地名梁山泊……”由此，我们知道作者以为梁山在山东济州了。我们再考一考济州。

东晋，在茌平西南，立城。后魏，设济州。隋，废济州。唐，在卢县设济州，河水冲废（卢县在现在长清县附近）。五代周，复设济州，在现在巨野县。宋，沿用周制。

据上面的沿革看来，我们知道那个时候的济州，就是巨野，决不是茌平，也不是金以后的济宁。这个地方不是平陆吗？何以周围有数百里的水泊呢？原来汶、济二水，从前在郸城之北，汇合成湖，宋朝黄河决口，水又流入，所以成了很大一个湖泊。它的界线，南是郸城，北是寿张，东是东平。寿张的南方，有一个小山，名叫良山，后改为梁山。湖水大了，将山围在中间，所以名梁山泊。后来黄河淤塞了，济、汶二水，也改了道，就成为平陆。现在的雷夏泽，蜀山湖，是它的遗迹。

梁山泊的地方，既然如此，似乎不是宋济州附近。书上大书特书济州，无论是巨野或是茌平，都不对的。我们在这里，还可以找个有力的证据。

《宋史目》：宋江起为盗，以三十六人，横行河朔，转掠十郡，官军莫敢撄其锋，知亳州侯蒙上书，言江才有大过人者，不若赦之，使讨方腊以自赎。帝命蒙知东平府，未赴而卒。

据此，可以知道要招抚梁山，用得着东平府。东平在济州北，当然梁山在济州北了。可是《水浒传》第十四回，吴用说阮氏三雄云：“这三人是弟兄三个在济州梁山泊边石碣村住。”又晁盖说：“石碣村离这里，只百十里以下路程。”按晁盖所住，在郸城县东门外东溪村，郸城在巨野之西北，靠近东平，何以晁盖要到梁山泊下边，转向南跑到百里路程的济州去呢?

《水浒地理正误》（二）

《宋史》上曾说道：宋江三十六人横行河朔，转掠十郡，官兵莫敢撄其锋。这样说来，也不过是在黄河以北，很为猖獗。转掠十郡，也不过鲁豫幽燕各处，离着梁山泊不远的地方，绝不能像天兵一般，可以在半空中来去，不论远近地干。但是《水浒传》上所载梁山军所到的地方，就神妙莫测，在全国都如入无人之境。现在以梁山为中心，把四围用兵的地方，统计于下：

梁山以北

大名府今为大名县（河北省）

高唐州今为高唐县（山东省）

祝家庄由蓟州到梁山之路上（山东省）

东昌府今为聊城县（山东省）

梁山以东

青州今为益都县（山东省）

曾头市在青州（山东省）

东平府今为东平县（山东省）

梁山以西

华州今为华县（陕西省）

少华山华州境南（陕西省）

梁山以南

江州今为九江县（江西省）

芒砀山今沛县境（江苏省）

无为军今无为县（安徽省）

以上各地，除了东北两部分而外，西南两处，是万说不过去的（三山聚义打青州，亦极荒谬，后详言之）。我们先说华州一战。

华州属陕西省，在潼关以内。若是由梁山去打华山，正是自东而西，非穿过河南不可。梁山军马起程，必是在水泊西岸登陆，由寿张之南，经过观域、濮阳、卫辉、孟津、洛阳、潼关等地。那个时候，宋都开封，开封叫作东京，洛阳叫作西京。梁山军马若走卫辉，直拊东京之背。宋朝决不会让他们过去。况且那个时候，金兵年年南犯，河北是东京的门户，自然有重兵把守着。梁山军入陕，正好穿过东京河北这一条军事直线。纵然瞒着过去，在打破华州之后，东京必然知道消息。马上传令河北各处，用兵断其去路。梁山兵孤军深入，插翅也难飞吧？况且洛阳是西京，又有虎牢潼关之险，来去都不容易的。

就以华州而论，《水浒传》也有绝大的漏洞。《水浒传》八十五回说："且说一行人等离了山寨，径到河口下船而行。不去报与华州太守。一径奔西岳庙来。戴宗先去报知云台观主，并庙里职事人等，直至船边，迎接上岸。"这几句话，可以总结本回地理之糟。按华山在华阴县之南，少华山在华州之南，渭河在华阴、华州之北。用不着到华州去，华阴却在华州之东。由东京到西岳庙进香，过了潼关，就可在华阴以北停船。和少华山正是一个东北，一个西南。梁山军自少华山来劫使船，必定穿过关中大道（华州、华阴之间）。那个时候，华州固然是开了城，华阴却没有提到。梁山军把进香官劫上山，回头又上船到西岳庙去，来来往往共有四次。最后入庙进香，是非经过华阴不可的。华阴官军一点不知道吗（华州被围，华阴当戒严）？再说华岳庙在华阴西门外五里。灵台在岳庙南十里（此以《徐霞客游记》为证），在岳庙厮杀，绝无华阴县官军不闻不问之理。参观《水浒传》原书，是以为渭河在华阴之南，少华山又在渭河之南，因之本回如此作法。而且以为渭河直通华山与少华山脚下。到华州城边。所以五十八回，又有如下几句："宋江急叫收了御桥吊挂下船，都赶到华州……众人离了华州，船回到少华山。"这一条渭河，如随身法宝一般，书上爱放在哪里就在哪里，无怪船是无处不可到了。然而华阴人看了，必定纳闷。

免费邮筒

左人先生：

大札拜读过，奖许之殷，溢于言表，进德无方，愈增惭感。吴敬梓书剑飘零，扬州客死。曹雪芹室家荒落，憔悴京华。二百年来，小说家抗手古人，垂诸不朽，宁有过于二公？然《儒林外史》《红楼梦》，非自著之而自刊之也。仆风前野马，草底秋萤，万万不足以拟二公之万一，而二公之所不能者，阁不乃欲责之于我，此亦过于重视我矣。近颇学佛，不敢作无病之呻。欲言不尽，诸维亮察。来示未详所自，故代布焉。

恨水拜复

律初先生：

示悉，弟为人尚不十分顽固。然有一主张至死不变。即中国人说中国话，用中国话作中国文也。高明以为如何？

恨水并复

第四辑

追忆妻儿

——望尽山川不见人

我的一个戏迷儿子[①]

"一马离了两凉界"，这奇怪而又尖锐的喉音，在天色将亮而未亮的时候，由北屋子里穿过后院，由后院再穿过前院玻璃窗，直达到我的床上，一直把我惊醒了。这是第四个孩子每日天没亮的时候就叫嗓子的声音。这时，全家都在黑甜乡里，这一叫，有不扰乱的吗？我恨极了，只有叫他一个碰头好！一句好，不成，又叫一句好吗！这算是听见了，唱到"花花世界"那地方，突然停止了。

这个孩子光是靠父亲管不好的，除非问先生可另有良法。正好逢着学校恳亲会，我就把我的孩子喜欢唱戏，喜欢双簧，说了一套，请先生给他纠正。先生说：的确如此，并不是唱戏和双簧学校里就不要，老实说一句，唱戏双簧也离不开学校。可是要虽要，总不宜耽误正当功课。当令郎下课的时候，我们曾解释给他听，他也表示诚恳接受。但他一离开我们，或者找到同学，或者他一个人，他又表演起《连环套》来了。同时遇到考试，总是甲等，你有什么办法呢？我听了他先生这些话，也只有唉声叹气回家。

为这第四个孩子叹气，不是一年矣。当他初入小学一年级之时，进的是重庆南泉小学。老是看见他下学时候，揪着一位同学一同走，我这位四令郎摘了一根树枝，向同学小娃横着一比，大声喝道：呔！你拦住大将军去路，意欲何为。你敢放马过来，大战一百回合吗？那孩子答应一声，"要得"！于是也在路边摘了一根树枝迎上去打起来了。这孩子傻到出恭也忘不了戏，找到山上一块空地，他正中一站，一拉裤子，一蹲，口里还喊马来，右手拿马

---

① 1951 年 3 月 9 日载于上海《新民报》晚刊《晚会》副刊。

鞭的手一横，诸位这像个出恭的孩子吗？我决不撒谎，百分之百是真的。不过他那时候真小，不懂若干戏词，信口乱编一气。既蹲下了，乱编的戏就来了。把手上的那树枝一横道：叫你不要挡住孤王的要路，你还挡起来，杀！杀得真兴起，猛地起身要换马，脚一抬，感觉到没有穿裤子呢。请问，这样的孩子能够不管吗？由南泉到现在，半路上耽误一年，真正六个整年，他的戏迷，有加无减这是怎么办呢？

写给女儿的信

蓉蓉吾儿：

你寄我的十一日信我已经看过了，我的钱已经交给你伍哥的手中，伍哥表示昨日是星期日，星期一准交给你学校，我想你学校准给你寄吧。你伍兄也是要走的，要到的地方是甘肃静县（伍注：信误，应为宁县），在陕西交界的地方，搞的是“四清”，一年半才能回来，大约你二人不会回（会）面了。此祝进步

父　恨水书　二月二日

明明吾儿：

春节前，吾寄儿两书，至今未复。想必吾儿忙，所以未有作复。这时寄两笔钱一四十元一二十元吾都收到。吾儿肯勿远念。吾家因为儿都外出，所以也是平平而过。儿在山头一人过年，想必不乐。好在你居外，只是两月有余，混混就过去了也。吾儿全哥前日过京华往昆明去，在梓潼打听你一下，未知吾儿会晤见他没有。此祝，快乐进步！

父 恨水 二月六日

明明吾儿：

你已有半月多没有写信来告知一切，我非常地挂念。家中的钱我每月补贴个四五十元，眼中不算富裕，也过得去。家中有三个储户折：一是66.20，

一是 130，一是 4.0（可能指 400），共总计起来还不是六百元，你说我怎样不急？等你会（回）来从长计议一下。

说起来日子也不算多，可是每晚盼着，半晚醒了，枕头哭湿了半个。你工作还没有了，工作了时同我写封信来，千万千万。此祝进步。

父　恨水　二月二十八日

明明吾儿：

三月尾写信均悉！家中还有粮吃，你又何必寄。不过这一点，全可以看你的孝心。我现在提步困难，总是懒动，你何时完了，望你写封信告诉我，我也好放心。现在家中无事，所以不必写信。这里无事要你傍（帮）忙。可是三月二十一日下午五点二十分，这里发生地震。末尾二十三四点[redacted]钟又发生了一次，可是北京这样望望未发生什么事故。我当时很不放心。打发伍子向学生打听，还好，学校通信无事，这里有一张纸是学校向各家回信。我这在家里才放了心。我写字困难，才用钢笔，我儿看了，不免吃上一惊，其实没有什么。

我儿[redacted]又为这事不放心。此祝进步！

父 恨水 三月二十四日

明明吾儿：

我在四月十三日傍晚五点十几分，接到你亲笔信，非常高兴。你说的你在青年有一番贡献要献给国家，是呀！我非常同意你的主张。我现在（是）七十二岁的人，说我落后，我也承认，但你们要前进，我绝不能在后面拉你们的后腿，你们放手前进吧！至于说到家庭经济困难，这困难用不着我说。我们把家用的掉开瞧一瞧，就明白了。这里自十五日起做买菜每日很定了一元用，徒还嫌不够。每月在储蓄银行挪扯着补贴。你伍哥十五日起去到甘肃门口，算一算要到十月方能回来。茵樱一道前进，家中越发没有人了。

前日发动（表）一个消息，河北邢台几县五点十几分，发生地震，有好几县人畜颇有损失，我听了这话，顿时就急得什么（似的），赶快就命伍可向中央美术学院打听。还好，一会儿美术学院向各家发通知，邢台县发生地震，学生都无事，你那儿想必吃了一惊。信尾忽然看有你一首七绝，你押韵押得都不错，只是平仄调换的不对，这不要忙，用心学一学就会了，等你回家来慢慢儿学吧。此祝进步

我写字还是不行，这封信写了我一夜。

父　恨水书　四月十六日

明明吾儿：

前日接得吾儿平安家信，据信上说，吾儿拢上“四清”，五月中可以结束，月中前后离村，这就一直跑往儿的单位，商量儿放几天的假，然后买得通票乘火车前来北京，据吾儿估计月底可以回家。我接了信，念给外婆听，举家人都十分欢喜。可是你欢喜等，就等着瞧吧，这不过信上几句话。据我的信念，据信上几句话，那还不足为平（凭——张明明注），等吾儿来了，那欢喜，才不算迟。据吾儿信上说，潼关树上不错，托人看看有（能给）我作手杖（的）没有？这是吾儿孝心，这托人看了（有）作手杖（的）没有？这要是碰机会，有，我就心领了，没有就算了吧。这火车要经过西安，一路上吾儿■跑一路之上要多加小心。此嘱。此祝一路小心！

父 恨水书 五月四日

明明吾儿：

你上次给我的信，我于六月十二已经接到了。你忽然接到你的上司寄给你的指示，要照原来的命令，要■■长一个半月。要我给婆的口信就这样说

的。好在你寄我两次你信外加家用二十元。我也照常收到，请你放心。这一个半月算起来日子非常有限。接到我这封信以后，经过，照常打听打听也就日子快到了。你妹蓉蓉也照信来说，也就七月初来家。这样看起来这日子不远，就可以见面了。此嘱，一路福星呈。

父 恨水书 六月

断桥残雪

民二十四年冬，复偕内子游湖，彼固烂熟《白蛇传》者，亦亟欲至雷峰塔与断桥。乘车过苏堤矣，问断桥过乎？予遥指身后马路是，彼大失望。谓尝观画图，实不如是，画家欺人乎？予笑曰：“予友先卿数年慨叹之矣。”因告其故。彼曰：“富贵人执政，固不知萧疏中亦有美态也。”予是其言。

居寒谷，门外亦有断桥，予屡言之矣。前年，川东得雪，朝起启户，山断续罩白纱，涸溪岸上，菜圃悉为雪掩，竹枝堆白绣球花无数，曲躬向人。断桥铺白毡寸许，鸡犬过其上，一路印梅花竹叶。内子大喜，呼曰：“吾家有断桥残雪矣。”

午风

风来大声吼，开门未见人。
沙翻惊扑面，马过鞠微尘。
罢读还枯坐，烹茶慰老身。
隔院乌反哺，久眺叹慈亲。

悼亡吟（二十六首选五）

一九五九年十月十四日六时差五分，南害癌病逝世。精神错乱不能拿笔，今为十二月三日，把笔为悼亡吟。只恐诗有时不能达意也。

二十八年学画眉，一双游履合欢枝。
而今踯躅秋坟里，八宝山前日暮时。
杭州一片水云晨，游履忘劳月作邻。
画舫断桥今尚在，眼前缺少倚栏人。
二次闲游细柳村，轻车肥马出晏门。
于今怕过苏州路，只剩青衫拭泪痕。
老少相逢握手欢，蜜柑笑斗水晶盘。
低头莫过南京路，不见人来共倚栏。
细呢缝出碧波澜，海上新装晕月寒。
二十五年人注目，于今只作画图看。

一九五九年

黄日

黄日团团下，斜穿古粉墙。
人闲空远望，雁老不成行。
贴壁双鸯影，招魂一瓣香。
镜前愁理发，重泪湿衣裳。

期近周南逝世二周年

欲语拈巾笑未能，十年薄幸我何曾。
竹楼忆语三更雨，书案多思夜半灯。
私祝名花仙国去，遥呼冰骨玉阶升。
披裘姿表当风立，壁画空教众口称。

周南生日

花朝正好周南日，桃李花繁是十三。
去后不能生趣减，风清月白过江南。

二十八日晚作二十九日抄
生日就是此日

（江南习俗，农历二月十二日为花朝，即百花生日，也有过二月十三日，母亲正是这天生日。——笔者注）

纳凉偶感（四首选二）

对镜秋霜太瘦生，纳凉细想别离情。
四更眉月窥窗久，不觉思人坐到明。
独睡惺忪梦半成，昏然山水逐南行。
醒来隔户天河淡，如此因缘了一生。

（父亲思念母亲，长夜不寐，入睡则又梦见母亲。——笔者注）

七夕

牛女双星别更亲，一年一会爱情新。
我今七夕登高望，望尽山川不见人。

浣溪沙·忆南词（六首选二）

无语微风立小廊，蔷薇花谢伴斜阳，可怜人逝问垂杨。
含笑传杯茶味苦，闲看染指粉痕香，于今空道不寻常。

太液池边翠叶弯，惹人春意立栏杆，随心只着浅罗衫。
举步长廊留淡影，如人细柳记湖山，令人步步想周南。

第五辑

我把人生看透了

——百事都如一梦

我与丹翁

丹翁就是张丹斧，他，当然是个怪人，写怪字，吟怪诗，玩怪古董，一切的一切（这句是新兴文字）都怪，我在二十年前，就五体投地了。记得《晶报》文言白话论战一场，翁译胡适为到哪里去，我也戏译“丹翁”二字为通红的老头子，于是无人不知通红的老头子了。我与丹翁有这样一段因缘，丹老也极为捧我，有恨水小说丹翁诗，几乎无一家无之的妙诗，深得互相标榜之诀，可是我们是这样的老搭档，却一直到于今，未曾会面。假如丹翁死在我后，不知作何感想，我若是死在丹翁后，这必是挽联中一个材料，说到这里，好像骂人，亟对翁诗以捧之。

无人不识张丹斧，二十年前善骂人。自古滑稽胜正论，于今幽默是高文。可怜干女年来少，翻觉斑纹老去清（年初二在 ×× 兄家吃果盘，有糖，豆荚一片，雄翁言可与丹老一认斑纹，丹老玩古董之成绩，乃如是乎，一笑）。我与翁来，翁亦与我（此亦字如曲中之衬字姑存之），双篢籍祝此晶晶。

去年今日曾为文《我与〈晶报〉》，故今日文为《我与丹翁》，翁，《晶报》开国元勋也，故次焉耳。

我与《晶报》

我对于《晶报》，向来是个爱护者。记得《晶报》初出世的时候，我在芜湖《皖江日报》当编辑。恰值经理谭明卿先生由上海回去，对同人少不得有些礼品相赠，他送我并无别物，却是一份《晶报》。那个时候，《晶报》唱的调儿，是高□个一流，听了给人一个痛快。自此以后，《晶报》有时唱工字调，有时唱六字调。十四年来，我都爱听，直到于今，由三日刊变成一日刊，戏码加重，而功夫更是老到，很像杨小楼的《连环套》，得炉火纯青之致。这十四年来，一年或两年之间，偶然也向《晶报》投一两次稿，其间当然也有转交字纸篓的，可是登出来的也很多。而我的名字，向来便是真正王麻子，直署恨水。有《晶报》的收藏家，也许可以找着我第一次稿是说什么。不过半年以来，我也偶然化名一两回。过了十四年，我理想中许我丰致翩翩的记者，都成了朋友。而大概也不成为我理想中的人了。我虽由投稿家，变成了一个每场必露的跑龙套，然而未免有树犹如此之感了。今年的纪念，我躬逢其盛，是可引为欣慰的。我很希望明年此时，我捧场的稿子，由北京用快信寄到报馆来，而这种希望，也许就是《晶报》及读者所同希望的呢。

梦中得句

入冬，梦到一段游览的地方，那地方，四围是水，其平如镜。我虽是一个人游览，也不嫌孤独。所走的路，是湖里的古大堤，一条分作两条，像人的两条腿，撑着一具身子一样，我就在身子上走。至于那段风暴，那是太好了。古陌前头，各有木桥，笼罩着大树，好风吹来，碎红乱落，满身都是舒爽的，我心里猜想说，这不会是西湖里白堤吧。就在这时，仿佛有人叫我，让我作一首诗纪念纪念它。说着就先出了两个诗韵，就是八齐了。我说，好吧，试一试罢，于是就拈着齐韵，作成第一、第二两句。等我要作第三句诗时，一翻身醒了。至于出诗韵限诗韵的人，我始终没有看见，你说怪不怪。次日起来，白天无事，就念着诗韵，七零八乱凑在下面。附带报告一句，讲对句的诗，不管好歹，还是病后第一次呢！

三四桥头寻陌齐，好风时卷柳梢西。
画图人渺香还在，桃李花狂路转迷。
一水如油三面去，对吾有树两边题。
苍天似作青年约，记起春光满白堤。

贡献给未来的同业

我向来不大会作临时文字。现届二十九年元旦增刊，同人合约，自己求自己，各作增刊文一篇，我也在凑合之列。尽管不会作应时文字，那是不能脱逃的。虽然，提起笔来，一部二十四史从何说起呢？我想新闻从业者，一年到头，总是拿了尺去量人家大门，可也曾拿了镜照照自己？今日是个开始的日子，说说自己似乎要得。什么事从我们自己说起，这是最恕道的。现在不是有许多青年正要加入新闻界吗？于是就决定了写这一篇，贡献给未来同业，聊表欢迎！

陶渊明说："实迷途其未远，觉今是而昨非。"在贡献于诸公之前，我自己先要说自己一句，干了二十多年的新闻记者，到了于今所感到的是"脑子里太空虚了"。当我和我相当年岁的朋友跳入新闻界时，国内用卷筒机印报的报纸，还不上十家。编印出来的新闻，现在拿来一看，几乎满纸都是笑话。那个时候，国内很少研究新闻学的专家，自然也没有这种书籍，我们就以一个纯粹外行的资格，从事于新闻事业。二十多年的工作，让我们（我和我相当年岁的朋友，下仿此）碰了无数次的壁，闹了无数次的笑话，长了很多很多的知识。直到现在，我们从经验里觉悟过来，"脑子太空虚了"。换句话说，做一个迎合时代的新闻记者，还不够料。虽然我们都是中年以上的人了，至多再干十几年，就要退休，不够料也不要紧。而中国新闻事业发扬光大的责任，都在比我们年轻的同业肩上，以及有志于此，而还未加入本行的有望青年肩上。俗言道得好，长江后浪推前浪，世上新人替旧人。趁此我们还未歇肩，不但要顾虑到这一个"推"字与"替"字上，而且希望青年及未来的同业，都比我们好，好得多。因为，中国抗战必胜是毋待赘论的。胜利以后，我们将要成为世界上的一等强国。而强国的新闻记者，拿出来自必出色行当。预期着这里必有不少的赵云、狄青、薛仁贵给我们壮面子。我们纵有一两个廉颇、黄忠，似乎也就不必拿出来了。所以，我们为新闻界计，为中国计，是对青年同业及未来的同业，有很大的期待。

新闻虽也是一种专门事业，然而这事业所需要的技艺，却是多方面的。在采访编辑两部是文艺家的事，到了印刷部是工人的事，谈起营业来又是商人了。所以人要做个新闻技术全才，那是种难能的事。报业里面，自然也有专门的专门，一个人用不着样样全能来；但是一个良好的新闻记者，对于专门中的各专门，不一定能做，是必须样样能够“知道”些。不然，当你负起一部分责任，而与全部要发生关系的时候，你就会感到应付不够。为此，我们常常谈起，青年的同业们，以及有志于此的青年，应当赶紧从多方面去学习技艺，不要以一技一艺为已足。据我们从事新闻的经验来说，技艺方面的培植，要做到如下的程度。

（一）文学的相当修养

新闻记者是天天拿纸面表现给社会看的。固然起码要做到“辞达”的程度，而仅是“辞达”，平铺直叙，实在不足应付宇宙间事物的万变。所以文学水准必须比普通人要高。就国文技术方面说，除了思路清，笔调快，而辞藻还要能相当动人。否则，你当主笔的时候，让你作一篇论文；你作采访的时候，让你写一篇特写，材料多了你无法写，材料少了，你更无法写。就说编新闻吧，若编者肚子里没有一点文字技术，将翻遍了报纸，找不到一个惊人之笔。平淡，平淡，越久越平淡。这将影响到报纸的销路了。此外是外国文应当懂得两种，自然也用不着怎样高深，然而第一种能看看外国报，第二种能翻字典，倒是必须的。不出十年，世界的空间必然比现在又要缩小一倍，一种外国语都不懂的新闻记者，有许多事情上要发生很大的困难。

（二）增进几种基本知识

过去一个时期，报纸欢喜炫耀法律论文，于是引起一部分同业自修法律政治。这风气过去了，现在是多数人爱看看社会学的书。其实前者与后者都应该有能翻书一查的程度。尤其是普通法律知识，便是个广告员也该知道。此外便是史地两科，就现在情形看来，大概多半是欠缺的。新闻记者谈历史，并不要上溯汉唐，世界近百年史的沿革，是当清楚的。三十年内的现代史，更当明白。不要以为报馆里有书可查，平常不必去理会。你当了记者，决不能挑了一挑子大事记、辞典、年鉴之类跟着你跑。放在脑子里是比放在书架上好得多。至于地理，是细心的人，他就可以随时在报上找出笑话。市上粗制滥造的地图，决不足作为我们工作时的工具。譬如一个镇市，应当在河东，而地图上因线之差，往往会画在河西，普通人拿来作阅报的参考，那就谬以千里了。要免除这种错误，就在平常对于地理有相当的研究。

（三）要有丰富的科学常识

现在是科学世界，眼前的事物，哪一项不已经或正在受科学的洗礼？新闻记者没有丰富的科学常识，怎么能应付他遇事均可记录的环境？我随便举个例：当马相老九十六岁的时候，我们在南京一次宴会上谈到此事。一位青年同业说："把闰年闰月算起来，马相伯早过一百岁了。"在座的很有几个微笑相视。他还再三地说着，他欠缺历法常识，沿着旧社会的说法，错了而不自觉。假使他把这意见写在报上岂不塌台之至。又如怪胎这一类新闻，上海报上常见，记得北平一家同业，曾登过新闻大事渲染，惹得新闻界引为笑谈。其实胎有变化，不过是一种病症，毫无足异，用旧文人那种"子不语"，的笔墨来描写，不但表示自己无常识，而对于社会还是很有毒害的。

（四）尽可能地学习有关技术

有一位颇负声誉的同业，他教导他的学生，是"手脑并用"为唯一法门。可是，由我看来，还待多多地补充。新闻记者的身体，所可用到职业上去的，除了脑和手，至少还有耳、目、舌、腿。我们并不过分地要求，要像美国新闻记者一样，大家能开汽车、骑马，实在一点，印刷部字架的安排，机械的构造，都应该彻底认识，能排排字，摸摸印刷机，那更好。新式簿记、珠算、打字这些技术，都与新闻管理有密切关系，假使你有意于新闻管理事业，那就非学不可！照相、速写、速记、收发无线电，这于采访上有莫大的帮助，会一样，就有一种成绩。再就图画说，营业需要广告画，编辑方面需要素描漫画，谁会谁就在事业上多一种收获。这所举的，你不必尽学，可以尽可能地去学习。

上面所举的这些办法，并不是我们由什么学理上摘录下来的，只是我们在从事新闻业的二十年中得来的教训。关于要学习的技能，有些我们懂得一点皮毛，有些我们简直不知道。每到了要用无可用，或是不够应用的时候，我们感到从事此业以前，未曾下过功夫，虽也想亡羊补牢，环境就让你力不从心。我们不愿刚踏进新闻界及要来而未来的同业，踏着我们的覆辙，所以愿把这点苦闷告诉大家。“鸳鸯绣出凭君看，不把金针度与人。”中国人这种传统的学术自私的陋见，是不容存在的。我们也不敢说是“旧令尹之政必以告新令尹”。然而“老马识途”，引诸君走一截近路，有何不可？老马无所能为，引路是足以胜任的。

俗言道：干一行怨一行。我和我多数的朋友，都是这样说我们的子弟，无论他们去干什么都可，再不要一误再误，让他做新闻记者。这话自然是，“有激使然”。但“三十六行，行行出状元”，我们之以不第终其身，也不能埋怨职业选择之不当，反躬自问，也应当追悔对于新闻学理及技术所“能”所“知”的太少。诸君愿做新闻状元乎？则请即日努力。若跟着我们来，也不过以得一个不第秀才为满足。那么，“取法乎中，斯下矣”。谨祝新年进步！

由病榻上写来

一病五日，今天才好些。好些虽然好些，腰腿还不十分强健，只是揽着一条布被，横躺在那绿槐窗下一张破沙发椅上罢了。这个时候，正是中国词人所谓枣花香后，梅子黄时，窗子外面，是一阵子雨，一阵子淡黄日影，一阵子夹竹桃花清香，一阵子槐树叶子沙沙的响。平常对于这些事都不注意，病在床上，眼睁睁地守着一个窗户，都觉得增助许多呻吟意味。再一回头，面前茶几上，药瓶子，茶壶，饼干罐子，凌乱无次地堆着，看见又使人烦恼起来。

病人睡觉，是没有一定时间，一不愿意，闭着眼就睡了。醒了过来，槐树西边的枝叶，已照着一大片太阳。屋子里扫了一个地，茶几上的药瓶子，饼干罐子，等等，都挪开了，只有一壶冷茶。这又合了我脾胃的事。不知是谁，在桌上铜香炉里，给我燃上一根香，这时只好剩个半寸。正是茶冷香消，倒凑就了一团子诗意……

写到上面这个“意”字，我人就往后一倒，不能再写了。这是怎么说？原来这是今日午后一点钟的事，我看见窗外槐荫转午，对这小昼如年，却大作其袁安之高卧，真有些过意不去。勉强爬了起来，走进我那斗大的书室，打算扶扶笔。这一来不谈什么桑田沧海，至少也有些物因人重之成。书桌上的飞尘，不要用厚可积寸的那句套语，大概差不离一分厚。我叹了一口气，想我若是死了怎么样呢？自己估估量，坐是坐不起来的，我曾看见许多曾留学过日本的朋友。他能够一手拿纸，一手拿笔，凭空写字，我何不就在破沙发上试试，谁知这一试居然奏效。便在那茶冷香消，绿窗人静之际，要写一点病里的感想，不料起了一个帽子，人就倒了。

次上面的一段。要算是帽子的帽襻儿，这应该写一段正文了。不过又有一层，须得交代。就是我倒了以后，怎样又坐起了呢？原来我那时一睡，直睡到日影西斜。揉揉眼睛，觉得精神好了许多，拧着电灯，看了一段儿女英雄传。世得竟不乏，于是靠在沙发上，将被服盖了“两条腿”（无意中嵌上了一个书名，一笑），依此如法炮制，赓续日间的工作。

这是真正的帽子底下了。说什么呢，我第一感到作工的人，是不许病的。若是病了，手停口停，真不是一个办法。我又更进一层想，若是这时死了，“身后萧条”四个字的评语，更又不待盖棺论定。外国的卖文家，他们都有个储蓄会。平常大家都储款在会里，若是哪一个文人不幸死了，又合着身后萧条那句话，那么，会里就拿出钱来做抚恤费。我想，这事，中国上海北京两地，有举行之必要。

其次，“无病呻吟”的这四个字，那是新文豪批评旧式文人的一个铁案。其实，无病而吟，照目下看来，倒不论什么新旧。有些人无病固然不呻，可是矫枉过正，几乎有病也不敢呻，那又何必？昔人说：时非南唐，人非重光，何必为悲天悯人之句。太平之时，可以这样说。以言今日，我们哪个不是岁月干戈里，家山涕泪中。不必有病，也就可呻，何况是有病呢。

昔贤说：丧欲速贫，死欲速朽，那是有为而发的。我却不问这些，很赞同这句话。一个呻吟病榻，一天、两天不能好，又加上些子风雨加交的环境……

算了罢，我的意思只在敷衍一天的稿子，何必如此如此的写了下去，病榻上的感想尚多，等我把关于文学上，思想上，比较可以商榷的，明天坐起再谈罢。

贫不必炫　亦不必隐

人生偶然落魄，这是不足耻的事。汉代开国之杰的韩信曾受漂母一饭之恩。目前雄视欧洲的墨索里尼，他也曾张手向人讨过一片面包充饥。而且这样的事迹，后人或当时人，秉笔直书，正也不必稍为顾忌。因为这样，才可以把暂时落魄的人震起来，也可以叫成了事业的人，回想回想当年吃苦的滋味，不要为富贵熏染了向上之心。

我不是一个英雄，也没有成什么事业，我的历史，自然无足称述。设若我也得有万分之一成就的事业可言，那么，我有几件事，必得事先详详细细告诉人。（一）我曾身带一个铜圆，孤身旅行陆路一百二十里。（二）我曾以十八个铜子，在上海过三天。（三）我曾在江北运鸡鸭船的舱中，睡在鸭屎当中，度过漫漫的长夜。（四）我在专门学校读书的时候，我的衣服，从没有给人洗过……好了，只说这些，说多了要落那时髦之人"贫的炫耀"之老套。我为什么说这话？我又有两种感想。其一，偶然受了一点经济恐慌的人，就喜欢向人告苦，故意张大其词，表示他无可奈何。其二，就是有一些体面的人，决计不让人知道他有落魄的往事，设若他的出身微贱，连他所为的旧时职业，都不愿人谈到。人家谈到了，就以为是有意讥讽。这种人与那炫贫的，一样是胸襟窄小。我的意思是："贫不必炫亦不必隐。"

隔壁王妈妈死了

这真是我的不幸，自从搬到宣武门内以来，总共有六个月。六个月之内，胡同左右前后，差不多死了十五六个人。平均算，每个月里，要死两个又几分之几吧？读者说，慢来慢来，这不关你的事呀。从前有个秀才不剃头，有人问他什么道理？秀才说：隔壁王妈妈死了。那人说：隔壁王妈妈死了，和你什么相干？秀才说：那么，我不剃头，又和你什么相干？这篇南天北地，似乎也是秉此原则而来，未免言出其位，有伤君子之德吧？

这话，诚然！但是读者未尝做我这个不剃头的秀才，你若是做了这不剃头的秀才，你一定感到：隔壁王妈妈死了，却是痛痒相关。未可漠视。何以言之？原来我胡同里每死一个人，至少我总要受一天一夜活罪。头几回呢？那还罢了，昨天死人真死到我隔壁来了，虽然不知道是不是王妈妈，我真成了某秀才了。

白天自上午九时起，鼓冬隆鼓冬当，鼓冬隆鼓冬当，曾到国会请过愿，总统私邸示过威的扛夫先生，闹了一天的大钟大鼓，那也罢了。到了晚上，扛夫先生下班，换了一班唱曲子给死尸听的和尚上台，这可就受不了。我刚从外面回家，就听见一阵呜哩呜啦的声音，顺风而至。我猜：这是小唢呐配着笛子之类，令我感到有听绷绷戏那样难安。好在家里人，也是刚吃完饭，饱食无事，闲谈闲谈，也就不理会了。一会儿，呜哩呜啦停了，换了呛当呛当，大概是大钹和大锣，诸位若是曾听过老戏，你就知道男女二将空战打出手的时候，和这种和尚曲子的锣鼓差不多。无论如何，二耳要未经过旧戏院的训练，是不大受听，而何况这又是光听而不瞧。我这时，真有些不耐烦了。

好容易呛当呛当停啦，接着便是呜哩呜啦一会子吹，一会子打，一直就闹到十二点。我真佩服我一般街坊，他们一律安然入睡。于是四围寂寂，万籁无声，声在后院茅厕之后。当是锣声，鼓冬是鼓声，叮是小铃声，呛是大锣声，是大钹声，呜啦是唢呐声，呜哩是笛子声，还有秃秃秃，是木鱼声，我全能分辨了。我听得正烦恼，他们就越打越起劲，越吹越起劲，大有再接再厉之概。我在游艺园步月而回，肚子里两句歪诗，早是油然而兴，这时想写出来，不料被他们这一阵锣鼓冲锋，它小巫不敢见大巫，就吓回去了。

虽然，吹打犹可听也。吹打之后，和尚师傅，又实行唱曲子了。那声音是：呵呀呀呀！郎当郎当又郎当！叮叮叮！呵呀呀！哼哼哼！我这真不知其可了。孔子曰：是可忍也，孰不可忍也。我真恨不得跑了过去，在秃脑袋上，一个个给他一爆栗。

写到这里，一点多钟了。以后应当是焰口。前次胡同口上放焰口，我领教了，先是工工四尺上，合四上。一阵八板头，打花鼓儿出台。接上多勒梅梅勒，扬州打牙牌。再下去，梅索梅勒多梅勒，探亲家。最后，挑起担子走四方，一脚踏到王家庄，大补缸。今夜晚，我又要在枕上领教这个吗？写到这里，我真不寒而栗。

闲话少说罢，市政当局呀，死人，我们从俗，无法能禁人家请和尚念经。但是念经何必要乐器？要乐器罢了，何必唱小调？我就极端迷信地说，让我做了阎王或小鬼，我也不能听了一阵小妹妹打牙牌，就放过新勾来的死者。恐怕还要治他家人以败坏风化之罪呢。那么，这种和尚淫曲子，就事论事说，不也应该禁吗？至于一家死了一个人，吵得四邻整夜不安，关于晚上不准念经一节。未免太维新，不是中国人说的话，我也就不敢说了。

书于月斜星角，叮当呜啦之声中。

为人应当接受批评

生平很少和人打笔墨官司，就是人家指出我的名姓来教训一顿，我也不曾回复一个字。这样做，我并非怯懦，也并非过分地容忍。我有个感想，我错了，止谤莫如自修。我不错，最好借事实来答复。这一个办法，也许不适于他人，但至少我自己，在做人上纠正了不少错误。而三十年来的写作生涯，略有寸进，一大半也就是根据别人的批评而得的。

禹闻善言而拜，子路人告之以有过则喜，任性的人，或以为这是矫情，也于进德修业有益而无损。世界上不会真有多少超人，自己件件事都做得对，不会有这种事。人如听不到外界批评，或者听到而不理，一着之差，永远向了差路上来，充其量可以耳目心思完全闭塞。所以古人讲个君有诤臣，父有诤子，而士还有诤友呢。有道是他山之石，可以攻玉，又道是三个臭皮匠，抵个诸葛亮，这虽都不免形容过甚，然也可以想到批评如非出于恶意，必有可利用之处。我们不妨郑重一点说人生只听到谄誉，而不闻规谏，盖世英雄，却有变为愚人的可能！

五五早起书怀

七年前的五四，我一家，几乎没炸死烧死。五五天不亮，我护送着妻儿离开重庆市区。我知道渡江不易，由七星岗倒走向两路口，取道浮图关下的山路走向菜园坝。大街上，店户闭着门，穷苦百姓。挑着行李，提着包袱，全不作声，人像水一样，向市区外流。一路脚步擦着路面声。看任何人的脸子，全是忧愁所笼罩。我惊于空袭对心理上作用之大，我知道国家抗战之苦，我更知道。这不过是一小点的空袭，若一个国家，整个被打垮了，而兵临城下，那又是什么景象。

我们在山上一看江滩上待渡的人，说什么万头攒动，像一块乌云，像一片蚂蚁。这如何能过江？万一敌机这时到了，那事真不能想象。因之我越发倒走，尽量离开市区。在坟堆的槐树林下，遇到一位挑江水的。我们花两毛钱（至少值现时一千元）要了一瓢冷水，站着互递了洗脸漱口。所有洗脸用具，是妻一条手绢，完全代表。各喝一口冷水，逆流而行，离开码头四五里，在木筏外面，有一批小船。我看四周还无抢渡的群众，我以川语高呼“我们是跳（读如条）警报的，哪个渡我们过河，我出五元钱”。这是个可惊的数目，当日可以买到五斗米。一个渔夫，懒洋洋地自船篷下伸头望了我们一下。他带了笑说：“再多出两元，要不要得？”我没有考虑。立刻说声：“就是嘛！”踏过六七十米的一片木筏，我们上了船。二十分钟后，我们到了南岸的沙滩上。跑了一夜警报的她，始终面如死灰，这时微微对我一笑，问：“脱离危险区了吗？”我竟是把妻当了朋友，热烈地握着她的手说：“我们相庆更生了。”抬头一看，一片蔚蓝色的天，悬着一轮火样的烈日。重庆在隔江山上，簇拥着千家楼阁像死去了的东西，往下沉，往下沉。天空里兀自冒着几丛烧余不尽的黑烟。对岸几片江滩，人把地全盖住了。呼唤和悲泣声，隐隐可闻。江流浩浩，无声地流去，水上已没有渡轮，偶然有一只小船过江，上面便是人堆。人堆在黄色的水面上悄悄地移。

这日子，妻正向我学诗，不知她套着哪书上的成句，告诉我说："愿我有生年，不忘今日惨。"她眼圈儿一红。看了孩子，牵着我的衣服。

我恨了日本人七年，直到广岛吃原子弹，而松了这口气。七年后的五五，我和妻，相隔三四千里，纪念着这个惨痛的日子。早起，我孤独地站在院子里，有点惘然。……

老槐树上，一架航机，轰然飞过。怕听的马达声，我已不怕了，算是我获得的胜利。我惘然什么？

第六辑

我最好的生活

——吃一点儿，喝一点儿，乐一点儿

北平的春天

我曾住过这么一条胡同，门口一排高大的槐树，当家里海棠花开放得最繁盛的日子，胡同里的槐树，绿叶子也铺满了。太阳正当顶的时候，在槐树下，发出叮当叮当的响音，那是卖食物的小贩，在手上敲着两个小铜碟子，两种叮当的声音，是一种卖凉食的表示。你听到这种声音，你就会知道北国春暖了，穿着软绸的夹衫，走出了大门，便看到满天空的柳花，飘着絮影。不但是胡同里，就是走上大街，这柳花也满空飘飘地追逐着你，这给予人的印象是多么深刻。苏州城是山明水媚之乡，当春来时，你能在街上遇着柳花吗？

我那胡同的后方，是国子监和雍和宫，远望那撑天的苍柏，微微点缀着淡绿的影子，喇嘛也脱了皮袍，又把红袍外的黄腰带解除，在古老的红墙外，靠在高上十余丈的老柳树站着。看那袒臂的摩登姑娘，含笑过去。这种矛盾的现象，北平是时时可以看到，而我们反会觉得这是很有趣。九日、十日、十一日、十二日是东城隆福寺庙会，五日、六日、七日、八日是西城的白塔寺护国寺庙会，三日是南城的土地庙庙会。当太阳照人家墙上以后，这几处庙会附近，一挑一挑的花，一车一车的花，向各处民间分送了去。这种花担子在市民面前经过的时候，就引起了他们的买花心。常常可以看到一位满身村俗气的男子，或者一身村俗气的老太太，手上会拿了两个鲜花盆子在路边走。六朝烟水气的南京，也没有这现象吧？

还有一个印象，我是不能忘的。当着春夏相交的夜里，半轮明月，挂在胡同角上，照见街边洋槐树上的花，像整团的雪，垂在暗空。街上并没有多少人在走路。偶然有一辆车，车把上挂着一盏白纸灯笼，嘚嘚地在路边滚着。夜里没有风，那槐花的香气，却弥漫了暗空。我慢慢地顺着那长巷，慢慢地踱。等到深夜，我还不愿回家呢。

买菊的研究

我年来除了电影场消费而外，便是以下几样嗜好，都有同等力量，听戏，吃小馆子，买花。现在又是菊花上市的时候，我们嗜爱摆花的北平市民一定关心这件事，提出来谈谈，倒也是样投机的文字，而今先谈关于买菊花的。

（甲）选种

在八月尾上，市上就有菊花秧子卖了，卖花的，也会在秧子上标下许多金金玉玉的名字。但是，那是绝对靠不住的。你若是对于花贩子没有三年两载的交情，切不要在这时候去买，免得上了当。及至花上了市，我们然后可以因自己的嗜好，分别去选择。其选择法如下：

（一）花头千万不可求多，以两朵为最妙，三朵也好，其次是一朵的了。四朵以上，就怕长得乱蓬蓬的，两朵花，一高一低，一大一小，最能掩映生姿，带些画意。三朵花照例是品字形，或倒品字形朵得一小二大，或一大二小，三朵一样大，那就不好。一朵的花，花身须矮花盘须大，方好看。否则旗杆上顶灯笼，未免难看。

（二）菊花类别有几千种，现在要指出哪几种好，当然是不可能的。大概地说，以瘦、秀、奇三字为标准，总不会错。不过要注意的瘦字，并不是说花不许茂盛，乃是指不得臃肿而言。譬如瓣子细的，尽可重重叠叠；瓣子宽的，就以七八片以至十片为宜，多了就失菊花的本质了。

（三）买菊花，不仅是看花头而已，叶子也最要紧。瘦的花配上肥大的叶子，或丰满的花，配上零落的叶子，都不好看。至于枝干直要瘦而有劲，曲要跌宕生姿。

（乙）买货

自从重九以后，大街小巷，天天可以听卖菊花的声音了，但是这种沿街叫卖的菊花，一般五六个头至于十几个头，乱七八糟，简直不成东西。虽然贱的有几枚铜子就可以买到，然而买花，是种雅事，决不应该凑付，没有钱，宁可不买也罢。论到买菊花的市场，各处庙会都有，东城隆福寺好花不少，不过价钱太贵，大概也是那里有钱的主顾太多，抬起来了。以我的经验而论大概以土地庙的花，种也多价钱也公道，一毛钱往往可以买一盆很好的花，此外其他几处庙会，花少，价钱也不贱似土地庙。中山公园每年也有花卖，不过真好的，却是非卖品，普通都二毛一盆，不带脚力，这不能算贱吧?

（丙）供养

供养菊花，本不应放到《文艺》一文之内，因为有数事颇有点关联，也不妨说说。胡同里叫卖的菊花，枝干虽极恶劣，花头也有很好的这种花，不过六七枚铜子一棵，一枝有花六七朵，截短取长，折了供在花瓶里，计亦良得。但是此处有件事要注意，就是菊与落瓣之花不同，菊的叶子先凋敝，而花次之。欲免此，瓶里的水要装满另加白糖一撮于瓶中，隔日，沥水于叶上，这样，叶子也可经久不坏。不然，你到花场或花厂去买插瓶菊花，往往要一二毛钱一把，还不见得好呢。

奇趣乃有时

“莲花灯，莲花灯，今儿个点了明儿个扔。”在阴历七月十五的这一天，在北平大小胡同里，随处可以听到儿童们这样唱着。这里，我们就可以谈谈莲花灯。

莲花灯，并不是一盏莲花式样的灯，但也脱离不了莲花。它是将彩纸剪成莲花瓣儿，再用这莲花儿瓣，糊成各种灯，大概是兔子、鱼、仙鹤、螃蟹之类。这个风俗，不知所由来，我相信这是最初和尚开盂兰会闹的花样，后来流传到了民间。在七月初，庙会和市场里就有这种纸灯挂出来卖，小孩买了在放着。到了七月十五，天一黑，就点上蜡烛亮着。撑起来向胡同里跑，小朋友们不期而会，总是一大群唱着。人类总是不平等的，这成群的小朋友里，买不起莲花灯的，还有的是。他们有个聊以解嘲的办法，找一片鲜荷叶，上面胡乱插上两根佛香，也追随在玩灯的小朋友之后。这一晚，足可以“起哄”两三小时。但到七月十六，小孩子就不再玩了。家长并没有叮嘱过他们，他们的灯友，也没有什么君子协定，可是到了次日，都要扔掉。北平社会的趣味，就在这里，什么日子，有个什么应景的玩意儿，过时不候。若莲花灯能玩个十天半个月，那就平凡了。

为了北平人的“老三点儿”，吃一点儿，喝一点儿，乐一点儿，就无往不造成趣味，趣味里面就带有一种艺术性，北平之使人留恋就在这里。于是我回忆到南都，虽说是卖菜佣都带有六朝烟水气，其实现在已寻不着了。纵然有一点海上来的欧化气味，也把这风韵吞噬了，而况这六朝烟水气还完全是病态的。就说七月十五烧包袱祭祖，这已不甚有趣味，而城北新住宅区，就很少见。秦淮河里放河灯，未建都以前，照例有一次，而以后也已废除，倒是东西门的老南京，依然还借了祭祖这个机会，晚餐可以饱啖一顿。二十五年的中元节，有人约我向南城去吃祭祖饭，走到夫子庙，兴尽了，我没去。这晚月亮很好，被两三个朋友拖住，驾一叶之扁舟，溯河东上（秦淮西流），直把闹市走尽，在一老河柳的荫下，把船停着。雪白的月亮，照着南岸十竹疏林，间杂些瓜棚菜圃，离开了歌舞场，离开了酒肆茶楼，离开了电化世界，倒觉耳目一新。从前是“蒋山青，秦淮碧”于今是秦淮黑，但到这里水纵然不碧，却也不黑，更不会臭。水波不兴的上流头，漂来很零落的几盏红绿荷叶灯，似乎前面有人家作佛事将完。但眼看四处无人，虫声唧唧，芦丛柳荫之间，仿佛有点鬼趣，引出我心里一种说不出的滋味。

第二年的中元节，我避居上新河，乡下人烧纸，大家全怕来了警报，不免各捏一把汗。又想起前一年孤舟之游秦淮，是人间天上了。于今呢？却又让我回忆着上新河！

顽萝幽古巷

我在南京时，住在城北。因为城北的疏旷、干燥、爽达，比较适于我的性情。虽然有些地方过分地欧化（其实是上海化），为了是城市山林的环境，尚无大碍。我们有一部分朋友，却是爱城南住城南的。还记得有两次，慧剑兄在《朝副》上，发表过门东门西专刊，字里行间，憧憬着过去的旧街旧巷，大有诗意。因此，我也常为着这点诗意，特地去拜访城南朋友。还有两次，发了傻劲，请道地南京文人张萍庐兄导引，我游城南冷街两整天。我觉得不是雨淋泥滑，在秋高气爽之下，那些冷巷的确也能给予我们一种文艺性的欣赏。

我必须声明，这欣赏绝不是六代豪华遗迹，也不是六朝烟水气。它是荒落、冷静、萧疏、古老、冲淡、纤小、悠闲。许许多多，与物质文明巨浪吞蚀了的大半个南京处处对照，对照得让人感到十分有趣。我们越过秦淮河，把那些王谢燕子所迷恋的桃叶渡、乌衣巷，抛在顶后面（那里已是团糟，词章里再不能用任何一个美丽的字样去形容了）。虽在青天白日之下，整条的巷子，会看不到十个以上的行人（这是绝对的），房子还保守了朱明的建筑制度，矮矮的砖墙，黑黑的瓦脊，一字门楼儿半掩半开着，夹巷对峙。巷子里有些更矮更小的屋子，那或者是小油盐杂货店，或者是卖热水的老虎灶，那是这种地方唯一动乱着而有功利性斗争的所在。但恰巧巷口上就有一所关着大门的古庙，淡红色的墙头，伸出不多枝叶的老树干，冲淡了这功利气氛。

这里的巷子，老是那么窄小，一辆黄包车，就塞满了三分之二的宽度，可是它又很长，在巷这头不会看到巷那头。大都是鹅卵石铺了地面中间一条青石板行人路，便利着穿布鞋的中国人。更往南一路，人家是更见疏落，处处有倒塌了屋基的敞地，那里乱长着一片青草。可是它繁华过的，也许是明朝士大夫宅第，也许是太平天国的王府。在这废基后面，兀立着一棵古槐，上面有三五只鸦雀噪叫着，更显得这里有点兴亡意味。

有一次我去白鹭洲，走错了方向，踏上了向西门的一条古巷。两旁只有四五个紧闭了的一字门，乱砖砌的墙，夹了这巷子微弯着。两面墙头上密密层层地盖住了苍绿叶子的藤蔓，在巷头上相接触。藤萝的杆子，其粗如臂，可知道它老而顽固。那藤蔓又不整齐，沿了墙长长短短向下垂着，阻碍着行人衣帽。大概是这里很少行人的缘故，到墙脚下的青苔向上铺展，直绿到墙半腰。有些墙下，长着整丛的野草，却与行人路上石板缝里的青草相连。这样，这巷子更显得幽深了，这里虽没有一棵树、一枝花及任何风景陪衬，但我在这里徘徊了二十分钟。

春生屋角炉

一日过上清寺，看到某大厦三层楼，铁炉子烟囱，四处钻出，几个北方同伴，不约而同地喊了一声“久违久违”。煤炉这东西在北方实在是没啥稀奇，过了农历十月初一，所有北平的住户，屋里都须装上煤炉，第一等的，自然是屋子里安上热气管，尽管干净，但也有人嫌那不够味。第二等就是铁皮煤炉，将烟囱支出窗户或墙角去。第三等是所谓“白炉子”，乃是黄泥糊的，外层涂着白粉，一个铁架子支着，里面烧煤球。烧煤球有许多技巧，这里不能细说。但唯一的条件，必须把煤球烧得红透了，才可以端进屋子，否则会把屋子里人熏死。每冬，巡警阁子里，都有解煤毒的药，预备市民随时取用，也可见中毒人之多。其实煤球烧红了，百分之百地保险，无奈那些懒而又怕冷的人，好在屋子里添煤，添完了就去睡暖炕，不中毒何待?

铁炉子是比较卫生而干净。战前，有白钢或景泰蓝装饰的，大号也不过十一二元。普通的三四号炉子，只要三四元。白铁片烟囱，二毛几一节，黑铁的一毛几一节，一间屋子有二三十节足矣。所以安一个炉子计，材料共需十元上下。小炉子每冬烧门头沟煤约一吨半，若日夜不停地烧，也只是两吨，每吨价约十元上下。所以一间屋子的设备，加上引火柴块，也只是二十元。若烧山西红煤，约加百分之五十的用费，那就很考究了。你说，于今在重庆惊为至宝，咱们往年在北平住着的人听说，不会笑掉牙吗?

煤炉不光是取暖，在冬天，真有个趣味。书房屋角里安上一个炉子，讲究一点，可以花六七元钱，用四块白铁皮将它围上，免得烤煳了墙壁。尽管玻璃窗外，西北风作老虎叫，雪花像棉絮团向下掉，而炉子烧上大半炉煤块，下面炉口呼呼地冒着红光，屋子内会像暮春天气，人只能穿一件薄丝绵袍或厚夹袍。若是你爱穿西装，那更好，法兰绒的或哔叽的，都可以支持。书房照例是大小有些盆景，秋海棠，梅花，金菊，碧桃，晚菊，甚至夏天的各种草本花，颠倒四季，在案头或茶几上开着。两毛钱一个的玻璃金鱼缸，红的鱼，绿的草，放在案头，一般地供你一些活泼生机。

我是个有茶癖的人，炉头上，我向例放一只白搪瓷水壶，水是常沸，丁零零地响着，壶嘴里冒气。这样，屋子里的空气不会干燥，有水蒸气调和它。每当写稿到深夜，电灯灿白的照着花影，这个水壶的响声，很能助我们一点文思。古人所谓“瓶笙”，就是这玩意儿了。假如你是个饮中君子，炉子上热它四两酒，烤着几样卤菜。坐在炉子边，边吃边喝，再剥几个大花生，你真会觉着炉子的可爱。假如你有个如花似玉的妻子伴着，两个人搬了椅子斜对炉子坐着，闲话一点天南地北，将南方去的闽橘或山橘，在炉上烤上两三个，香气四绕。你看女人穿着夹衣，脸是那样红红的。钟已十二点以后，除了雪花瑟瑟，此外万籁无声，年轻弟弟们，你还用我向下写吗？

我还是说我。过了半辈子夜生活，觉得没有北平的冬夜，给我以便利了。书房关闭在大雪的院子里，没有人搅扰我，也没有声音搅扰我。越写下去电灯越亮，炉子里火也越热，盆景里的花和果盘里的佛手在极静止的环境里供给我许多清香。饿了烤它两三片面包，或者两三个咖喱饺子，甚至火烧夹着猪头肉，那种热的香味也很能刺人食欲，斟一杯热茶，就着吃，饱啖之后，还可伏案写一二小时呢。

铁炉子呀！什么时候，你再回到我的书房一角落？

年味忆燕都

旧历年快到了，让人想起燕都的过年风味，悠然神往。我上次曾说过，北平令人留恋之处，就在那壮丽的建筑，和那历史悠久的安逸习惯。西人一年的趣味中心在圣诞，中国人的一年趣味中心，却在过年。而北平人士之过年，尤其有味。有钱的主儿，自然有各种办法，而穷人买他一二斤羊肉，包上一顿白菜馅饺子，全家闹他个饱，也可以把忧愁丢开，至少快活二十四小时。人生这样子过去是对的，我就乐意永远在北平过年了。

我先提一件事，以见北平人过年趣味之浓。远在阴历七八月，小住家儿的就开始“打蜜供”了。蜜供是一种油炸白面条，外涂蜜糖的食物。这糖面条儿堆架起来，像一座宝塔，塔顶上插上一面小红纸旗儿。塔有大有小，大的高二三尺，小的高六七寸，重由二三斤到几两。到了大年三十夜，看人家的经济情形怎样。在祖先佛爷供桌上，或供五尊，或供三尊，在蜜供上加一个打字云者，乃打会转出来的名词。就是有专门做这生意的小贩，在七八月间起，向小住家儿的，按月份收定钱，到年终拿满价额交货。这么一点小事交秋就注意，可见他们年味之浓了。因此，一跨进十二月的门，廊房头条的绢灯铺，花市扎年花儿的，开始悬出他们的货。天津杨柳青出品的年画儿，也就有人整大批地运到北平来。假如大街上哪里有一堵空墙，或者有一段空走廊，卖年画儿的，就在哪里开着画展。东西南城的各处庙会，每到会期也更形热闹。由城市里人需要的东西，到市郊乡下的需要的东西，全换了个样，全换着与过年有关的。由腊八吃腊八粥起以小市民的趣味，就完全寄托在过年上。日子越近年，街上的年景也越浓厚。十五以后，全市纸张店里，悬出了红纸桃符，写春联的落拓文人，也在避风的街檐下，摆出了写字摊子。送灶的关东糖瓜大筐子陈列出来，跟着干果子铺、糕饼铺，在玻璃门里大篮、小篓陈列上中下三等的杂拌儿。打糖锣儿的，来得更起劲。他的担子上，换了适合小孩子抢着过年的口味，冲天子儿、炮打灯、麻雷子、空竹、花刀花枪，挑着四处串胡同。小孩一听锣声，便包围了那担子。所以无论在新来或久住的人，只要在街上一转，就会觉到年又快过完了。

北平是容纳着任何一省籍贯人民的都市。真正的宛平、大兴两县人，那百分比是微小得可怜的。但这些市民，在北平只要住上三年，就会传染了许多迎时过节的嗜好，而且越久传染越深。我在北平约莫过了十六七个年，因之尽管忧患余生，冲淡不了我对北平年味的回忆。自然，现在的北平小市民，已不能有百分之几的年味存在，而这也就越让我回忆着了。

风檐尝烤肉

有人吃过北平的松柴烤肉吗？现在街头上橙黄橘绿，菊花摊子四处摆着，尝过这异味的人，就会对北平悠然神往。

据传说，松柴烤牛肉，那才是真正的北方大陆风味，吃这种东西，不但是尝那个味，还要领略那个意境。你是个士大夫阶级，当然你无法去领略。就是我在北平做客的二十年，也是最后几年，变了方法去尝的，真正吃烤肉的功架，我也是“仆病未能”。那么，是怎么个情景呢？说出来你会好笑的。

任何一条马路上，有极宽的人行路，这路总在一丈开外，在不妨碍行人的屋檐下，有些地方，是可以摆着浮摊的。这卖烤牛肉的炉灶，就是放置在这种地方。无论这炉灶属于大馆子小馆子或者饭摊儿，布置全是一样。一个高可三尺的圆炉灶，上面罩着一个铁棍罩子，北方人叫着甑（zèng），将二三尺长的松树柴，塞到甑底下去烧。卖肉的人，将牛羊肉切成像牛皮纸那么薄，巴掌大一块（这就是艺术），用碟儿盛着，放在柜台或摊板上，当太阳黄黄儿的，斜临在街头，西北风在人头上瑟瑟吹过。松火柴在炉灶上吐着红焰，带了围绕的青烟，横过马路。在下风头远远的嗅到一种烤肉香，于是有这嗜好的人，就情不自禁地会走了过去，叫一声：“掌柜的，来两碟！”这里炉子四周，围了四条矮板凳，可不是坐着的，你要坐着，是上洋车坐车踏板，算来上等车了。你走过去，可以将长袍儿大襟一撩，把右脚踏在凳子上。店伙计自会把肉送来，放在炉子木架上。另外是一碟葱白，一碗料酒酱油的掺和物。木架上有竹竿做的长棍子，长约一尺五六。你夹起碟子里的肉，向酱油料酒里面一和弄，立刻送到铁甑的火焰上去烤烙。但别忘了放葱白，去掺和着，于是肉气味、葱气味、酱油酒气味、松烟气味，融合一处，铁烙罩上吱吱作响，筷子越翻弄越香。

你要是吃烧饼，店伙计会给你送一碟火烧来。你要是喝酒，店伙计给你送一只杯子，一个三寸高的小锡瓶儿来，那时你左脚站在地上，右脚踏在凳上，右手拿了长筷子在甑上烤肉，左手两指夹了锡瓶嘴儿，向木架子上杯子里斟白干，一筷子熟肉送到口，接着举杯抿上一口酒，那神气就大了。“虽南面王无以易也！”

趣味还不止此，一个甑，同时可以围了六七个人吃。大家全是过路人，谁也不认识谁。可是各人在甑上占一块小地盘烤肉，有个默契的君子协定，互不侵犯。各烤各的，各吃各的。偶然交上一句话：“味儿不坏！”于是做个会心的微笑。吃饱了，人喝足了，在店堂里去喝碗小米稀饭，就着盐水疙瘩，或者要个天津萝卜啃，浓腻了之后再来个清淡，其味无穷。另有个笑话，不巧，烤肉时，站在下风头，炉子里松烟，可向脸上直扑，你得时时闪开，去揉擦眼泪水儿。可是一面揉眼睛，一面长筷子夹烤肉，也有的是，那就是趣味嘛！

这样说来，士大夫阶级，当然尝不到这滋味。不，顺直门里烤肉宛家的灰棚里，东安市场东来顺三层楼上，前门外正阳楼院子里，也可以烤肉吃。尤其是烤肉宛家，每到夕阳西下，喝小米稀饭的雅座里，可以搬出二三十件狐皮大衣，自然，那灰棚门口，停着许多漂亮汽车。唉！于今想来，是一场梦。

碗底有沧桑

“上夫子庙吃茶”（读作错平声），这是南京人趣味之一。谈起真正的吃茶趣味，要早，真要夫子庙畔，还要指定是奇芳阁、六朝居这四五家茶楼。你若是个要睡早觉的人，被朋友们拉上夫子庙去吃回茶，你真会感到得不偿失。可是有人去惯了，每早不去吃二三十分钟茶，这一天也不会舒服。这就是我上篇《风檐尝烤肉》的话，这就是趣味吗？

这里单说奇芳阁吧，那是我常去的地方，我也只有这里最熟。这一家茶楼，面对了秦淮河（不管秦淮碧或黑，反正字面是美的），隔壁是夫子庙前广场，是个热闹中心点。无论你去得多么早，这茶楼上下，已是人声哄哄，高朋满座。我大概到的时候，是八点钟前，七点钟后，那二班吃茶的人，已经过瘾走了。这里面有公务员与商人，并未因此而误他的工作，这是南京人吃茶的可取点。我去时当然不止一个人踏着那涂满了“脚底下泥”的大板梯上那片敞楼，在桌子缝里转个弯，奔上西角楼的突出处，面对楼下的夫子庙坐下。始而因朋友关系，无所谓来这里，去过三次，就硬是非这里不坐。四方一张桌子，漆是剥落了，甚至中间还有一条缝呢。桌子上有的是茶碗、碟子、瓜子壳、花生皮、烟卷头、茶叶渣，那没关系。过来一位茶博士，风卷残云，把这些东西搬了走，肩上抽下条抹布，立刻将桌面扫荡干净。他左手抱了一叠茶碗，还连盖带茶托，右手提了把大锡壶来。碗分散在各人前，开水冲下碗去，一阵热气，送进一阵茶香，立刻将碗盖上，这是趣味的开始。桌子周围有的是长板凳方几子，随便拖了来坐，就是很少靠背椅，躺椅是绝对没有。这是老板整你，让你不能太舒服而忘返了。你若是个老主顾，茶博士把你每天所喝的那把壶送过来，另找一个杯子，这壶完全是你所有。不论是素的、彩花的、瓜式的、马蹄式的，甚至缺了口用铜包着的，绝对不卖给第二人。随着是瓜子盐花生，糖果纸烟篮，水果篮，有人纷纷地提着来揽生意。卖酱牛肉的，背着玻璃格子，还带了精致的小菜刀与小砧板。“来六个铜板的。”座上有人说。他把小砧板放在桌上，和你切了若干片，用纸片托着，撒上些花椒盐。此外，有我们永远不照顾的报贩子，自会送来几份报。有我们永远不照顾的眼镜贩或带子贩、钢笔贩，他们冷眼地擦身过去。于是桌上放满了花生瓜子纸烟等类了，这是趣味的继续。这里有点心牛肉锅贴、菜包子、各种汤面，茶博士一批批送来。然而说起价钱，你会不相信，每大碗面，七分而已。还有小干丝，只五分钱。熟的茶房，肯跑一趟路，替你买两角钱的烧鸭，用小锅再煮一煮。这是什么天堂生活！

我不能再写了，多写只是添我伤感。我们每次可以在这里会到所要会的朋友，并可以在这里商决许多事业问题，所耗费的时间是半小时上下，金钱一元上下，这比万元请客一次，其情况怎样呢？在后方遇到南京朋友，也会拉上小茶馆吃那毫无陪衬的沱茶，可是一谈起夫子庙，看着茶碗，大家就黯然了。

听说奇芳阁烧掉之后，又重建了。老朋友说：“回到南京的第二天早上，我们就在那里会面吧！”“好的！”可是分散日子太久，有些老朋友已经永远不能见面了。

清凉古道

有人这样估计：东亚的大都市，如上海、汉口、天津、北平、香港、广州、南京、东京、大阪、名古屋、神户，恐怕都要在这次太平洋战争里毁灭。这不是杞忧，趋势难免如此。这就让我们想到这多灾多难的南京，每遇二三百年就要遭回浩劫，真可慨叹。

我居住在南京的时候，常喜欢一个人跑到废墟变成菜园竹林的所在，探寻遗迹。最让人不胜徘徊的，要算是汉中门到仪凤门去的那条清凉古道。这条路经过清凉山下，长约十五华里，始终是静悄悄地躺在人迹稀疏、市尘不到的地方。路两旁有的是乱草遮盖的黄土小山，有的是零落的一丛小树林，还有一片菜园，夹在几丛竹林之间，有几户人家住着矮小得可怜的房舍。这些人家用乱砖堆砌着墙，不抹一点石灰和黄土，充分表现了一种残破的样子。薄薄的瓦盖着屋顶，手可以摸到屋檐。屋角上有一口没有圈的井，一棵没有枝叶的老树，挂了些枯藤，陪衬出极端的萧条景象，这就想不到，是繁华的都市所在了。三牌楼附近，是较为繁华的一段，街道的后面，簇拥了二三十株大柳树，一条小小的溪水，将新的都市和废墟分开来。在清凉古道上，可以听到中山北路的车马奔驰声，想不到一望之遥，是那样热闹。同时，在中山北路坐着别克小座车的人，他也不会想到，菜圃树林那边，是一片荒凉世界。

有一个冬天，太阳黄黄的，没有风。我把花瓶子里的腊梅、天竹修整完了，曾向这清凉古道走去，鹅卵石铺着的人行古道，两边都是菜圃和浅水池塘，夹着路的是小树，和短篱笆，十足的乡村风光。路上有三五个挑鲜菜的农民经过，有一阵菜香迎人。后面稍远，一个白胡老人，骑着一头灰色的小毛驴，嘚嘚而来，驴颈子上一串兜铃响着。他们过去了，一切又归于岑寂。向南行，到了一丛落了叶的小树林旁，在路边有两三户农家的矮矮的房屋，半掩了门。有个老太婆，坐在屋檐下晒太阳。我想，这是南京的奇迹啊！走过这户，是土山横断了去路，裂口上有个没顶的城门洞的遗址。山岩上有块石碑，大书三个楷书字："虎踞关"。石碑下有两棵高与人齐的小树，是这里唯一的点缀。我站在这里，真有点怔怔然了。

在明人的笔记上，常看到"虎踞关"这个名字，似乎是当年南都一个南北通衢的锁钥。可以料想当年到这里行人车马的拥挤，也可以遥思到两旁商店的繁华，于今却是被人遗忘的一个角落了。南京另一角落的景象，实在是不能估计的血和泪，而六朝金粉就往往把这血泪冲淡了。

回到开首那几句话，东亚大都市，有许多处要被毁灭，这次在抗战时期，南京遭受日寇的侵占与洗劫，也不知昔日繁华的南京，又有哪几条大街，变成清凉古道了。

市声拾趣

我也走过不少的南北码头，所听到的小贩吆唤声，没有任何一地能赛过北平的。北平小贩的吆唤声，复杂而谐和，无论其是昼是夜，是寒是暑，都能给予听者一种深刻的印象。虽然这里面有部分是极简单的，如“羊头肉”，“肥卤鸡”之类。可是他们能在声调上，助字句之不足。至于字句多的，那一份优美，就举不胜举，有的简直是一首歌谣，例如夏天卖冰酪的，他在胡同的绿槐荫下，歇着红木漆的担子，手扶了扁担，吆唤着道：“冰激凌，雪花酪，桂花糖，搁的多，又甜又凉又解渴。”这就让人听着感到趣味了。又像秋冬卖大花生的，他喊着：“落花生，香来个脆啦，芝麻酱的味儿啦。”这就含有一种幽默感了。

也许是我们有点主观，我们在北平住久了的人，总觉得北平小贩的吆唤声，很能和环境适合，情调非常之美。如现在是冬天，我们就说冬季了，当早上的时候，黄黄的太阳，穿过院树落叶的枯条，晒在人家的粉墙上，胡同的犄角儿上，兀自堆着大大小小的残雪。这里很少行人，两三个小学生背着书包上学，于是有辆平头车子，推着一个木火桶，上面烤了大大小小二三十个白薯，歇在胡同中间。小贩穿了件老羊毛背心儿，腰上来了条板带，两手插在背心里，喷着两条如云的白气，站在车把里叫道：“噢……热啦……烤白薯啦……又甜又粉，栗子味。”当你早上在大门外一站，感到又冷又饿的时候，你就会因这种引诱，要买他几大枚白薯吃。

在北平住家稍久的人，都有这么一种感觉，卖硬面饽饽的人极为可怜，因为他总是在深夜里出来的。当那万籁俱寂、漫天风雪的时候，屋子外的寒气，像尖刀那般割人。这位小贩，却在胡同遥远的深处，发出那漫长的声音："硬面……饽饽哟……"我们在暖温的屋子里，听了这声音，觉得既凄凉，又惨厉，像深夜钟声那样动人，你不能不对穷苦者给予一个充分的同情。

其实，市声的大部分，都是给人一种喜悦的，不然，它也就不能吸引人了。例如：炎夏日子，卖甜瓜的，他这样一串的吆唤着："哦！吃啦甜来一个脆，又香又凉冰激凌的味儿。吃啦，嫩藕似的苹果青脆甜瓜啦！"在碧槐高处一蝉吟的当儿，这吆唤是够刺激人的。因此，市声刺激，北平人是有着趣味的存在。小孩子就喜欢学，甚至借此凑出许多趣话。例如卖馄饨的，他吆喝着第一句是"馄饨开锅"。声音洪亮，极像大花脸唱倒板，于是他们就用纯土音编了一篇戏词来唱："馄饨开锅……自己称面自己和，自己剁馅自己包，虾米香菜又白饶。吆唤了半天，一个子儿没卖着，没留神啰丢了我两把勺。"因此，也可以想到北平人对于小贩吆唤声的趣味之浓了。

敦煌游记

敦煌，是中国在海禁未开时，通西方的大道。离县城十几公里路，自北魏以来，经过隋唐五代、宋元以及清，都把沙石崖上，凿了好多佛洞，就叫千佛洞。到敦煌千佛洞去参观，那不是太容易的事。因为千佛洞没有旅馆，没有吃喝，晚上还没有被盖，这些东西，事前都要好好地准备。因为到千佛洞去，经过沙漠，动不动好几十里没有人烟，借也没有地方去借。我们把一切东西，都已准备得很好，因之没有问题。

谈千佛洞先谈外表。我们汽车经过上千里的沙漠，我们左右回顾，全是白茫茫的不毛之地，车轮下面，也是沙漠和鹅卵石子。后来汽车司机说是到了，我们看见有一个山头，也是光秃秃的。可是那沙山突然中断，弯成一个口子。口子里却是白杨罗列，把它变成树林，这就是千佛洞了。

我们由树林穿过，挨着山边走。这就看到山壁上，开了好多洞口，有的山壁上开了极大的敞式洞门。里面塑着很多的佛，还是穿着五色斑斓的法衣。有的洞门悬在半空，修起一股栈道。有的俯伏山底，大门洞开。总而言之，满山壁上，全是洞子，有一公里长哩。白杨，我们看来，不算稀奇。可是树在这里，便是稀奇之物。这里的白杨，有五六丈高，而且不带旁的树，因为旁的树，越发不易生长了。

这里两边都是小山，中间夹了一条干河，也变成沙漠了。口外自东到西，是一片大沙漠。在千佛洞对过，这山名叫鸣沙山。这里的山，都是积沙，内中藏着鹅卵石。自然，这山上不长树木，也不长草。事倒奇怪，这里凿壁却雕塑许多佛像。还有一事，从前西域僧人，每到傍晚，却见鸣沙山金光万道：就说这里是佛地了。

千佛洞是笼统的一个名词，要论起名之初，那倒真有千余个佛窟。这多年以来，佛窟就屡次倒坏。尤其是明朝，嘉峪关以外，就视同化外，倒坏之处更多。所以到现在，真正的佛洞，只有四百六十九个。这四百多洞子，探纪如下：魏窟三十二个，隋窟九十个，唐窟二百零六个，五代窟三十二个，宋窟一百零三个，西夏窟三个，元窟八个，清窟五个。这么多佛窟，先看哪一个呢？后来决定，先请这里人，带我们先看一个大致，回头就看各人的嗜好，你要对哪个洞子有兴趣，就看哪一个洞子吧。

我们把佛窟看了，这里画得怎么样，以及塑得怎么样，我们自觉程度浅，还谈不到；不过这里有众人必须知道的，我们谈一点。

第一，是三尊大佛。鸣沙山对过有七层屋檐，都是亭台楼阁的模样，你稍微站得远一些看，像真的一样。其实这是嵌在石壁上的，就是屋檐小一点吧。走进洞去，也是很大一间殿宇，可是石壁都没有图画。朝里一些，只看到一件袍子的下角，怎么悬下来，我们还不能望见。挨着袍子边，朝上看去，是洞内凿成七层高的佛窟。这高的窟，就是里边光立着一尊佛像。这佛身披着袈裟，模样十分和气。这是一位释迦牟尼的像，佛像有华尺十丈高（三十三米），除了云冈石佛而外，恐怕也没有其他地方的佛像可以相比吧？洞为盛唐时代所造，总共费了一十三年工夫，可想这是何等伟大。至于身上所披的袈裟，以及衣服里外面涂饰的颜色，也还半新，这不知是原来的颜色呢，或者是后代重修的，但观看颜料的配合，决计不是近代的。

第二，也是一尊如来佛。出洞往北走，中有一门牌为一三〇号，这大门是封锁了，我们走旁门进去，进去之后，上了盘梯两层，有楼，佛像刚到一半。这里向西开有极大的窗户，凭窗观看，佛像共有二十五米，与以前那种大佛来比，小了一丈多，其余，所制无甚分别，也是盛唐年制。

第三，是一尊卧佛像，住这一列佛窟的尽头，是一个西夏制的佛窟。西夏为拓跋氏。当年割据称帝，宋朝打了好多年仗，总灭不掉他。一度建都横山县，后都宁夏，割有陕西边境、蒙古自治区、甘肃西北。他建立这样一个洞头，自然要看上一看。

洞在浮沙上，先立了一个庙门。进门，站有几尊神像，都有威武之气。最奇怪的，凡胸上或者手上，都盘弄着或者擒拿着一条蛇，这不晓得是何意义。外有两只狮子，作跳跃状而且昂起头，这越发不解了。观后入洞，洞内，为一张睡榻，两头都不空，上面睡了如来佛。身子有两丈多长。睡容为一手长垂，覆盖在自己左腿之上，一手托着自己的右额，双目微闭，似睡未睡，这个像塑得很是不坏。身后站立七十二弟子，其像高不过二尺，环立在如来佛身边，都没有快乐样子。

这洞画的供奉人，衣服及鞋帽与汉人有什么分别没有，我本想研究一下。但是壁上像只有尺把高，看起来，男人长衣方巾，女人也是长衣，脑上绾了一个圆髻。洞中又很阴暗，可说一无所得。

我们谈完三尊大佛，就对洞子也谈上一谈，当然这不过是百分之一而已。先说北魏的洞子，假如我们为了立刻就看到的话，穿过杨树林，这里有一座古牌坊，上面题了字，曰古汉桥。穿过牌坊去，有坡子，两旁有木栏杆，因为这坡子相当地陡。这里佛洞，就一个挨着一个，而且上下都是一样，最多的洞子，有上下五层。所以走这坡子，就越过两层佛洞，方才到达我们所要到的佛窟，这才第一次看见北魏窟。这里所谓北魏，不是曹丕的魏，是晋朝已不能守北方，交与魏国。那魏国拓跋氏，建都洛阳，北几省的地盘，差不多都归了他。洞里有几尊佛像，是何时代出品，还不能定。至于壁上画的壁画，那确是魏朝人的手笔。它这画一律是粗线条，眼睛画两个圈圈，嘴上画一撇，这就是眼睛和嘴。但是画得好，画得刚刚就像嘴和眼睛。其余身上有脱赤膊的，也画几根粗线条，将上下一勾，就两条胳膊出现，这个完全以旷野表示。

离开这里，两边佛窟都可以相通的。不过佛窟有大小不同。大的，有我们屋子四五倍大，照样是雕格玲珑。小的呢，那就只好容一人在里面。因为这是当年的供奉人供奉着佛，就打一佛窟。供奉人有的钱多，就打大些，有的钱少，那就小得只容一个人。但是虽然大小不同，供佛都是一样，所以佛的香案上，至少有三尊佛像。我跑了许多洞子，有的低着头，一翻身就是一洞。有的就如同进了庙里一样，十分宽大。

我们以朝代而论，先就论到隋朝佛窟。隋佛窟中佛像的衣服，花纹很少，佛像有时呆板一点，不过所画的供奉人，都长袍大袖，那就不是魏佛窟所配的人像，是旷野一流了。而且不但衣服花纹很少，那折纹也少得很。隋朝在中国虽是统一了江南江北，但是年数很短，还没有在艺术上表现特点。

回头就论到唐朝了。唐朝在画上是两个时期，一个是盛唐，一个是晚唐。盛唐画法，只是堂皇富丽，晚唐的画法，却甚细致。本来唐朝佛窟这层也有的，只是求几幅代表作，还是向底下去看，经过了底下靠北几个佛窟，这就到了几个盛唐时代的代表作的洞子。这里有一个佛有半座佛堂那样大，上面有五尊佛像，塑法都十分自然。尤其居中一个，对人嘻嘻地笑。至于所穿衣服，这都有细细的波纹。画人像方面，自然只能代表唐时候的人。男子头戴乌纱，身披着长袍，异常宽大。至于女的头发，都是头上梳一个圆圆的发髻，束在头顶当中，外穿一件半长的长袍子，下面露着裙子尺把多长。这个时候，都是天脚，鞋子前面，一个平头。手里提着香炉，但香炉不是现在的香炉，像个熨衣服的熨斗，提了一只柄，上面还有一个圆盖。至于十三四岁的姑娘，头发左边梳一圆髻，右边梳一根辫子，横过来塞在小圆髻之下。此外，一把遮阳伞，伞的样子，也和五十年前的万民伞差不多，但是它的伞柄不同，就是伞下伞柄约有尺把长，稍微弯弯一曲，那阴处恰盖在前面人的身上。这虽不足代表唐朝的全部，然而这总可以表示一点点吧？

至于五代画，我看到与唐朝尚无分别。到了宋朝，这个佛窟的作风，又是一变。我曾参观许多佛窟，所塑的佛像貌，以及衣服，又觉得稍花一点。但是所塑的像，那精神没有以前的好。所有供奉人都是长袍要瘦些。唐朝供奉人，大的画得比我们人还高，至于宋朝大的也不过两尺高，小的就几寸高了。

下至元清两代，我匆匆看过一遍，无甚可言。再就佛的画像说，画着的多是佛家故事，都在佛窟两边墙上。这本是极好的故事画，但大半均已模糊。我们细细观看，这里分成舍身喂虎，得道成佛，等等。这些故事，尽管是佛出世的事情，但我们可以当作参考资料，了解古来的生活。比如说，我们没有凳椅座位，这画里，就有些比桌椅还矮的桌子，供奉鲜果，这就可以想到古来堂屋是怎样一个模样。又比如说，我们从前牛车马车是怎样的坐法。这画里，画得也有。所画的牛车马车，比桌面还要大，比桌子还要高，人盘了腿坐在上面。所以这些古董虽然还是古董，但翻开历史，比没有参考，那总要好得多。

敦煌要谈的事情是很多，这仅是我草草勾画出的一个轮廓。

第七辑

山窗小品

——俯仰间有情亦有调

短案

所居在一深谷中，面山而为窗。窗下列短案，笔砚图书，杂乱堆案上。堆左右各一，积尺许，是平坦之地已有限。顾笔者好茶，案头必有茗碗。笔者好画，案头又必有颜料杯。笔者虽已戒绝纸烟，报社主人怜其粮断而文思将穷，不时又馈以烟，于是案头亦必有烟盒与火柴。笔者患远视，写字必架镜，故案头常有镜盒。且邮差来，辄隔窗投书，或有挂号信，必须盖章，求其便利，而图章印盒亦置案头。此案头是何景况，乃可想象，而笔者终年伏案，亦复安之若素焉。回忆儿时好洁，非窗明几净，焚香扫地，不耐读书，实太做作。且曩时居燕都，于花木扶疏之院宇中住十余年，书斋参酌今古，案长六七尺，覆以漆布，白质而绿章。案上除花瓶坛炉外，唯檀架古砚一，御瓷笔筒一，碧蓝水盂一，他物各有安置之所，非取用不拦入案上。今日面对蜂窠，身居鸟巢，殆报应也。

未入乡时，曾于破货摊上，以法币三角，购得烧料之浅紫小花瓶一。瓶未遭何不幸，随余五年于兹。在乡采得野花，常纳水于瓶。供之笔砚丛中。花有时得娇艳者，在绿叶油油中，若作浅笑。余掷笔小思，每为之相对粲然。初未计花笑余案之杂乱，抑笑主人之犹能风雅也。此为短案上之最有情意者，故特笔记之。

笔者按：校阅此稿日，隔时又一易裘葛。瓶为小女碎，已数月矣，为之惘然。

涸溪

窗前有小廊，面溪而立。顾非山洪陡发，溪中终年不见水，名为溪，实非溪也。溪岸在茅檐下，有花草数十株。隔岸则为人家菜圃，立竹一丛。花竹夹峙下，涸溪中乱草丛生，深可二三尺。春日购鸡雏七八头以娱稚女。雏渐大，女不复爱之。家人又厌其随处遗矢，驱之入溪，与二三大鸡为伍。雏得之，乃大乐，日钻营草丛石隙，以觅小虫。当其未至涸溪时，山雕常盘旋空际，其欲逐逐，攫之，一如其觅小虫然。家人未防，尝失其二。彼既入溪，雕来，闻大鸡咕咕呼警报，即潜伏草根，使雕无可下箸处，在雏。钢骨水泥之防空洞不啻也。

涸溪之情景如此，故主人邻溪而不常得溪之乐。唯夏日暴雨，山洪挟泥沙以俱下，溪中水忽盛至。窗左，溪中倾丈许，巨石嵯峨横卧之。水狂奔而来，至此又突作势下注。但见黄波翻涌，如千百条蛟蛇下饮溪底，争前恐后。而其淙淙铮铮，又如海面遥闻炮战。若值雷雨大作，水声、雨声、雷声，混而为一，则茅屋在山摇地动中矣。有时夜半在枕上，突闻户外万马奔腾，疑暴风雨来，即惊起，启户视之。实则两山黑影巍巍，平静无事。仰观天空，两三星点，在黑云中闪烁作光。察声所在，在涸溪中，盖前山大雨，山洪自上游来也。一年约得此景可一二回云。

雾之美

居重庆六年，饱尝雾之气氛，雾可厌，亦可喜，雾不美，亦极美，盖视季节环境而异其趣也。大抵雾季将来与将去时，含水分极多，重而下沉，其色白。雾季正盛时，含水分少，轻而上浮，其色青。青雾终朝弥漫半空，不见天日，山川城郭，皆在愁惨景象中，似阴非阴，欲雨不雨，实至闷人。若为白雾，则如秋云，如烟雨，下笼大地，万象尽失。杜甫诗谓“春水船如天上坐”，若浓雾中，己身以外，皆为云气，则真天上居也。

白雾之来也以晨，披衣启户，门前之青山忽失。十步之外，丛林小树，于薄雾中微露其梢。恍兮忽兮，得疏影横斜之致。更远则山家草屋，隐约露其一角。平时，此家养猪坑粪，污秽不堪，而破壁颓篱，亦至难寓目。此时一齐为雾所饰，唯模糊茅顶，有如投影画。屋后为人行路，遥闻赶早市人语声，在白云深处，直至溪岸前坡，始见三五人影，摇摇烟气中来，旋又入烟气中而消失，微闻村犬汪汪然，在下风吠客，亦不辨其出自何家也。

一二时后，雾渐薄，谷中树木人家，由近而远，次第呈露。仰视山日隔雾层而发光，团团如鸡子黄，亦至有趣。又数十分钟，远山显出，则天色更觉蔚蓝，日光更觉清朗，黄叶山村，倍有情致矣。

虫声

谷中多草，本聚虫声。而邻家种瓜播豆，菜畦相望，虫逐菜花而来，为数愈夥。每当星月皎洁，风露微零，则绕屋四周，如山雨骤至，如群机逐纺，如列轴远征，彼起此落，嘈杂终宵，加以树叶萧萧，草梢瑟瑟，其声固有如欧阳修所赋者。然习闻既惯，颇亦无动于衷。唯秋雨之后，茅檐犹有点滴声。燃菜油灯作豆大光，于案上读断简残篇，以招睡神。时或窗外风吹竹动，蟋蟀一二头，唧唧然，铃铃然，在阶下石隙中偶弹其翅，若琵琶短弦，洞箫不调，倍觉增人愁思。予卖文佣书，久废吟咏，尝于其间，灵感忽来，可得小令绝句，自诵一过，每觉凄然。顾年来忌作呻吟语，随成随弃之，亦不以示人也。

听虫宜以夜，宜以月，尽人而知矣。然清明之夜，黎明早起，时则残月如钩，斜挂山角，朝日未出，宿露满枝，披衣过桥，小步竹外，深草之中，微虫独唱，其声丁丁，一二分钟一阕，绝似小叩金铃，闲敲石磬。妙在小，又妙在能间断也。此非城市人所能知，亦莫能得此境遇，盖造物以予草茅之士者耳。

秋萤

江南之萤始于夏，而初秋犹盛，故诗人有“轻罗小扇扑流萤”之称。川东则否，始于暮春，盛于仲夏，稻花开时，黑夜即不复有流火群飞矣。然亦非尽绝迹，时或遗一二老虫在。盖川东夏季长，山谷中丰草塞途，野花不断，萤乃因此而延其寿命。每当阴雨之夕，谷黯如漆，启户视之，荒山巨影，巍巍当前，厌吾居如入深渊。西风徐来，摇撼涧岸丛竹小树于黑魆魆中，其影仿佛能见，若巨魔作攫人状。时此一二老虫，于草间突起，发其淡绿之光如豆火，低飞五六尺，闪烁数下，忽然不见，倍增鬼趣。间或村犬遥遥二三吠，其声凄惨沉闷，似若有所惊。独立涸涧断桥上，俯首徐思，觉吾尚在人境中乎？

萤亦有翅落不飞，蛰伏石隙者。其所挟之光极微，色亦不甚绿，既不闪烁，亦不移动，初来此间见之，颇疑人遗火星于地，取而视之，僵硬如蛹，殊非江南人所素知。

夜立暗空下，乃思此萤，何类当今文人。虽遗弃草根将死，而犹能于黑暗中发其点滴之光。虽然，萤以其光传授子孙，明夏仍可与星月争片刻之光，文人顾何如乎？

贵邻

贵邻殊不贵，一专卖局长耳，然全村人贵之，予亦从而贵之矣。予虽穷，颇守法，保甲长月数过吾门，恒出簿据以收费。于簿上窥户籍，贵邻居第一，然其门牌非第一也。例，户主张三，户籍则直书张三；李四，则直书李四。而于贵邻则不然，书之为某局长。局长家有时自书捐额，亦不称名，而自尊曰某公馆，殆不屑以名字示保甲长而耻与邻为伍矣。

虽然，公馆谮号也。盖部中出资，佃得银行家别墅，作疏散物资用者。以空袭少，物资不来，贵邻则从权而公馆之。公馆为全村建筑冠，居高临下，花木扶疏。雕栏画槛，曲廊洞房，当可住三五十人。然贵邻除每周学罗斯福回乡度其周末外，恒在城。夫人亦然，非警报频繁不来。于是此巨室只住一老夫人，三幼稚之小姐，两仆妇，一厨役，三轿班，白昼寂寞如佛寺。而贵邻犹嫌设备不足，以为未尽如人意。然贵邻未贵时，亦与吾等，乃分人家瓦屋一角住之。其时虽无男女佣仆，而举家人口如故，斗室粥粥其中，且于廊下支缸灶，而能安之若素，何也？

贱邻

佣妇周嫂，巴县北郊人，初随其主人来南郊，继家于此。所谓家，实窠也。涸溪彼岸，为菜圃。圃之一角，苦邻自治其窠。窠除曲树数干，巨竹数枝外，建筑悉为草茎与叶。屋上蓬蓬然，纷披下垂如乱发者，为山上之班茅与长草。四壁茸茸然，颠倒如破衣者，为高粱之秫秸，窠无窗，拨灰壁秫秸宽其缝，长方四五寸，则为窗矣。窠无门，以两三竹片，两夹秸秫数十茎，侧挂之出入处，则为门矣。

鞠躬入其门，窠中高不及丈，长阔则倍之，视线黑黝黝中，见竹床二，倾斜两侧。其间则箩筐，锹钼，破凳，裂缶，堆置无立足地。盖苦邻已不为人佣，自种菜，其子病而孱弱，则业小贩，此皆其谋生之具也。小床上堆败絮一卷，如腌猪油，盖妇自卧。另稍宽者，有蓝布旧被一，补绽如锦织布其上。则彼亦舐犊情深，居其子也。窠中如此，其生活已可想，而蚊蚋乃独爱之，白昼且嗡嗡然纷飞上下。门角巨绳缚一豚，掘地为浅坑而侧卧之，矢溺淋漓，臭气触人，夜间主人入室，其情况又可想。且在窠北三四丈处，有一巨窖，为妇储粪培壅之需。西北风自上头来，使全窠内外之空气皆浊。吾真不解其母子何以能坦然于此也？回视吾庐，茅檐竹壁，椅案井然，吾不复能有所怨尤矣。

苔前偶忆

老杜上溪诗："古苔生湿地，秋竹隐疏花。"久雨小霁，窗外颇有此情境。掩卷微哦，乃念及苔。

吾国文字描写及苔者，多为静穆与清寒之象征，而苔之意味，亦确有此。故富贵粟碌人士，殊不能赏苔之佳趣。犹忆儿时居洪都，黄梅时节，苦雨闷居。书斋外有小院，三方围以白粉短墙，以鹅卵石砌地，听其自成纹理。绕地则以长石为阶，高不及尺。久雨之后，苔遍生阶上下，一半绿及粉墙。三五蜗牛负壳上行，于墙苔深处，拖痕作篆书，观之甚趣，辄以止睡。院中曾栽毛竹，才得数根，高仅二三尺。有枇杷一株，瘦小如人臂，高亦不及丈，实无可赏鉴处。当苔生遍院时，则此树此竹，同作幽绿，点滴欲翠。与白粉墙相映，忽觉甚美。雨止矣，天际作微明，隔墙蔷薇架，有一小枝，穿墙瓦所作古钱眼，而入吾院，枝头有苞若干，仅吐一花，嫣然俯视，如作东家之窥。予欣然推窗，屏日课《资治通鉴》勿读，取《随园诗话》阅之。盖袁诗浅易，又主性灵，余年轻无诗力，甚好此也。《诗话》有咏苔诗两句："连朝细雨刚三月，小院无人又一年。"吟哦再三。父闻声来，见案上檀炉，正燃微烟，苦茗一瓯，方在手边，乃叹曰："没出息。"予为诗礼之家，法极守旧，即惊起垂手立。父曰："亦不汝他责，然读袁枚诗，闭院赏苔，尚有何胸襟乎？"言讫，父微哂而去，似其辞同有憾焉，而又若深喜之也。余父为将门之虎子，精武尚侠，顾亦好文学，虽极不欲予沾斗方习，而亦不之禁。忽忽三十余年，雨下见苔偶回忆之，则其事若在目前，余固深负父之期望，真个没出息也。

忍也忍也

昔吾族公艺，书百忍于其家，千古美之。雨窗无聊，戏书“忍也忍也”，签贴于座右。水浒有“倒也倒也”之语，盖秉其意而为之，若谓呼之欲出也。或问所忍者何？则吾颇卑之毋甚高论，试仿圣叹于拷红为作不亦快哉例，随书数则，以博高明之一粲。

平价米饭中，稗子谷粒甚多。不剔出，恐食之生盲肠炎，剔之，则不胜其烦，又非远视眼所可胜任，无已，每饭架镜于鼻，且食且剔，每尽半器，饭冷如冰。掷箸将起乎？忍也忍也！

老母将七旬矣，每接家书，辄言其多病。别两大儿时，均在幼稚嬉跳中，今亦各入中学矣，而来书亦苦思其父。将归乎？携在川眷同行，将数万金。不归乎？此间殊不见乐趣。故每得家书，且勿开封，先喑自呼忍也忍也！

阴雨匝月，邻鸡群趋入廊下，争吾散步数尺之地，地吾不惜与鸡共，而粪渣狼藉，日辄躬自扫除十余回。打鸡乎？鸡何知？与邻交涉乎？奈何以细故伤和气？忍也忍也！

向不穿补线袜，以其搁脚板也。今则无袜不补，补且重重叠叠，脚板已习惯之乎？忍也忍也！

每逢佳节，大人先生巨著，塞满报纸。读之乎？乏味。不读乎？吾业不许。强读一过，两眼生花，忍也忍也！

每欲入城，辄思排班购汽车票，可鹄立数小时，而仰视车站中人颜色，凛凛不可犯，吾殆奴才矣。乡居固苦闷乎？忍也忍也！

纸烟涨价，屡戒屡犯，屡犯屡戒，把笔构思，而一支乃不在手，忍也忍也！

忆车水人

扬子江上有三个半火炉，为南昌、汉口、重庆。南京则半个也。当炎暑达百度上时，此间富贵人士，颇思北戴河、青岛、牯岭，不得已而思其次，则为在京、沪冷气间看电影。予畏暑如人，不免有思，然思与富贵人大异，思吾乡车水之农人。

吾乡居皖中，无井，以池塘储水。五六月之间，旱。农人乃架水车于塘沿，汲塘中水以灌田。水车有大小，小者长一二丈，以木格夹隔板于中，俗呼之为龙。龙头有两铁钮，各套一木拐。拐动钮转，节节引水上，此手车也。力巨者，一人可任之。大者龙长四五丈，木板以五六百节计，龙头支无沿之轮四或三。轮滚上有脚踏，人踏之而轮转车动。人不能凭空而立，则有一木架，作栏杆状，农人扶而立之，以足车水。

日之午，骄阳蒸发田中之水上升，热不可当。禾稻虽生水中，犹炎烧作青草味。村中大树叶，均萎靡下垂。狗卧树荫下，吐其长舌，水牛匿泥坑中，微露其首。车水之农人，则赤背跣足，腰围蓝短裤，车水不已。架上或支布棚，或不支，然支棚亦仅蔽日于当顶时。故皮肤焦黑，转作红色。胸前汗如蚕豆大，若巨霖之下滚。天愈热，需水愈急。俯视足下水，从龙口滚滚而出，则作哟呵之声以呼风。然风辄不至，人乃误农人为欢呼也。

车水工作，须半夜起，日入而止。农人立转动之车轮上，凡十余小时。家近者，可归餐。否则有妇人或童子，以竹篮送饭至树荫，呼而食之。食饭外，唯农人借抽旱烟，得小歇。附近或无树荫，即坐水滨烈日中，于腰间拔旱烟袋出，将田岸上所置燃火之蒿草绳，就烟斗吸之。偶视同伴，尚作一二闺闼谑语，以自解嘲。盖除此外，亦无以调剂苦闷与枯燥也。试思，此味与坐重庆洋房中，开电扇饮冰水意境如何？

耙草者

大暑前后，江南禾长一二尺矣。莠草丛生，因田水而滋蔓。农人恐其夺稻禾之营养，则群起以耘草，最苦事也。

耘，吾乡谓之耙草。耙草有三次，则以耙第一届草，耙第二届草，耙第三届草分之。耙第二届草，时最热，太阳如狂火之巨炉，天地皆炽。耙草者，戴草帽，赤背。然背不能经烈日之针灸，则以蓝布披肩上，借稍抗热。下着蓝布裤，卷之齐腿缝。与都市女郎露肉，其形式一，而苦乐殊焉。农人赤足立水中，泥浆可齐膝。然实不得谓之泥浆，经久晒，水如热汤，酿浊气扑人胸腹。水中有蚂蟥，随腿蠕蠕而上，吸人血暴流。更有巨蚊马蝇藏水草中，随时可袭击人肉体。耙草者一面耙草，一面须防敌人。身上不得谓之出汗，直是巨瓮漏水，其披在身上之蓝布，不时可取下拧汗如注溜也。

耙草所用之刀，如月牙，分长短二种。长者柄四五尺，可立而耘之。短者柄仅六七寸，必弯腰蹲田中，伸臂入泥汤内，拔水潺潺作响。阳光曝人背，蹲久则周身酸痛并作。乡人不欲言其苦，掉以文曰："下蒸上晒。"故耙草者，非一午休息四五次不可也。以是，江南米中，稗粒甚少。近来吃平价米，苦稗，每饭架老花镜挑剔，辄愤恨以箸敲案，若古人之击唾壶。顾思及此，则爽然若失矣。

月下谈秋

一雨零秋，炎暑尽却。夜间云开，茅檐下复得月光如铺雪。文人二三，小立廊下，相谈秋来意，亦颇足一快。其言曰：

淡月西斜，凉风拂户，抛卷初兴，徘徊未寐，便觉四壁秋虫，别有意味。

一片秋芦，远临水岸。苍凉夕照中，杂疏柳两三株。温李至此，当不复能为艳句。

月华满天，清霜拂地，此时有一阵咿呀雁鸣之声，拂空而去。小阁孤灯，有为荡子妇者，泪下涔涔矣。

荒草连天，秋原马肥，大旗落日，笳鼓争鸣。时有班定远马援其人，登城远眺，有动于中否？

诵铁马西风大散关之句，于河梁酌酒，请健儿鞍上饮之，亦人生一大快意事。

天高气清，平原旷敞，向场圃开窗牖，忽见远山，能不有陶渊明悠然之致耶？

凉秋八月，菱藕都肥，水边人家，每撑小艇，深入湖中采取之。夕阳西下，则鲜物满载，间杂鱼虾，想晚归茅庐，苟有解人，无不煮酒灯前也。

天高日晶，庭阴欲稀。明窗净几之间，时来西风几阵，微杂木樨香。不必再读道书，当呼“吾无隐乎尔”矣。

芦花浅水之滨，天高月小之夜，小舟一叶，轻蓑一袭，虽非天上，究异人间。

乱山秋草，高欲齐人。间辟小径，仿佛通幽，夕阳将下，秋树半红。孤影徘徊，极秋士生涯萧疏之致。

荒园人渺，木叶微脱，日落风来，寒蝉凄切，此处著一客中人不得。

浅水池塘，枯荷半黄。水草丛中，红蓼自开。间有红色蜻蜓一二，翩然来去，较寒塘渡鹤图如何?

残月如钩，银河倒泻，中庭无人，有徘徊凄凉露下者乎?

朝曦初上，其色浑黄，树露未干，清芬犹吐，俯首闲步，抵得春来惜花朝起也。

焚一炉香，煮一壶茗，横一张榻，陈一张琴，小院深闭，楼窗尽辟，我招明月，度此中秋。夜半凭阑，歌大苏水调歌头一曲，苍茫四顾，谁是解人?

一友忽笑曰："愈言愈无火药味矣，今日宁可作此想？"又一友曰："即作此想，是江南，不是西蜀也，实类于梦呓！"最后一友笑曰："君不忆抬头见明月，低头思故乡之句乎？日唯贫病是谈，片时作一个清风明月梦也不得，何自苦乃尔？"于是相向大笑。

劫余诗稿

尝自嘲作诗如旧秀才吃肉，终生不得十回。即作诗，亦多近体，偶感遂题，兴尽即止。内子随余久，间亦学读古唐诗合解。问曰："君诗无古体，何也？"余曰："此非卿所知。无平仄之诗较有平仄之诗难作，余为诗，类打牙祭，遣兴耳，何自苦作古体。"彼亦无言。一日，于山窗外曝旧书，细君捡得残报一角，中有花边文字，五古也。题曰："悠然有所思。"下独缺署名。彼持诵再三，因以相示，笑曰："此似君作，发表于《南京人报》者乎？"余大笑，因吟曰："喜得素心人，相与共朝夕。然向未示卿古体，何以知之？"曰："于提壶酌苦茗知之。"余复大笑，笑且一日数次，即收此残报夹书稿中。灯下共话，彼又请曰："偶发君诗，亦常事，何大喜若狂也？"余曰："三年来，非相与伤感物价，即为群儿顽劣事相争执，闺中之乐，甚于画眉者，此调生疏久矣。窃以为卿仅知余不谈物价，仅知余厌群儿嬉戏，大背人情，今觉殊不然也。乃一见而识吾诗，十余年相聚。诚未白费，焉得不乐？"彼掉首曰："卖文计字论钱，今百元千字，不及一升米，此诗所值几何？虽识之，宁足供吾人一餐油条豆浆耶？"余色沮，一日之乐尽去。事后思之，此诗辗转劫火，犹存，未可摒弃，谨录入小品，试问读者，值一餐油条豆浆否？其诗云：

庭前一树槐，长宵声瑟瑟，朝起露秋阳，满阶堆黄叶。幽影弄虚窗，依稀无几日，悠然有所思，人生良飘忽；多少儿时友，儿女亦绕膝。当日青春时，嬉戏无所惜，壮年今且半，往事空追忆。

儿时少读者，壮年百不足，来为尘市人，奚辞斗米辱？得暇便早归，阶前列群绿，西风昨夜凉，新开几盆菊。悠然有所思，闲吟度幽独。

悠然有所思，背手立斜晖。西风挥落木，北雁尚南飞。君自塞上来，先我征人归，常见汉家帜，已解百灵围。百灵围虽解，所失城尚多，城中有汉俘，见君泪滂沱。欣君朝奋翼，暮见汉山河。君见汉山河，所感转如何？长夜愁不眠，提壶酌苦茗，悠然有所思，寒灯照孤影。

另一山窗

有人集古诗为联曰："无事此静坐，有福方读书。"此种旨趣，殊不合于现代人生观。然而吾人真有此种境地，岂非大幸之事。犹忆三十年前，丧父废学，乡居就食。老屋数椽，后负高山，前临草塘，自辟斗室，为起坐读书之所。室中绝无粉饰，唯有一窗，匝以小院。院中左有芭蕉六本，为家人代鸡鸭谋息阴地者。右有古桂一株，则祖考所手植。余既来，驱逐鸡鸭去之，代之以水缸，中养山鱼十余尾。院中经月未有人至，绿苔长至寸许，蒙茸如绒毯。于是放卷偶瞩，则左右上下，一望皆绿，虽乏花香，饶有情趣。此心易定，读书便多。日午鸡鸣，家人来呼午餐，青菜黄米饭，可尽三器。因久坐不欲便观书，则出柴门，绕麦田负手闲步。麦中藏野雉，往往惊而突出，扑扑向后山飞去。每值此时，恒觉诗情画意，荡漾不止。麦田外有种荞麦油菜者，一片郁郁青青之中，略杂红黄一二亩，亦甚调和悦目。随步而行，忘路之远近，直至山脚溪边，不愿跋涉，始沿堤绕道而回。入门不无小倦，则伏案饮清茶半壶，依旧观书，至黄昏不能见字，乃在门前草塘水柳之间，苍茫暮色中，望远小立。晚餐后，观书甚少，或与家人闲话，或与叔伯辈下象棋二三局。约初更后，即灭灯睡，明日日出，自然清醒欲起，更理常课。以上所述，虽非日日如此，非大风雨，或有他事，亦未尝不如此也。

此窗虽非面山，而山在咫尺间。风光花气，固无时不挟山林之意以入吾几榻。且环吾居，水木明瑟，自异此穷谷。搁笔小息，瞑目遐思，便觉左芭蕉而右老桂，均摇曳身畔。因念吾何日得再坐彼一窗下？他日坐彼窗下时，亦念此一山窗否？偶一抬首，见隔溪竹枝，拂风作点首状，若曰："然也。"时破纸窗隙，有凉风习习然吹断纸片作嘘嘘声，又若如泣如诉曰："其然乎？其然乎？"

除夕苦忆

民国二十四年冬，余自沪解《立报》职务，将北归。一夕接家中两电，嘱勿行。旋接航函，知日本特务机关，在平搜捕新闻教育两界反日人物，忝居榜末。不得已，遂中止南京。废历除夕，聚饮于叶古红家。叶川人，好与新旧斗方名士游，慧剑兄所谓诗医也。其家在湖北路之东，面临外交部花园。城北故旷阔，景至萧疏，时雪花如掌，冻雾迷天，宇宙银装，荒林积素。叶于小楼上，盛陈年饭，案上巨瓶插蜡梅天竹高三四尺。电炬通明之下，更燃红烛如椽，铜柱双擎。屋角白铜巨炉，镂花作盖，其中煤火熊熊，满室生春。玻璃窗上，雪花扑打，水汗淋漓，于窗隙窥外交部大厦，真是琼楼玉宇。加以断续爆竹声，城南北远近相应，年味盎然也。

叶妻魏新绿，女票友，北地胭脂也，与周南素善，预约作天津女儿新年装。时则穿桃花袍，着红袜红履，且于鬓边插巨朵红花，周身尽赤。余哀乐中年，唯作微笑。叶齿豁头童，睹其艳妻，乐不可支。既而友人郭冷厂、陶荣卿等三五人来围座把盏，即席赋诗，余得一律，不复尽忆，中有“已无余力忧天下，只把微醺度岁阑”之句，盖余固别有感慨也。（事后叶以诗钞示周邦式兄，揭载《中央日报》，易君左兄见而好之，和之至再。）诗酒阑珊，隔窗外视，雪涌如潮。湖北路稍远通衢，夜深声寂。偶有讨账人携灯笼过楼下，衣帽尽白。其前有马车，轮蹄破雪的扑作声。车上堆食盒，亦似为过年忙者。余等乃嗟叹一般年味，各各赏鉴不同如此。于是古红豪兴大发，撤席作竹战。余不善此，与新绿坐炉边剥花生，谈梨园故事。天将明，雪稍止，叶着仆呼一轿式马车来，送客归寓。车由来龙巷入丹凤街，人家拥寒闭户，门上春联，与地上尺厚积雪对照，红白益显。晓色溟蒙中，见二三拜年人，着新衣在风檐下零落行走，便非昨夜趣味。盖丹凤街是旧南京街道，仍有人自行其古风也。

当时草草过此一夕，初无深感。六年来，古红早已作古，新绿漂泊天涯，境遇至劣。郭在西安，五六年不晤。陶死兰州。余与南，抛别老幼，托迹陪都。长安不易居，借茅屋两椽，避居山谷。又届岁除，亦复聊煮鱼肉，同饱晚餐。方案之上，油灯之光如豆大，以竹凳反置，上支铁锅，燃木炭数根，借除寒气。时门外瘦竹一丛，风吹之飕飕作响，雪子如珠扑入门户。饭后守岁小坐，与南回首旧事，一语三叹，人犹此人，雪犹此雪，除夕犹此除夕，非其地，非其时矣。谷中无爆竹声，取旧表视之，仅十句钟，而万籁均寂，宇宙若死，探首户外，漆黑无光，伸手不见其掌。亟掩户回视，南拥被酣然入梦矣。伸纸追记，掷笔惘然。三十年农历除夕。

附　张恨水大事年表

1895年　出生

5月18日（农历四月二十四日），出生在江西广信的一个小官吏家庭。原名张心远，1914年他给汉口小报投稿时，从南唐李后主《乌夜啼》词"自是人生长恨水长东"一句中截取"恨水"二字作笔名。自此，"恨水便成了他的正名，原来的名字反而湮没了"。1917年后，他还用过哀梨、旧燕、水等三十余个笔名。

张恨水原籍安徽潜山，后迁居于江西。祖父号"开甲"，曾任参将，驻江西某县，"生而魁梧有力，十四龄能挥百斤巨石，如弄弹丸"。"清军至，迫公入伍，公出入战场十余年，死而不死者无数。"其父名钰，任江西景德镇税务官，家遂由潜山迁至江西。

1898年 3岁

大弟啸空出生。

1900年 5岁

是年，其祖父64岁，常“闲立廊庑，一脚跷起二三尺，令恨水跨其上，颠簸作呼马声曰：儿愿作英雄乎？余曰：愿学祖父跨高马，佩长剑。公大乐，就署中山羊，制小鞍辔，砍竹为刀，削芦作箭，辄令两老兵教驰驱射舞之术于巨院中，恨水顾盼自雄，亦俨然一小将也”。

1901年 6岁

祖父因病去世，祖父高超的武技对张恨水有很深的影响，成为他以后进行武侠小说创作的重要生活基础。

是年，张恨水始入蒙学。读“三百千”，“念半年，就读了十三本书”，还学过“上下论”，“念过孟子”。但只是死记硬背，对书上的文学并不理解。此时，家居景德镇。

1902年 7岁

在蒙学攻读“四书五经”。

1903年 8岁

在蒙学读书时，对古书开始发生兴趣。“有一天，先生和较大的两个学生读书，讲的是孟子齐人章。我很偶然地在一旁听下去，觉得这书不也是很有味吗？这简直是个故事呀。于是我对这书开始找到了一点缝隙。”此后，他和书便结下了不解之缘。

1904年 9岁

因其父去南昌任职，家也随着移住南昌。张恨水进“一位父执的家馆里读书”。先生是一位安徽老夫子。学的内容是《易学蒙求》《读蒙学读本》。这些书每篇有图，张恨水对这些书非常有兴趣，因为“看了这图，我可以略懂些书上的意义”。

下半年，退出家馆，转入一个有较多学生的私塾就读。读的内容是《左传》《二论引端》。《二论引端》是用朱注和一些浅文注解《论语》的书。虽经先生“望文随解一遍”，但“我实在是不懂。我另想办法，同学念《论语》带有白话解的，我借同学的书看，就懂了”。

是年，大妹张其伟出生。

1905 年 10 岁

年初，其父奉调江西新城县（现在的黎川县）任职，张恨水随往，在家从端木先生读书，一同就读的还有其弟啸空（已七周岁）及另一同乡子弟。这时期，他学业有三大进展：一是对文言文中虚字的作用开始有所了解。二是在由南昌到新城的木船上，他发现了一本《残唐演义》，拿起来一看，便被书中复杂而离奇的故事情节吸引住了。这是他最初接触小说。端木先生也是个“三国迷”，他桌上常摆一本《三国演义》。先生不来，他“就偷着看”。从此。张恨水成了小说迷。为了阅读更多的小说，他把零用钱积攒下来，跑到书铺去买小说。但当时，读小说被视为不务正业，他这种爱好，往往受到父亲的限制。有时“书被扣留”，有时“还得痛骂一顿”。所以他只得夜深人静之时，点灯苦读。这些小说是他以后从事小说创作的启蒙教材。三是他爱上了《千家诗》，并请先生教他读诗写诗。这是他接触古诗的开始。

11 月前后，祖母去世，随父返回原籍潜山，入本村学堂读书。先生姓储，是个老童生。在一年多的时间里，他读完了“五经”，并开始学作八股及律诗。

1906 年 11 岁

仍在原籍潜山攻读。

1907 年 12 岁

年初，因其父调往江西新淦县任职，张恨水也随至新淦三湖镇，进入一个“半经半蒙”私馆，攻读古文。先生姓萧，是个廪生，思想较开通。张恨水乘机遍览小说，在不足两个月之内，便读了《西游记》《封神演义》《水浒传》《东周列国志》等十余部小说。

七八月间，因先生下省考拔贡，他在两个月内，模仿《聊斋》笔法，完成论文十余篇，其中《管仲论》颇得先生和父亲的赞赏。

冬，又回南昌，通读《红楼梦》。此时，他不但读书范围广，并且逐渐懂得了书中“作文之法”。

是年，三弟朴野、四弟牧野出生，二人是孪生兄弟。

1908 年 13 岁

是年，张恨水仍攻读古文，不仅读原文，还读“批注”。对于小说，他不仅看内容，也看书评。

1909 年 14 岁

年初，其父为教育子女，自立家馆；先生徐氏，是“徐孺子后代”，世为布衣，不应科举，徐氏对张恨水影响很大，他后来回忆说：“因之，我对于传统的读书做官的说法，完全加以鄙笑，一直种下我终身潦倒的根苗。”

秋，入“大同小学”三年级读书。该校为当时新式学堂，学制四年，校长周六平，是个维新人士。“他教书的时候，常常讥笑守旧分子，而且不时地叙述清朝政府的腐败。”张恨水自幼接受的是封建教育，思想上有不少守旧的成分，于是便成了这位校长的讥笑对象。这种刺激，促使张恨水“极力向新的路上走”。从新书和上海报纸上，他开始意识到“这世界不是‘四书五经’上的世界”，“就另想到小说上那种风流才子不适于眼前的社会”，“一跃而变为维新的少年了”。但是，张恨水思想上虽有变迁，文学上的嗜好却依然如故，仍醉心于风花雪月式的词章，风流才子式的小说。有时也投先生所好，“看《西厢》，读《庄子》”，文章虽深奥难懂，但也使他“学会了许多腾挪闪跌的文法”。

1910 年 15 岁

上半年，继续求学于大同学堂。

7 月，考进甲种农业学校。该校课程设置有：代数、几何、三角、物理、化学及英语。其中不少科目是张恨水初次接触，困难甚多，“除了英文，没有一项不赶得头脑发昏”。因忙于应付功课，无暇再读小说，但假期一到，他又白天舞笔弄墨，夜晚把卷攻读。此时，他从《儒林外史》中学得讽刺，从《小说月报》所载林译小说中了解了西洋小说心理描写的方法。同时，他仍陶醉于词章小说《花月痕》中的诗词小品及精典工整的回目之中。

是年，他因受新学堂教育，剪掉了辫子。

是年，小妹张其范出生。

1911 年 16 岁

是年，仍求学于甲种农业学校。同时，向其弟妹之塾师储先生学作律诗。

上半年，试作了一篇武侠小说，以满足弟妹们听故事的要求。内容写一个十三岁男童，力大无比，手执两柄铜锤，于庄前打死一只猛虎。小说虽幼稚，但却是他“创作欲”的萌芽。

1912 年 17 岁

是年，原拟出国留学。同年秋，其父因急病于南昌去世。父亲去世后，经济来源中断，他只得中途辍学，出国之事遂化为泡影。

不久，全家迁回原籍潜山，靠数亩薄田糊口。因家中无积蓄，张恨水无法复学，这一打击甚为沉重，他既为父亲之死悲痛欲绝，又为中途辍学烦躁不安。因此，无心读书，每日与牧童为伍，与弟妹作伴，游戏于地头水边，虚度了半年之久。

1913 年 18 岁

春，因张东野（张恨水堂兄）函邀，张恨水只身来到上海。此时，中山先生所办蒙藏垦殖学校北迁未成，设在苏州。张恨水前往报考，并被录取。

垦殖学校当时设在苏州阊门外，读书环境甚佳。但因社会动乱，学校经费不足，学生前途暗淡。一次，偶然翻阅《小说月报》，发现了征文广告，他决定撰文投稿。于是三日之间，完成短篇小说《旧新娘》和《梅花劫》。前者文言体，约三千字，写“一对青年的婚姻笑史”。后者白话文，约四千字，写“一个孀妇自杀”。文稿寄往上海《小说月报》编辑部。不久，该刊主编恽铁樵回函说：“稿子很好，意思尤可钦佩，容缓连载。”这使他大喜若狂。后来稿子虽未刊出，但恽先生对他初次投稿的鼓励，却使他终生难忘。

7 月，爆发了孙中山领导的讨伐袁世凯的二次革命，但因国内外反动势力的联合镇压，于9月遭到失败。因“垦殖学校”为国民党所办，也是讨袁力量之一，所以，二次革命失败后，学校被迫解散，张恨水再次中途失学，返回乡里。

不久，由家庭包办，被迫与徐氏完婚。

冬，闲居家乡的张恨水，既“醉心物质文明，不堪日与农夫为伍”，又苦于乡人对他功名未成的嘲讽，再加上不满意的婚配，使他内心苦闷，满腹牢骚，整日躲进“黄土书屋”，吟诗填词，看书作稿。他的第一部章回体长篇白话小说《青衫泪》就是这时完成的。

1914年 19岁

春，因求学心切，他只身来到南昌，靠借债及房租（其父在世，曾在南昌买下一所房屋，因无人居住，租给他人）收入，进某补习学堂，补习英语和数学。

夏，其母卖掉南昌房产，得八九百元，以接济日渐贫困的生活。

秋，因房租来源终断，张恨水离开补习学堂，前往汉口投奔本家叔伯张犀草。

张犀草当时为汉口某小报的独角编辑。张恨水的到来，很受他欢迎，被安排住在某杂货店的楼上，每日为小报补白，署名“恨水”。

12月，堂兄张东野来汉口演话剧，张恨水放弃了报馆工作，加入“文明话剧团”，“帮助弄点宣传品，写写说明书，初定月薪三十元”，但他从来没拿过这个数目。

1915年 20岁

年初，随“文明话剧团”至湖南常德，初次登台参加了《落花梦》的演出。他后来回忆说：“派我一个生角，是个半重要的角色，大家公认为我演的还不错。”

2月初，随剧团分班到津市演出。

4月，结束了在津市的演出，随剧团到了湖南丰县。

6月6日，随剧团来到上海参加演出。其间，结识了当时安徽芜湖《皖江日报》的编辑郝耕仁。郝见张恨水颇有文才，劝他结束这种东奔西跑的生涯，到内地去做编辑。

10月，正值晚秋，张恨水虽在剧团工作，但收入甚微，无钱买夹衣，仍身着夏服，不久病倒，只得当衣买药。

年底，张恨水贫病交加，“上海也就再住不下去了”，于是再返故乡。

这番经历，使他深知漂泊之苦，决心“不再流浪了”，一头钻进“黄土书屋”，自学自修起来。

1916年 21岁

年初，创作兴趣大增，在“黄土书屋”内，写了两个文言中篇小说：《未婚妻》和《紫玉成烟》，还写了笔记散文《桂窗零草》。这些作品都曾受到过朋友们的称赞。但是除了《紫玉成烟》后来发表在芜湖《皖江日报》外，其余似乎都“未曾进过排字房”。

春，其族兄在上海吃官司，他受本家之托，到上海为族兄四处奔走，设法营救。

不久，他由上海到苏州，巧遇李君磐，并应李之邀，二次加入“文明剧团”，在苏州参加演出。但是，因他苏州话说得不好，不得不中途离开苏州，随剧团分班来到南昌。在南昌，收入甚微，难以度日，所以，于本年冬，他借资由南昌回到潜山。至此，在外奔波已达数月之久。

1917年 22岁

2月，郝耕仁来信邀他一同出游，顺便卖药以作游历之资。

3月初，二人于安庆会面。乘车到了上海，然后准备“顺淮河北上，入山东达济南，再浪迹燕赵”。但船行至仙女庙，遇战事，不得已改变计划，折道上海。这次旅行，虽受挫折，但一路之上，二人填词吟诗，彼此唱和，既加深了友谊，也开阔了张恨水的眼界。到上海后，张恨水写了长篇游记《半途记》，笔调沉痛而幽默，后因丢失，未曾发表。他们在法租界住了几个月，经济主要靠朋友资助，有时也撰文投往报馆，稿子多被采用，稿费却一文没有。但由此他已知道“投稿入选并非难事”。

秋，离上海返回故乡。

冬，居家攻读古文，并剖析林纾所译外国小说。

1918 年 23 岁

1 月，郝耕仁来函，推荐他到芜湖《皖江日报》做编辑，并告诉他：大作《未婚妻》颇得朋友们赞赏，稿子已被无锡报纸的一位编辑拿去。得此消息，张恨水十分高兴。于是，根据《未婚妻》的笔法，又写了一篇《未婚夫》。

2 月，“度过残年，凑了三元川资”，由家乡来到芜湖。经张九皋推荐，拜见了《皖江日报》经理谭居亭，经考核被任命为该报总编辑。这是他记者生涯的正式开端。

《皖江日报》为地方小报。共有编辑四人，加上工人，还不足二十人。因消息闭塞，稿件很少，所以办报主要靠剪刀。张恨水决心打破这种状况，以自己的创作，开拓出新的局面。

春，早期习作《紫玉成烟》在《皖江日报》副刊发表。结果“很得一些人谬奖”。他很受鼓舞，又撰一部白话长篇言情小说《南国相思谱》在报上连载。他这时的创作，受《花月痕》影响很深，“完全陶醉于两小无猜，旧式儿女的恋爱中”，形式上“偏重辞藻，力求工整”。

不久，讽刺小说《真假宝玉》和《小说迷魂游地府记》在上海《民国日报》上刊出。

1919 年 24 岁

5 月 4 日，震撼全国的“五四”运动爆发，全国人民反帝反封建的斗争，打倒孔家店的怒吼，使张恨水“受到了很大刺激”。不久，他因事去上海“亲眼看到了许多热烈的情形”，返芜湖后，马上办起了介绍“五四”运动的周刊，宣传一些新文化运动的观点。但他自幼爱好古典文学，装了一肚子词章，对于新文学界主张文学革命的主张“虽然原则赞同，究竟不无保留”。他后来回忆说，“那时候，我们都很幼稚，没有什么明确的观点，看见别人示威游行，我们三两个人，手上拿了小旗子，站在报馆门口，跟着喊口号”。

18日（阴历初三），在全国掀起的抵制日货高潮中，芜湖群众把日本草席钉在路旁电线杆上，上写“若用日货，男盗女娼”。

19日（阴历初四），芜湖街面上，出现了一个卖艺的人，在安徽军阀倪嗣冲派兵保护下，大放媚日言论，在群众反对下，此人逃进中山路日本人所办“丸山药店”中。

20日（阴历初五），日驻南京领事馆，以芜湖人仇日排外为名，派日本兵一队来到芜湖，荷枪实弹，耀武扬威，在芜湖街面上，高呼“日本大帝国万岁”，向中国人民挑衅。日本军人的可耻行径，激起了芜湖人民的极大愤慨。

当天下午，张恨水面带酒意，在《皖江日报》编辑部对工友们说：“今天是什么日子？”答：“五月初五。”问：“纪念什么人？”答：“屈原。”问：“屈原为谁而死？”答：“为祖国。”张恨水又说：“今天日本人欺人太甚，我们岂能置之不理。”在他的鼓动下，编辑部二十余人，扛着大旗，高呼口号，在日本人所办“丸山药店”门前，往返数次。这次游行，鼓舞了群众的反日士气，被芜湖人民称为“爱国义举”。

秋，辞去《皖江日报》总编辑职务，典当了行李，从南京朋友处借川资十元，乘火车北上，来到北京，准备报考北大。在北京，经王夫三引见，结识了上海《申报》驻京记者秦墨哂，并在他手下工作。每天的任务是发四条新闻稿件。月薪十元。当时张恨水住在潜山会馆。会馆里人员复杂，使他有机会接触北京各阶层人物，听到许多社会新闻，这为他以后的文学创作提供了不少素材。

因收入甚微，不久，经方竞舟介绍，认识了北京《益世报》编辑成舍我，并被成推荐兼任了《益世报》助理编辑。月薪三十元。至此，张恨水生活才自给有余。

1920年 25岁

是年，张恨水收入虽然增多，但工作十分忙碌。白天在秦墨哂处工作八小时，入夜还得在《益世报》编辑部工作到天明。

秋，因高声朗读英文触怒了好静的北京《益世报》经理的夫人，被调离该报编辑部，改任天津《益世报》驻京记者。工作之余，他苦下功夫，练习填词。

冬，进商务印书馆英文函授学校，攻读英文。

1921 年 26 岁

是年，除原工作外，又兼任了芜湖《工商日报》驻京记者。同时，应芜湖朋友之邀，作长篇小说《皖江潮》，于芜湖《皖江日报》连载。

1922 年 27 岁

是年，工作更加繁忙，简直“成了新闻工作的苦力”。他没有心情，也没有工夫去搞什么文学了。因此，在《皖江潮》后的四五年内，他再也没写过小说。

是年，家已由潜山移居芜湖。张恨水尽其所得，除自己吃用外，全部汇往芜湖，赡养家小，供弟妹上学。

1923 年 28 岁

2 月，返芜湖探望母亲。不久，回到北京。

是年，旧职未卸，又担任了秦墨哂、孙剑秋创办的世界通讯社总编，月薪二十八元。但此社“没有邮电的新闻来源，也没有外勤记者，除了社长在茶余饭后，得来些道听途说的新闻外，并无新闻稿子供给”。这给他工作带来很大困难，每日只靠抄各省的报纸，敷衍了事。数月之后，便罢职离去，专门给上海《新闻报》《申报》写通讯。因为“这两家报馆，对于北京通讯，极肯花钱，一经录取，每篇通讯付酬十元”。

不久，离开《益世报》，协助成舍我创办联合通讯社，同时兼任北京《今报》编辑，直到 1924 年 4 月。

1924 年 29 岁

年初，辞去了在京担任的所有职务。

4 月 16 日，成舍我在北京西城区手帕胡同创办《世界晚报》，张恨水、龚德柏、余秋墨等应邀合作。张恨水的任务是编新闻。副刊《夜光》由余秋墨主编。成舍我知张恨水在南方发表过小说，所以请他为副刊写一部长篇。于是，张恨水第一部有影响的长篇小说《春明外史》开始在《世界晚报》副刊《夜光》发表。

《春明外史》连载于1924年4月16日至1929年1月24日的《世界晚报》副刊《夜光》。全书约百万字，是一部以《二十年目睹之怪现状》为蓝本的谴责小说。

5月中旬，余秋墨另有专职，副刊改由张恨水续办。因张恨水偏好文艺，所以副刊上的文字，他力求写得生动、活泼。

1925年 30岁

2月10日，成舍我在北平又创办了《世界日报》，副刊《明珠》仍由张恨水编辑。因工作繁多，应接不暇，为“保证比较好的稿子的来源”，他在报上登出广告：“招考特约撰稿人。”应考人颇多，由张恨水主考，最后录取了张友渔、马彦祥、胡春冰、朱虚白四人。每月每人发稿费十五元。

夏秋之交，和张友鸾相识。张友鸾小张恨水九岁，毕业于北平平民大学新闻系，一生办报，写有大量杂文，并著有长篇小说《秦淮粉图》等。自相识后，二人多次合作，成为终生好友。

9—12月，在《世界日报》上连续发表了《新绿长衫》《甚于画眉》等十篇短篇小说，这是他发表短篇小说最多的一年。

除长、短篇小说外，几乎每日均有杂文见报。内容多因时因事而发，抒发情感，针砭时弊。像《势利鬼可起而为总长》暴露了当时官场上的黑暗；《官不聊生》揭示出官逼民反的道理；《免考入门券》则抨击了当时考场上的舞弊现象。

1926年 31岁

2月19日，中篇小说《新斩鬼传》开始在《世界日报》上连载。该书仿明代小说《斩鬼传》笔法，对当时社会上存在的“人中之鬼”进行了有力的嘲讽。但文字欠纯熟，不少地方说是讽刺，不如说在骂人。

5月30日，在《世界日报》上发表《无话可说的五卅纪念》一文。“五卅纪念”“报纸上应该要有一点表示”，但又觉无话可说。他认为：激动国民，痛骂政府，指摘外强，已无什么意义，因为“少数创巨痛深的国民，和多数麻木不仁的国民，就是给他一种兴奋剂吃”，也是无济于事的。表明了他对国民革命性的悲观认识。

7—10 月，作中篇小说《荆棘山河》《交际明星》载于《世界日报》副刊。

10 月，和《世界日报》新编辑左笑鸿相识，此后，二人多次合作，成为挚友。

秋，和胡秋霞结婚。（胡秋霞，四川人，出身贫寒。婚后，一直料理家务。解放后，和长子晓水一起生活，1982 年 4 月底去世。）

是年，张恨水把张学良作为一个模特儿塑造了一个姓韩的正面人物，写进了《春明外史》，博得了张学良的好感。为此，张学良曾造访张恨水私邸，并授予他一个挂名但拿薪水的“参事”职务。从此，两人建立了友谊和联系。

是年，把家小由芜湖移居北京。因人口增多，开销加大，他这时创作，“完全是为了图利”。

1927 年 32 岁

2 月 14 日，另一代表作《金粉世家》开始在《世界日报》连载，到 1932 年刊完，前后共历七年。全书一百二十回，总长百万言。

4 月 12 日，蒋介石在上海发动了反革命政变，大肆捕杀共产党人和革命人士。在北方，张作霖反动政府也遥相呼应，全国笼罩着一片白色恐怖。这是报界不景气的一年。因政局不稳，市面萧条，看报人骤减，登广告的商家也减少了。北平《世界日报》连工资也开不出来了。

4 月 22 日，《有感于上海小报》一文在《世界日报》上刊出。文章指出：上海小报所载，都是些“害人的文字”，并认为“上海没有租界，也不至于有这些小报”。阐明了他对上海小报的看法及这些小报所赖以生存的社会基础。

10月，《世界日报》总编辑弃职，张恨水被杨璠（成舍我夫人，因成去英国，报馆由杨掌管）提名，继任此职。

年底，张恨水白天写小说，编副刊，夜间编新闻，看大样；加上家中人口多，负担重，又不能按时领工资，所以牢骚满腹。由于心情不快，他突然病倒，《世界日报》主编一职不得不由左笑鸿接手。

1928年 33岁

5月3日，日本出兵济南，杀害了我国外交人员蔡公时。惨案发生后，激起全国人民极大义愤。《世界日报》以“日人将为人类公敌”，“呜呼！山东，呜呼！中国”为标题，刊登了大量评论。张恨水主编的副刊“也不谈风月了”，接连写出了数篇杂文，对日本帝国主义侵略中国的暴行，进行了谴责和声讨。

在16日发表的《耻与日人共事》一文中，他借济南惨案发生后，山东学者柯绍斋毅然辞去“中日文化委员会”委员一事指出：“济案事关国体”，是中国人就应“耻与日人共事。”在22日发表的《中国不会亡国》一文中，他坚信：中国面积大，人口多，国情复杂，“世界上的强国，无论是谁，他是不能并吞中国”的。而且“现在人知道亡国，是和自己有切身利害的”，所以，虽然日本人疯狂一时，但是“中国是不会亡国的”。

6月2日，张作霖被蒋、桂、冯、阎打败，逃往东北，张学良也随之移居沈阳。

6月5日，《长篇与短篇》在《世界日报》刊出，这是一篇学术论文。

6月20日，另一篇学术论文《短篇之起法》在《世界日报》刊出。

7月2日，短篇小说《张碧娥》于北平《益世报》发表。作品反映的是一种劫富济贫、反抗强暴的侠义精神。

8月，移居沈阳的张学良决定创办沈阳《新民晚报》。由王益知、钱芥尘出面筹备，并信邀张恨水为他写一部类似于《春明外史》的长篇小说。

9月，《春明新史》开始在沈阳《新民晚报》连载。同时，《青春之花》《天上人间》《剑胆琴心》也陆续在北平《益世报》、北平《新晨报》上刊出。这样，加上未写完的《金粉世家》《春明外史》共是六部长篇小说。为了应付这种情况，他“只能写好每篇小说的人物，故事提纲，排上轮流写作的日表”，然后依次进行，每天都得写千字左右。

是年，长子晓水出生。

1929 年　34 岁

1 月 25 日，在《世界晚报》上发表了短篇小说《战地斜阳》，对军阀混战给人民带来的苦难作了一定程度的揭露。

5 月，上海新闻记者团来到北平，经钱芥尘介绍，张恨水结识了严独鹤。严久慕张恨水大名，约他为《新闻报》写部长篇小说。这就是数月之后，在上海《新闻报》上连载的《啼笑因缘》。

7 月 9 日，在《世界日报》发表《〈玉梨魂〉价值坠落之原因》一文。指出：《玉梨魂》落价原因，不像他人所说“文字堆砌，思想落伍”，而是“缺少小说的条件”，在“情、意、文、质”四点上“均不能成文”，因此逐渐受到读者的冷淡。首次阐明了他对鸳鸯蝴蝶派“骄子”《玉梨魂》的看法。

8 月，前往沈阳拜访张学良。不久离奉返平，途中作《〈春明外史〉续序》。

12 月 31 日，《世界日报》第二版登出了《阎锡山将赴郑州督师》的头条新闻，揭穿了阎锡山表面剿冯，实则反蒋的军事内幕，因此触怒了阎，《世界日报》被勒令停刊。

1930 年　35 岁

1 月，经多方疏通，《世界日报》于 13 日复刊。复刊时，登有张恨水所写《本报复刊的意义》的社论，曲折地表达了他对迫害新闻事业的不满情绪。

2 月，辞去《世界晚报》《世界日报》副刊主编职务。至此，他割断了和这两报达七年之久的联系。

3 月 17 日，长篇小说《啼笑因缘》开始在上海《新闻报》副刊《快活林》上连载，至同年 11 月 30 日载完。同年 12 月由上海三友书社出版单行本。该书是一部以言情为经，社会为纬，旨在暴露的作品，虽然存在着某些不足，但有着明显的反封建倾向。所以，《啼笑因缘》发表后，在市民阶层中引起了很大反响。不久，被上海文艺界改编成了话剧、电影和弹曲。为取得电影摄制权，上海“明星电影公司”和“大华电影社”还打了多日的官司。

4 月 24 日，在《世界日报》上发表了《告别朋友们》一文，阐明了辞去《世界日报》《世界晚报》职务的原因：“为什么辞去编辑？我一支笔虽几乎供给十六口之家，然而好在把生活的水平线总维持着无大涨落，现在似乎不至于去沿门托钵而摇尾乞怜。”显示出对资方的不满。“我除了本编辑之外，还有六篇小说，早有契约不能中断的。”表明他要腾出时间，专门从事创作。

秋，到上海，经赵苕狂介绍，结识了世界书局总经理沈知方，经两次谈判，卖掉了《春明外史》《金粉世家》的版权，得款四千元，并约定再为该书局写四部长篇小说。实际上后来仅完成三部，即《满江红》《落霞孤鹜》《美人恩》，又预支稿费四千元。

在沪期间，曾邀挚友郝耕仁到杭州游览。

不久，返回北平，租了宅院，专心从事写作。

1931 年　36 岁

1 月 27 日，《我的小说过程》在《上海画报》开始连载，至 2 月 12 日载完。文章自他幼年谈起，至《啼笑因缘》发表结束。是张恨水最早发表的自传体文字。

2 月 10 日，《小说考微》开始在北平《晨报》发表，至同年 8 月 25 日结束。文章主要论述了小说这种文学形式在历史上的起源和发展，是一篇有价值的学术论文。

上半年，以稿费收入创办了北华美术专科学校。由其弟牧野出面主持工作，他自任校长，并兼国文教员，专门讲授古典文学和小说创作的课程。

北华美术专科学校是私立学校，有学生二百多人，因收费不高，颇有声誉。著名画家齐白石、徐悲鸿、李苦禅等曾任该校教员。1937 年宣布解散。

9月18日，日寇攻占沈阳。由于蒋介石的不抵抗政策，在不足三个月内，东三省整个沦陷。

“国家兴亡，匹夫有责”，为表示内心的激愤，张恨水把在上海《新闻报》上连载的长篇小说《太平花》增加了抗战内容。这是他第一部带有抗日色彩的作品，也是他写国难小说的开端。

是年，和周淑琴结婚。（周淑琴，婚前是北京春明女中学生；婚后，张恨水为其改名周南。一生操劳家务，于1959年10月14日去世。）

1932年 37岁

埋头于小说创作，除前面在各报刊连载的小说外，又开始创作《锦片前程》《水浒别传》，分别发表在上海《晶报》和北平《新晨报》上。同时，为使自己的创作赶上时代，他仅用了二十六天时间，写了三篇小说、一个剧本、一组笔记和两组诗（小说是《九月十八》《一月二十八》《仇敌夫妻》；剧本是《热血之花》；诗是《健儿诗七首》和《咏史诗四首》），都是鼓吹抗战的文字。这些作品编纂成集后取名《弯弓集》。该书发表后，引起日方的注意，为此，“他们曾向在北平的张学良提过抗议”。

夏，北平猩红热流行，张恨水之二女慰儿、康儿皆死于瘟疫之中。他悲痛欲绝，但仍未停笔，完成了长篇小说《金粉世家》的收尾工作。

是年，二子二水出生。

1933年 38岁

1月3日，日寇举兵占领山海关，25日攻占热河，然后向长城各口攻击，妄图一举占领华北，蒋介石采取不抵抗政策。但长城一线驻军和义勇军自动奋起抵抗。

为躲避战乱，举家迁至安庆。月底只身来到上海。在上海，他对置民族危亡于不顾，不思抗战，仍沉溺于享受之中的统治者，感到十分气愤，提笔写了《上海人已经觉醒了吗？》一文（1月30日上海《新闻报》），对上层阶级这种可耻行径进行了无情的揭露，并号召“人尽其智，人尽其力”，团结起来，去对付敌人。

2月，在友人劝说下，完成《啼笑因缘》续集。

夏，由上海返回北平，住在“北华美专”，边教书，边创作，并跟许翔阶先生学作山水画。

秋，家人由安庆返回北平。

1934 年 39 岁

5 月 16 日，偕工友一名，带川资一千元，由北平出发，游历西北。他们由北平乘车到郑州，再至洛阳，游潼关，登华山，然后改乘汽车到西安。5 月 30 日在西安拜见了邵力子，6 月 5 日访问了杨虎城。半月后，又到兰州。本想继续西行达新疆，但因路途险峻，人心叵测，在友人的劝告下，中途而返，再至西安。这次旅行，张恨水目睹了西北人民在军阀混战，刀兵掳掠，天灾人祸的侵袭下，求生不能，求死不得，卖儿鬻女的凄惨生活，使他思想上受到很大震动。回来不久，以自己所见所闻写了两部长篇小说：《燕归来》《小西天》，分别发表于上海《新闻报》和《申报》。

夏，由西安至上海接洽稿件，事完到庐山避暑。

秋，由上海返回北平，住在“北华美专”专心著书。

不久，应张学良电邀，到汉口，把自己在西北的所见所闻全面详细地向张学良作了汇报。

1935 年 40 岁

9 月上旬，到上海，协助成舍我创办上海《立报》，但约期三个月，到期返平。

20 日，上海《立报》创刊。张恨水任副刊《花果山》主编，并撰长篇小说《艺术之宫》，在该报逐日连载。

年底，约期已满，正准备返回北平，“一夜之间，接到二个急电，叮嘱缓归”。因为冀东出现了伪政权，他的名字被列入了黑名单。

是年，三子张全出生。

1936 年 41 岁

1 月，北归不成，来到南京。经张友鸾提议，决定由他出资，二张合创《南京人报》。这是张恨水一生唯一由自己出资创办的报纸。他任社长，张友鸾任经理兼总编，在南京中正路租下房子，买了四部平版机，从上海《立报》弄来铅字，准备创刊。

4月8日，《南京人报》正式出版。张恨水在自己主编的副刊《南华经》上，刊出了他的两部新作：《鼓角声中》和《中原豪侠传》。“由于上下同心，出版的第一日就销售一万五千份。这在当时是个很高的数字了。”

是年，举家由北平迁到南京。

1937年 42岁

7月7日，卢沟桥事变发生，日本帝同主义对中国发动了全面战争。

8月15日，日本飞机空袭南京，南京城内笼罩了一层战争的阴云。“南京人跑光了，没有人看报，更也没有广告。”《南京人报》销售量大为减少，而开支仍要进行，这种困难局面，得到了报社同人的支持。

10月，因劳累过度而病倒。

11月，因病离开南京前往芜湖就医。月底病愈后与其家眷在安庆会合，而后暂避潜山。

12月初，南京陷落前四五日，《南京人报》被迫停刊。

12月底，只身离开潜山，乘船到达汉口。在汉口，四弟牧野劝他不要西进，主张丢掉机器到大别山打游击。一些同乡青年也跃跃欲试。于是，张恨水代表大家写了一篇呈文交给了当时国民党第六部，表示了抗日决心，要求给予承认，但遭到了严词拒绝。

1938年 43岁

1月10日，到达重庆。经老友张友鸾介绍，结识了当时即将复刊的重庆《新民报》总经理陈铭德，并被聘为该报主笔兼副刊主编。

1月15日，重庆《新民报》复刊，张恨水在副刊《最后关头》上，发表了根据汉口请缨无路而撰写的长篇小说《疯狂》。为什么叫《疯狂》呢？他后来回忆说：“我对这事（指汉口请缨），非常愤慨，觉得有爱国而发狂的所在，所以我就写了这篇小说。”但该书“到写完的时候，几乎变了质”，他承认：“这是我抗战军兴后，第一次写作的失败。”

2月24日，在重庆《新民报》副刊上发表了《怒吼吧，八路军！》一文，对英勇抗日的八路军寄以深切的期望。

3月22日，《茅屋诗存》开始在《新华日报》上发表。每日一两首，至4月8日全部刊完。内容多是借古讽今，抨击时弊。

3月27日，中华全国文艺界抗敌协会在汉口成立，张恨水被选为理事。

5月4日，文协会刊《抗战文艺》创刊。

是年，除《疯狂》外，还撰有《冲锋》《征途》《游击队》《桃花港》四部长篇小说。

是年，周南偕子张全、张伍到达重庆。

1939年 44岁

3月，在《抗战文艺》三卷八期上发表了杂文《无法安贫，焉能知命》。

6月12日，蒋介石密令国民党二十九集团军包围了湖南平江新四军通信处，杀害新四军指战员，一手制造了“平江惨案”。事件发生后，张恨水收到当时共产党驻重庆代表成员之一董必武同志寄给他的一份讣告。他愤慨之极，提笔写了一副挽联“抗战无惭君且死，同情有泪我何言”，由张效良转交，第二天由《新华日报》刊出。

12月1日，长篇小说《八十一梦》开始在重庆《新民报》上连载至1941年4月25日结束。小说以散体的形式，采取“寓言十九，托之于梦”的手法，对国民党统治下的“陪都”腐败的官场和社会上种种黑暗现象进行了无情的揭露和有力的鞭挞。由于书中人事均有所指，所以受到了进步人士的欢迎，也引起了国民党特务的注意。

还在小说连载过程中，张恨水的来往信件就受到了检查，行动上也受到监视，被认为是“赤化”了。同乡某人还受戴笠密旨，表面设宴款待张恨水，实则以“是否准备到息烽休息两年？”的言辞相恫吓。在特务的压力下，被迫草草结束全书。在书前的楔子里，作者把此书称为“鼠齿下的残余”，表达了对国民党迫害的不满，《八十一梦》曾流传到延安，并受到过周恩来的称赞。

是年，除《八十一梦》外，还撰有《蜀道难》《秦淮世家》《潜山血》等长篇小说及一些针砭时弊的诗词。其中有一首讽刺诗写道“日暮驱车三十里，夫人烫发入城来”，直指四大家族的骄奢淫逸，一时成为重庆社会上的美谈。

1940 年 45 岁

2 月 11 日，长篇小说《水浒新传》开始在上海《新闻报》上连载。此书借古讽今，在上海“孤岛”受到人们的欢迎。在中外记者代表团访问延安时，毛主席曾对赵超构（当时重庆《新民报》主笔）说：“《水浒新传》这本小说写得好，梁山泊英雄抗金，我们八路军抗日。”

是年，全家移居重庆市郊南温泉桃子沟，住的是文协的三间草房。因屋内漏雨，自嘲为“待漏斋”，后因怀念沦陷国土，又易名“北望斋”。桃子沟距市区较远，他经常往返于几十里的山路上背平价米。

在写作之余，也与农民、小贩、教员“摆龙门阵”，谈家常。这段生活在他以后的作品中，有明显的反映。

是年，长女张明明出生。

1941 年 46 岁

5 月 2 日，长篇小说《牛马走》在重庆《新民报》上开始连载。这是一部以抗战时期的重庆为背景的暴露小说，作品抨击的主要对象是那些醉生梦死的国民党权贵和置民族危亡于不顾的发国难财的商人。对下层劳动者，则表现出诸多的同情。该书出单行本时，易名为《魍魉世界》。

12 月 1 日，《〈上下古今谈〉开场白》在重庆《新民报》上刊出。文章指出：设此专栏的是“为了调剂篇幅上的情趣”，因为“上至宇宙之大，下至苍蝇之微”都要说一说，所以起名《上下古今谈》。谈些什么呢？“歌功颂德，则同人早觉非当今之需要……铸鼎燃犀，谈何容易”，所以文章表示“只谈些不相干的事情”。从即日起，作者每日一篇，约写了三年半之久，累计杂文一千多条，有百万字上下，是张恨水杂文的代表作。文章多因时因事而发，短小精悍，颇有趣味。内容上，虽有增加读者兴趣的一面，但更多的是作者调动自己平生所学，比较隐讳地讽喻了当时社会的黑暗。

1942 年 47 岁

7 月 21 日，在《中国民族素质不弱》一文中（见该日重庆《新民报》），驳斥了“民族改造研究所计划书”中，以大学生、运动员为例，认为中国民族素质弱的论调，指出：代表全民族的是中国的勤劳、勇敢的工人、农民，而不是那些知识青年，所以“中国民族素质”是“不弱”的。

10 月 21 日，《有钱派钱，有力派力》一文在重庆《新民报》上发表。文章指责了国民党借抗战为名，竭力压榨穷人的行径。指出：国民党对穷人可以“有力派力”，而对富人为什么不能“有钱派钱”，这是极不平等的做法，所以他主张，在抗战过程中，应该彻底地实行“有钱派钱，有力派力”的政策。

秋，抗日战争进入相持阶段后，国民党政府加紧推行“消极抗战、积极反共”的政策。他们封锁消息，迫害进步人士，把重庆搞得乌烟瘴气。为了认清形势，鼓舞人民斗志，重庆《新民报》编辑部一些进步人士，邀请周恩来作一次形势分析。某晚，周恩来来到郊外华一村陈铭德先生家中，与陈铭德、罗承烈、张恨水等畅谈了几个小时。周恩来分析了抗战时局，解答了各种问题，并对张恨水的《八十一梦》给予了热情的肯定。他说：“同反动派作斗争，可以从正面斗，也可以从侧面斗。我觉得用小说体裁揭露黑暗势力，就是一个好办法，也不会弄到‘开天窗’，恨水先生写的《八十一梦》不是就起了一定作用吗？”

是年，张恨水和八路军驻渝办事处有了较多的联系，为了鼓舞他的抗日热情，办事处的领导同志曾几次把延安红枣、小米赠送给他。

是年，曾几次应邀，到四川教育学院、重庆大学及某些专科学校作关于小说创作的专题讲座。

1943 年 48 岁

1 月 5 日，在重庆《新民报》副刊上发表了《郭沫若、洪深都五十了》一文，文章借为二人贺寿，表达了自己要“承接先人遗产，接受西洋文明”，为发展文艺而尽力的决心。

4月16日，文协召开成立六周年纪念会，张恨水应邀参加。

10月25日，在《当心南京群奸逃跑》一文中（见该日重庆《新民报》）预料：抗战即将胜利，提醒国人要注意那些卖国求荣的汉奸“搜刮买命钱以扰伤祖国”。认为“最好是不让他们跑了，以便将来捉到他们，由公民大会来处决”。

是年，除原工作外，又兼任了重庆《新民报》经理职务。由于《新民报》罗致了抗战后入川的部分文化界知名人士，所以报纸办得生动活泼，在当时舆论界占有一定地位。为适应形势的发展，在一次编辑会议上，张友鸾、张恨水提出“居中偏左，遇礁即避”的办报方针。

是年，二女张蓉蓉出生。

1944年 49岁

5月16日（农历四月二十四日），张恨水五十寿辰。文协、新文学会、《新民报》等单位联合发起为其祝寿的活动。张恨水推辞无效，为此避寿南温泉。当天，重庆《新华日报》刊出专文以示祝贺。文中说：“他的小说与旧型章回小说显然有一个分水界，那就是他的现实主义道路。”并指出他的创作倾向是“无不以同情弱小，反抗强暴为主要的题目”。潘梓年、老舍、罗承烈、邓季惺等也都为此撰有专文。据统计，重庆各报刊为此登出的专文达几十篇之多。

5月20日，重庆《新民报》开始发表他的《总答谢》一文。此文对友人为其祝寿的盛情表示感谢，同时，对自己的创作情况作了自我评述，阐明了自己的创作与“鸳鸯蝴蝶派”作品的主要区别。

6月，重庆《新民报》主笔赵超构随中外记者团访问了延安。毛泽东在接见记者团时，特向赵超构询问了张恨水的近况，并希望他有机会来延安看看。事后，张恨水为未能随记者团前往延安一事深感遗憾。

11月，辞去了重庆《新民报》经理职务。

1945年 50岁

6月24日，在重庆《新民报》发表《一段旅途见闻》。祝贺茅盾五十诞辰，并对茅盾关于在章回小说改良及通俗教育方面所做出的成绩的肯定表达了感激之情。

8 月 15 日，日本宣布无条件投降。中国人民经过八年浴血奋战取得了最后的胜利。

8 月 28 日，日本宣布投降后，毛泽东率中共代表团飞抵重庆，与国民党进行和平谈判。毛泽东在渝期间，与各方面代表举行了多次座谈，曾接见张恨水，肯定了他创作上的进步倾向，并赠送他延安红枣、小米各一袋等。事后，他很受感动，一再说："毛先生真有学问。"

9月2日，日本政府正式签订投降书。国民党政府向一千多人颁发了"抗战胜利"勋章，张恨水也在其列。

12 月 3 日，在重庆《新民报》发表《告别重庆》一文，辞去该报职务，准备离渝返平。

12 月 4 日，偕周南、张全、张伍、张明明、张蓉蓉及其侄张文，乘坐报社所包带篷卡车，从重庆出发经贵阳达衡阳。同行的还有秦怡、吕恩等文艺界人士，到衡阳改乘铁棚简便火车抵汉口。

1946 年 51 岁

1 月 5 日，乘"东亚轮"到南京。在南京他把《南京人报》交给张友鸾，自己应陈铭德之邀，准备前往北平创办北平《新民报》。而后，偕全家离南京去安庆看望久别的母亲。

2 月 15 日，只身由安庆到达北平。不久，由马彦祥介绍与徐冰取得了联系，并经二人介绍到军事调解处执行部拜见了叶剑英。

3 月，为适应新的斗争形势，老舍委托马彦祥在北平组织文学艺术界联合会，以代替解散了的文协。

4 月 4 日，北平《新民报》创刊。张恨水任经理兼副刊《北海》主编。

关于该报的宗旨，他在发刊词中说：

"新民报……决不标新立异，也不随声附和，能说就说，不能说，我们只好向读者抱歉，守着最大的缄默。""凡是不体恤老百姓的举动，我们就反对，至少也不应该捧场。”“我们也不和执政的或在野的，曲为解说，去欺骗老百姓。”

同日，老舍的回忆录《八方风雨》、茅盾的中篇小说《生活之一页》开始在该报连载。

同月，军事调解处执行部中共代表团举行酒会招待中外记者，张恨水率《新民报》全体编辑人员参加，并一一向叶剑英作了介绍。

5月上旬，文学艺术界联合会于中山公园水榭正式成立，有各方面的代表几十人参加。大会选举张恨水为主任理事，马彦祥为秘书长，戏剧家齐如山为监事长，并规定，5月4日为“文艺节”。

不久，张恨水又被推为北平“新闻记者公会”的常务理事。

7月，蒋介石彻底撕毁停战协定，集中五十万兵力向苏皖解放区大举进攻。至此，全面内战爆发。为配合军事行动，国民党在各城市加紧了对新闻的控制。因北平《新民报》有些“左”倾言论，张恨水怕报社被封，多次提醒马彦祥、方奈何等人撰稿要“格外小心”。

10月11日，国民党反动军队占领张家口。当天下午，蒋介石下令召开他的独裁伪国民大会。

10月19日，在社论《时局管家》中（见该日北平《新民报》)，因为被国民党反动军队的嚣张气焰所迷惑，对形势作出了错误分析。

10月28日，题为《中共之失在政治》的社论在北平《新民报》上刊出。文章认为“共产党的军事失利，并非完全是战略战术的错误，而政略政术的变更，使处处置于配合军事的地位，也是大错误”。

12月，北平《新民报》为救济灾民，举办书画义卖。张恨水提笔画了一幅墨菊，于非闇补笔花卉，曹克家添了小猫，左笑鸿写了诗，又由王雪涛加上一些小红花。此画因是名人“合璧”，卖了很高的价钱。

年底，周南及其子女来到北平。

1947年 52岁

春节，北平新闻界借新新剧场举行联欢会。在《法门寺》一戏中，张恨水兴致勃勃地扮演了校尉。

3月19日，国民党军队侵占延安，一时间反动气焰十分嚣张。同时，对新闻界的统治更加严酷。《新民报》在重庆、成都、南京的报社先后被封。

5月20日，北平学生举行“反内战、反饥饿”的示威游行。当晚，国民党北平市党部头目吴铸人亲自坐镇新民报社，命令只许刊登被歪曲了的中央社消息，面对现实，张恨水用电话通知当时任《新民报》总编辑的方奈何，认为局势严重，要谨慎处理这条消息。

为使《新民报》免遭封门之祸，方奈何在中央社消息前面加上“西单昨发生流血惨剧”的领题，刊在了要闻版的右小角。但在社会新闻版则登出了记者的专访稿，对事实真相作了一定程度的报道。

8月17日，长篇小说《五子登科》开始在北平《新民报》上连载。作品以日本投降后国统区的黑暗现实为背景，深刻揭露了国民党接收大员们的贪婪无耻，荒淫腐败。

9月，因北平《新民报》揭露了国民党北平第二届参议员选举中的营私舞弊现象而触怒了当局。国民党要人吴铸人、张明炜责令改组《新民报》编辑部。陈铭德、张恨水决定把邹震、章珠调离北平，同意方奈何辞去主编，专任总管理处主笔职务。

是年，除《五子登科》外，他还撰有中、长篇小说《雾中花》《一路福星》《岁寒三友》《雨淋铃》等，但因社会动乱，除《雾中花》外，其余均未完稿。

1948年 53岁

6月，北平《新民报》接到国民党内政部当局的批示，因《新民报》副刊《天桥》版常有“反动言论”，勒令社方必须解聘该版主编马彦祥，否则立即查封。张恨水急找马彦祥商议，次日，马彦祥被迫辞职。

7月下旬，中共地下组织送马彦祥前往石家庄参加“华北人民代表大会”。张恨水设宴为其送行。

秋，因报社内部权力之争，张恨水辞去《新民报》的所有职务，至此，结束了他从事四十余年的新闻记者生涯。

是年，三女儿张正出生。

1949 年 54 岁

1 月 1 日，《写作生涯回忆》开始在北平《新民报》上连载，至 2 月 15 日刊完。这是他回忆自己生活和创作的一份最详细的资料。

31 日，北平宣布和平解放。

2 月 1 日，人民解放军进驻北京，一部分解放军战士暂住张恨水家，受到热情接待。

3 月 1 日，北京《新民报》登出“本报职工会重要启事”。

主要内容有三点：

（一）宣布该报职工会正式成立。

（二）宣布该报与陈铭德完全脱离关系。

（三）解除经理、代经理张恨水和曾仲英的一切职务。

3 月 2—4 日，《新民报》发表了王达仁的题为《北平新民报——在国特统治下被迫害的一页》的文章。全文分七部分，列举了不少事实，认为张恨水是国民党特务迫害北平《新民报》的帮凶。行文尖刻，对张恨水刺激很大。

3 月，应邀参加了中国共产党在北京饭店为各界知名人士举办的宴会，聆听了叶剑英的讲话，对党的文艺政策有了初步了解。不久，应中央人民广播电台邀请，对当时国民党昆明绥靖公署主任余程万发表了以《走向人民方面去》为题的广播讲话，敦促其弃暗投明。

6 月，因高血压病突然发作，半身不遂。

7 月 2 日，中华全国文学艺术工作者代表大会于北京开幕。毛泽东、周恩来、朱德等中央领导同志亲临大会，作了重要指示。会议产生了全国文联。张恨水被邀，但因病未能参加，会后，周总理派人专程看望他，送去了大会文件，并聘其为文化部顾问。

同月，加入中国作家协会。

9月，病情略有好转。

12月，开始提笔练习书法。

是年，小儿子张同出生。

1950年 55岁

4月，身体逐渐恢复，开始练习写作。

同月，北京市召开文学艺术工作者代表大会筹委会。张恨水应邀参加，当周扬和他握手时，他用手指指嘴，表示自己说话能力尚未恢复。

5月18日，北京市文学艺术工作者代表大会召开。会议由李伯钊主持，到会代表三百多人，张恨水作为正式代表参加了会议。

11月25日，在《北京文学工作者宣言》上签名，支持抗美援朝的正义战争。

是年，卖掉旧宅，迁居西四砖塔胡同四十三号。

1951年 56岁

是年，深居简出，在家养病。

1952年 57岁

5月31日，参加了北京文联召开的“通俗小说座谈会”。

7月，参加了市文联组织的约稿会议。表示要写一部关于陈胜、吴广的书，但未能成文。

10月，正式参加了由市文联组织，联络部领导的小说组的活动，直到1955年春小说组解散。张恨水每天都准时参加，但发言不多。

1953年 58岁

年初，正式恢复写作。根据解放后北京发生的巨大变化，写了一组《冬日竹枝词》，其中有“长安街上地常平，万点灯光不夜城”，“西北郊区大学村，新添平路转乾坤”等句，歌颂了新社会的日新月异。这组词发表在：1954年二三月间的香港《大公报》。

3月，为把历史故事“梁山伯与祝英台”改编成小说，开始收集有关资料。他研究了三十多种文献，对书中牵扯到的晋代人民衣着、用具等都作了认真的考证。

8 月，开始撰写长篇小说《梁山伯与祝英台》。

10 月，完成《梁山伯与祝英台》的初稿。“自己看了看，还不甚满意”，于是，进行了反复修改。

1954 年 59 岁

1 月 1 日，《梁山伯与祝英台》开始在香港《大公报》上连载，至同年 5 月 3 日刊完。这是他解放后发表的第一部长篇小说。该作品的成功，使他深深受到鼓舞，从此，又连续写了《秋江》《白蛇传》《孔雀东南飞》等十一部中、长篇小说。

春，应中国新闻社之邀，准备写一组反映北京解放后巨大变化的散文。于是，他每天拄着拐杖，乘坐三轮车，遍游了北京十三个城门。经过两个月的努力完稿。不久，陆续在海外报刊上刊出。

10 月，北京第二次文代会在中山公园中山堂召开，张恨水以代表身份参加了会议。

冬，北京市举行戏剧观摩大会，张恨水兴致极高，每天按时前往观看。

1955 年 60 岁

夏，只身南游，由北京至合肥，再由合肥到安庆，回到了阔别十年的故土。一周后，经南京、上海、济南返回北京。家乡的变化，沿途各地工农业的发展，使他激动不已，为抒发情感，写了中篇游记《南游杂感》，发表于香港《大公报》。

1956 年 61 岁

1 月，列席了全国政协二届二次全会，见到了毛主席。当茅盾把他介绍给毛主席时，毛主席说：“还记得，还记得。”茅盾说：“× × 书是他写的。”张恨水当即答道：“那是伪书，我写的是《金粉世家》《啼笑因缘》。”

在会议期间，周总理多次询问他的生活情况，他很受感动。回家后对家人说：“总理真细心，连很细小的事情都会注意到。国家还有那么多事等他去办，他太辛苦了。”

4月，在《北京文艺》上，发表了散文《春游颐和园》。

春末夏初，全国文联组织了一批作家、艺术家到西北参观旅行，张恨水应邀参加，回来后，写了游记《西北行》，刊于上海《新闻报》。

是年，还写了一组散文《街头漫步》，讴歌新社会。由中国新闻社发往海外，在一家爱国华侨报纸上发表。

1957年 62岁

2月，列席了最高国务会议第二次扩大会议。27日，聆听了毛泽东《关于正确处理人民内部矛盾》的讲话。

春，北京市文联在北海庆霄楼召开筹备出版《大众文艺》的会议。张恨水参加并作了“关于如何写通俗文艺”的发言。

不久，参加发起组织“中国韵文学会”。会议于中山公园中山堂举行，参加者有肖劳、启功、康同璧等。大家曾议请毛主席为名誉会长，但因国内政治形势发展迅速，此学会只开过一次会，就销声匿迹了。

10月，《章回小说的变迁》一文发表于《北京文艺》十月号“文艺知识讲座”专栏中。

10月26日，长篇小说《记者外传》开始在上海《新闻报》上连载。此书只完成上半部。

12月19日，参加由《文艺报》组织的“老舍作品《茶馆》座谈会”，并作了长篇发言，认为《茶馆》第一幕写得好，是个很好的长篇小说材料。

是年，北京曲艺曲剧团魏喜奎改编的曲剧《啼笑因缘》上演，张恨水应邀观看。为表示对剧团的支持，张恨水曾宴请魏喜奎，并将给自己的报酬全部捐给了剧团。

1958年 63岁

8月，在全国文联组织下。与其他文协会员一起，游览了西山。

是年，张恨水主要在家休养。

1959年 64岁

2月，写有一组诗，题为《潜山春节》，抒发了对故乡的怀念。

9月，收到由习仲勋、齐燕铭签发，总理审拟的中央文史馆馆员聘书，成为中央文史馆馆员。每周三、周六准时到馆参加活动。

10月14日，夫人周南因癌症去世。周南的逝世，使张恨水悲痛万分，因怀念亲人，常夜不能寐。写有悼亡诗一组，以寄托自己的哀思。

1960年 65岁

7月20日，参加了在北京召开的第三次文代会。

12月，写《元旦示儿》诗一首，鼓励子女发愤读书，教育后代尊长爱国。其中有“敬祖才能爱国家”，“莫让前程绿影遮”等句。

1961年 66岁

是年，除文史馆工作外，构成张恨水生活内容的主要有：

1. 常和其他馆员“谈诗论史，捉棋挥毫，依廊清谈，促膝品茗”。

2. 闭门读书。想在暮年读完两千多本的《四库备要》，并注意研究太平天国史料，研究巴尔扎克、契诃夫、马克·吐温等外国著名作家的作品。他曾说：“我一生没有给子女们留下什么，只有这些书，给孩子们做个纪念。”

3. 和一些老朋友经常来往，主要有：左笑鸿、张友鸾、万枚子等。其间，章士钊曾把20世纪40年代自己阅读《水浒新传》后所写的一首词，又抄成条幅赠给了张恨水。

1962年 67岁

夏初，中央新闻电影制片厂拍摄题为《老人的青春》的纪录片，反映文史馆老人们的学习、工作情况，其中有张恨水伏案写作的镜头。

8月，旧病复发，住进阜外医院。出院后，健康情况明显恶化，从此成为医院的常客。

1963年 68岁

秋，张明明赴苏州实习，张恨水托她问候早年朋友周瘦鹃。

是年，两个儿媳有孕，张恨水热心地翻阅字典，为未出生的孩子起名为：张前、张进。

是年，应中央文史馆之约，写长篇自传《我的生活与创作》。此文原打算收入本年《政协文史资料》，因“四清”运动开始而作罢。粉碎“四人帮”后，收入1980年《文史资料》第七期。

1964年 69岁

是年，为张恨水七十寿辰，陈铭德等人在北京四川饭店为他祝寿。

1965年 70岁

是年，张明明大学毕业，到四川劳动锻炼。张恨水致书明明，除叙说思念之情外，更多的是鼓励她学习历史，积极劳动。并保证：“我绝不能在后面拉你的后腿，你们放手前进吧！”

1966年 71岁

12月中旬，张明明由四川返京探亲。当她问到在“文化大革命”中是否害怕时，张恨水拿出文史馆的聘书说：“红卫兵来了，我告诉他，是周总理让我到文史馆去的。”由于有关部门的保护和街道主任的帮忙，张恨水免遭冲击。

1967年 72岁

农历正月初七晨，“家人为他穿鞋时，忽然仰身向后倒去”，因脑溢血发作而与世长辞。

图书在版编目（CIP）数据

一切云过太空：张恨水自述 / 张恨水著 .—北京：中国文史出版社，2020.10

（百年中国记忆 . 文学家自述）

ISBN 978-7-5205-2160-4

Ⅰ . ①一… Ⅱ . ①张… Ⅲ . ①张恨水（1895–1967）—自传 Ⅳ . ① K825.6

中国版本图书馆 CIP 数据核字（2020）第 144110 号

责任编辑：张春霞

出版发行：中国文史出版社

社　　址：北京市海淀区西八里庄路 69 号院　邮编：100142

电　　话：010–81136606　81136602　81136603（发行部）

传　　真：010–81136655

印　　装：北京新华印刷有限公司

经　　销：全国新华书店

开　　本：787mm × 1092mm　1/16

印　　张：18.5

字　　数：256 千字

版　　次：2021 年 3 月第 1 版

印　　次：2021 年 3 月第 1 次印刷

定　　价：59.80 元
